高校德育成果文库

GaoXiao DeYu
ChengGuo WenKu

擦亮底色 凸显特色

福建师范大学改革开放四十周年教学成果奖巡展

郑家建 主编

光明日报出版社

图书在版编目（CIP）数据

擦亮底色 凸显特色：福建师范大学改革开放四十周年教学成果奖巡展 / 郑家建主编 . -- 北京：光明日报出版社，2019.3

ISBN 978 - 7 - 5194 - 5100 - 4

Ⅰ. ①擦… Ⅱ. ①郑… Ⅲ. ①福建师范大学—教学研究—研究成果—汇编 Ⅳ. ①G658.3

中国版本图书馆 CIP 数据核字（2019）第 040159 号

擦亮底色 凸显特色——福建师范大学改革开放四十周年教学成果奖巡展
CALIANG DISE TUXIAN TESE——FUJIAN SHIFAN DAXUE GAIGE KAIFANG
SISHI ZHOUNIAN JIAOXUE CHENGGUOJIANG XUNZHAN

主　　编：郑家建

责任编辑：李壬杰　　　　　　　　　责任校对：赵鸣鸣

封面设计：中联学林　　　　　　　　责任印制：曹　净

出版发行：光明日报出版社

地　　址：北京市西城区永安路 106 号，100050

电　　话：010 - 67014267（咨询），63131930（邮购）

传　　真：010 - 67078227，67078255

网　　址：http：//book. gmw. cn

E - mail：lirenjie@ gmw. cn

法律顾问：北京德恒律师事务所龚柳方律师

印　　刷：三河市华东印刷有限公司

装　　订：三河市华东印刷有限公司

本书如有破损、缺页、装订错误，请与本社联系调换，电话：010 - 67019571

开　　本：170mm × 240mm

字　　数：252 千字　　　　　　　　印　张：16

版　　次：2019 年 4 月第 1 版　　　印　次：2019 年 4 月第 1 次印刷

书　　号：ISBN 978 - 7 - 5194 - 5100 - 4

定　　价：85.00 元

编 委 会

前　言

　　"龙盘虎踞今胜昔，天翻地覆慨尔慷"。改革开放40年来，我校坚持立德树人，重教勤学，求实创新，始终将人才培养作为学校的中心工作，不断深化教育教学改革，着力提升人才培养质量，在教育教学工作中取得了丰硕的成果和可喜的成绩。时值改革开放40周年，我们尝试从反映一所高校教育教学改革成效的标志性指标——教学成果奖中，对我校改革开放以来的教学研究改革成果进行一次全面梳理。

　　改革开放以来，我校共获得国家级、省级教学成果奖110项，其中，国家级教学成果一、二等奖16项，位居省属高校首位。回顾40年来这些成效卓著的教学成果，我们看到了一代又一代师大人探索钻研、砥砺奋进的身影，看到了学校重视教学建设、教学改革、人才培养的初心。这些教学改革项目涵盖了理论创新与教学实践，专业内涵探索与课程教学改革，人才培养模式创新与学生能力培养，办学能力提升与社会服务功能等。它们展现了学校最有价值的、最能反映时代特征和创新思想的教育教学经验与成果，集中体现了学校在教学改革和人才培养方面的突出成绩。这些成果的取得是学校坚定不移贯彻执行党的教育方针，遵循教育教学规律，不断深化教学管理改革，大胆创新、勇于实践的结果，是全体教职工和教学管理人员艰苦努力获得的创造性劳动成果。

　　在编著过程中，我们把这40年来的教学成果项目分为四类：思政类、师范类、综合类、应用类。在思想政治教育教学方面，我们始终坚持以马克思主义为指导的鲜明政治站位，在中国南方逐步筑起马克思主义传播与发展的新高地；我们始终坚持"知行合一"教学理念，不断探索完善思想政治理论课实践教学模式，积极为全国高校思想政治理论课教学模式改革创新贡献"福建师大经验"；我们始终坚持与时俱进的发展理念，积极探索大学生思想政治日常教育创新模式，为推进主流意识形态在高校常做常新搭建了立体化平台。在师范教育方面，我们始终秉承"做优做强"的思路，深入贯彻落实《教师教育振兴行动计划》，继续巩固学校作为福建省高素质教师培养示范基地和教师教育领军学校的龙头地位，着力推进教师教育改革，修订完善教师教育培养体系，强化师范生专业技能训练，着力提升服务基础教育质量，为国家和福建省培养一批新时代高素质师资队伍。在综合成果方面，我们不断增强办学的综合性，着力构建一流文科、高水平理科和有特色工科的学科体系，坚持教学科研并重，持续打造和培育教师教育、人文社科、新型工科、汉语国际教育、对台合作办学的新特色，逐渐形成先进的办学理念、鲜明的办学风格、显著的办学优势，为推动福建省经济社会发展提供了优质的人才资源和强大的智力支撑。在应用服务方面，我们牢固树立本科教学主动为社会服务的意识，紧密围绕国家、福建经济社会发展需求，主动融入区域创新体系建设，全方位开展社会服务，不断提高社会服务的广度、深度、准度和效度。

春华秋实，鉴往知来。我校40载的辛勤耕耘取得了辉煌成绩。我们编写此书，对改革开放以来学校获得的国家级、省级教育教学成果奖进行梳理，既是总结过往，更是引领未来，相信必将对学校进一步深化教育教学改革、提高人才培养质量、提升服务社会经济能力产生积极影响，对学校如何在新时代进一步推进教育教学改革中找准定位、明确方位、提升站位、谋求升位提供重要借鉴。

　　"路漫漫其修远兮，吾将上下而求索"。迈入新时代，踏上新征程，我们将深入学习贯彻习近平新时代中国特色社会主义思想和党的十九大精神，坚持"以本为本"，推进"四个回归"，把马克思主义作为办大学的"鲜亮底色"，把立德树人成效作为检验学校办学的根本标准；继续做优做强教师教育，推进学校在更高水平上回归"师范性"，着力凸显我校教师教育工作特色；继续夯实一流文科、高水平理科、有特色工科的学科基础，大力推动重点领域、关键环节改革创新，加快建设高水平本科教育，全面提高人才培养能力，为造就堪当民族复兴大任的时代新人做出新的更大的贡献。

Contents

目 录

福建师范大学历届省级及以上教学成果奖选编

第一篇　思政篇

恩格斯说："一个民族要想站在科学的最高峰，就一刻也不能没有理论思维。"2016 年，习近平总书记在哲学社会科学工作座谈会上讲话也指出："一个没有发达的自然科学的国家不可能走在世界前列，一个没有繁荣的哲学社会科学的国家也不可能走在世界前列。坚持和发展中国特色社会主义，需要不断在实践和理论上进行探索、用发展着的理论指导发展着的实践。"这为我们在新时代开展高校思想政治教育工作指明了方向。"以史为鉴，可以知兴替"。在纪念改革开放 40 周年之际，全面梳理我校思想政治类教学改革项目建设成效，总结典型经验和有效做法，对今后进一步推进学校思想政治教育工作改革发展具有重要的现实意义。

改革开放以来，我校党政历来重视哲学社会科学，始终坚持以马克思主义为指导，扎实推进管党治党、办学治校，并以我国改革开放和现代化建设的实际问题、以我们正在做的事情为中心，用不断发展着的马克思主义理论指导不断发展着的高水平大学建设。40 年来，在省委、省政府的正确领导下，我们着眼于马克思主义理论的运用，着眼于对实际问题的理论思考，着眼于新的实践和新的发展，努力探索、辛勤耕耘，在思想政治类学科建设、人才培养、思想政治课实践教学、创新大学生思想政治日常教育工作模式以及思想政治课协同育人等方面积累了丰富的经验并取得了显著成效。

40 年来，我们始终坚持以马克思主义为指导的鲜明政治站位，扎实推进政治经济学科建设，在中国南方逐步筑起马克思主义传播与发展的新高地。改革开放以来，受西方经济学的冲击和影响，怀疑和否定马克思主义政治经济学的思潮曾一度流行。但我们坚持马克思主义的正确方向，任何情况下都不曾动摇。多年来，我校根据新的历史条件和改革开放具体实践，始终坚持探索马克思主义政治经济学新的发展。经过多年建设，政治经济学学科建设和研究生培养取得了一连串瞩目的成绩。中国人民大学宋涛教授赞誉我校政治经济学学科为"中国南方坚持马克思主义的重要阵地"。1979 年我校开始招收政治经济学研究生；1985 年获得政治经济学硕士学位授予权；1992 年被评为省级重点建设学科；1993 年获得博士学位授予权；1995 年被评为省"211 工程"重点建设学科；1998 年探索把政治经济学学科建设和高质量的研究生培养密切结合起来并作为重大教改课题，同年，在激烈竞争中获得国家经济学基础人才培养基地（全国高师院校仅一个）；1999 年在省重点学科评估中获得第一名优异成绩，同年，获理论经济学博士后科研流动站，并先后获得西方经济学、经济思想史、产业经济学 3 个硕士点，2003 年获得经济思想史博士点；2004 年重点学科项目评审获专家高度评价；2005 年《坚持马克思主义方向，推进政治经济学学科建设和研究生培养》获评第五届省级教学成果奖一等奖。这些沉甸甸的成绩，不仅见证了我校马克思主义理论传播与发展方面的历史脉络，更是凝聚了学校党政领导以及政治经济学学科全体成员的辛勤汗水和宝贵智慧。

辛勤躬耕四十载，我校在政治经济学学科建设和研究生培养方面做出的很多探索都具有十分重要的推广价值，很多成效深受同行认可并在全国范围推行，均产生了较大的影响。其间，科研成果共获得省部级以上奖励 18 项，其中全国"五个一工程"优秀论文奖 1 项，教育部人文社科优秀成果奖 1 项，省社科优秀成果一等奖 4 项，教改成果共 10 项获省、校奖励；《〈资本论〉选读》被列为省级精品课程；编写的《资本论》《政治经济学》教材由高等教育出版社作为重点教材在全国高师院校和其他高校中推广使用；制作的《资本论》电子版为全国首创。应当说，在党中央大力实施马克思主义理论研究和建设工程的过程中，我校始终明确坚持以马克思主义理论为指导不动摇，并在具体的办学实践中不断丰富、发展着马克思主义理论。

40 年来，我们始终坚持"以生为本"育人理念，不断提高人才培养质量和水平，为全国各行各业输送了一大批高素质专门人才。我校历来坚持"以生为本"育人理念，以"围绕学生、关照学生、服务学生"为原则，在解疑释惑、凝聚共识的过程中不断给学生以思想启迪和文化滋养，使学生不断成长为德才兼备、全面发展的人。立德为先、育人为本，人无德不立，育人的根本在于立德。遵循着这条育人铁则，并随着政治经济学学科建设的深入推进以及学校马克思主义学院的设立，我校培养了一大批德才兼备的高级专门人才，毕业时供不应求。毕业后，他们在工作岗位上成绩出色，优良的政治思想品德和坚实的理论基础和较强的分析问题、解决问题的能力，受到用人单位一致好评。如1999 级博士生李郁芳现在是暨南大学的博士生导师，2000 级博士生陈冬是共青团福建省委书记，1998 级硕士生宋涛是中华人民共和国驻圭亚那大使等等。在研究生培养上，我们通过构建"多元互动"教学体系，切实提高人才培养质量。按照"宽口径、厚基础、重实践、强能力、高素质"的培养目标，设置了具有"精""深""新""博"特点的课程结构和教学内容。采取"10＋8"弹性课程选修制度和学分制度，鼓励研究生在修完 10 门学位课和必修课的基础上，多选多修选修课程，增强学习的基础性、宽广性和新颖性；同时注重教学方法改进，实行课堂教学、课外研讨、社会实践三结合，形成开放式的"多元互动"教学体系；同时通过项目带动，引导研究生参与教师的课题研究，并定期聘请有关领导和校外专家来校讲学，收到了很好的教学效果，培养的研究生在专业、科研、教学等多方面的能力均能在同类院校当中脱颖而出。在本科生培养上，我们从学生成长成才的实际需要出发，在学校重大项目设计、学科专业建设、规章制度制定、环境设施改善等多方面为其创设优良条件。多年来，不断走向工作岗位的高质量本科生也获得了社会的广泛赞誉。

教学相长，优秀的毕业生自然也离不开优秀的教学团队。在自身队伍建设上，我们充分发挥校内资源，切实做好"传帮带"，加强青年教师的能力素质的培养与提升。老一辈的著名经济学家陈征教授，一直在教学科研中发挥着重要作用。中年一代的如李建平教授（原校长）、李建建教授（原经济学院院长）、郭铁民教授等在学术界影响越来越大，分别担任中国《资本论》研究会的副会长、常务理事和副秘书长。在他们的带领和指导下，整个团队团结协作，具有很强的凝聚力，青年教师方向明确，事业心强，基础扎实，发展潜力大，多人次在国内外知名大学做过博士后研究或进修访问过，学术视野宽广。许多成员因科研和教书育人方面贡献突出，多次被评为全国和省级劳动模范，全国和省、校的师德标兵、杰出人民教师、优秀教师。

40 年来，我们始终坚持"知行合一"教学理念，不断探索完善思想政治理论课实践教学模式，积极为全国高校思想政治理论课教学模式改革创新贡献"福师大经验"。中国伟大教育家陶行知先生曾说："行是知之始，知是行之成"。他曾在一篇文章里谈道：现在一般学校里所注重的知识，只是"闻知"，即是从旁人那儿得来的，或由师友口传，或由书本传达。而且几乎以"闻知"概括一切知识，学生的"亲知"（行）能力几乎完全被挥于门外，须知"亲知"是一切知识的根本。因此，将教法、学法、做法有机融合起来，必定能对课堂教学做出有益的延伸甚至补充。我校也历来注重教育教学改革，遵循着"知行合一"教育理念，我们也在不断探索学习与实践结合的新路子。2007 年 9 月，我们初步构想开展思想政治理论课实践教学模式，由学校教务部门专设思想政治理论课实践费用 10 万元/年，用以解决思想政治理论课教学理论与实践联系不够紧密、学生学习主动性不够积极、校外社会实践机会偏少等问题。经过两年多的建设，在学生中产生积极影响，并获得省内高校同行的充分认可。2011 年，《高等学校思想政治理论课程建设标准》（暂行）出台，学校马克思主义学院成立，"以生为本"的创新育人理念以及德育优先、实践育人的重要性逐渐被更多同行认识，对思想政治理论课实践教学创新模式的探索也随即由规范操作进入全员覆盖、提升实效阶段。同年，我们在总结多年探索的基础上，通过建章立制，将实践教学纳入教学计划，建立相对稳定的校外实践教学基地，为实践教学覆盖大多数学生提供了制度保障。同时出台《思想政治理论课综合实践教学实施方案》，基本确立了"三层递进、全面覆盖，整体规划、培育精品，提升优秀、惠及全体"的总体布局。

经过多年建设，我校思想政治理论实践教学模式收到了良好的育人成果。以调研、观展、阅读为基本形式的实践教学手段，为有组织、有部署、有成果的学生全员参与搭建了良好平台，有效促进了学生学以致用；以课内、课外实践（讨论、辩论、讲演、对话）为载体，为对课程学习有兴趣、有思考、有拓展的学生提供了机会，促进了学生能力素质提升；经过公证选调产生的课程学习"双优"（过程优秀、考试优秀）学生，我们还组织开展了红色历史考察和主题社会考察，为学生传承红色文化、开阔视野起到了积极作用。通过多形式参与实践教学，学生在提高思想政治理论课自主学习、探究性学习热情，提高运用马克思主义理论方法分析社会能力以及提高职业素养和综合能力等方面的成效非常明显。

40年来，我们始终坚持与时俱进的发展理念，积极探索大学生思想政治日常教育创新模式，为推进主流意识形态在高校常做常新搭建了立体化平台。每个时期大学生的思想政治教育工作都有不同的特征，在新媒体时代，我校在遵循思想政治教育规律、教书育人规律和学生成长规律的前提下，逐步建立起大学生思想政治日常教育的立体化网络，通过课上与课下、网上与网下的协同教育，有效提升了思政课日常教育的适应性和实效性。如，我们在全校范围内构建"五微五阵地"，打造了思政教育立体网络。即创新"微"课堂，扩大理论传播阵地；举办"微"论坛，强化思想引领阵地；实现"微"对话，构建答疑解惑阵地；提供"微"服务，夯实成长服务阵地；打造"微"形象，巩固教学创新阵地。六年来，"五微五阵地"大学生思想政治教育的创新与探索取得了良好的育人实效，深入探究了思想政治教育向纵深推进的新路子。即拓展教学阵地，实现思政教育从局限片面向全面灵活的转变；改变主客体关系，实现思政教育从单向灌输式向交互式转变；创新教学方法，实现思政教育从抽象空洞向具体贴切转变；优化教学评价，实现思政教育从"考试评价"向"考核评价"转变。此举得到领导、中央电视台、新华社动态清样、《光明日报》的头版头条、《中国教育报》头版头条等主流媒体300余次深度报道。学校作为"南方坚持马克思主义的重要阵地"，成功入选全国第二批重点马克思主义学院，入选教育部高校网络文化建设试点单位、团中央首个网络新媒体转型创新试点单位。团队先后获得了省"先进基层党支部""福建青年五四奖章集体标兵"等诸多荣誉奖项；负责人曾20多次在全国性会议上做经验介绍，为40多个国家政府官员考察团做经验汇报，200多所高校来校交流大学生思想政治教育立体网络的实践探索经验。

踏入新时代，迈向新征程。我们着眼于"为党立言、为党守土、为党育人"

的新高度，探索构建全员全过程全方位育人体系，致力于培养能担当民族复兴大任的新时代高素质人才。党的十八大以来，习近平总书记的系列重要讲话，对高校立德树人的要求越来越高、越来越实，使我们对高等教育办学方向和使命的认识越来越清晰。高校培养什么样的人、如何培养人以及为谁培养人是办学的根本问题，高校立身之本在于立德树人。2016年12月，全国高校思想政治工作会议上，习近平总书记强调要坚持把立德树人作为中心环节，把思想政治工作贯彻教育教学全过程，实现全程育人、全方位育人。只有培养出一流人才的高校，才能够成为世界一流大学。办好我国高校，办出世界一流大学，必须牢牢抓住全面提高人才培养能力这个核心点，并依此带动高校其他工作。这不但明确了办学的根本方向，还要求发挥人才培养的引领、带动作用，明确了高校办学的根本路径和基本遵循。党的十九大报告再次强调，要全面贯彻党的教育方针，落实立德树人根本任务。要把立德树人作为中心环节贯穿到高校办学实践中。2018年5月2日，习近平总书记在北京大学师生座谈会上发表重要讲话，更明确要求"把立德树人的成效作为检验学校一切工作的根本标准……要把立德树人内化到大学建设和管理各领域、各方面、各环节，做到以树人为核心，以立德为根本"。关于立德树人，从"落实"到"成效"，从要求到自觉，从外在到内化，要求更高、更实，更具有针对性、指导性和操作性。

　　站在新时代潮头，我校紧紧围绕立德树人根本任务，把办好思政课作为管党治党、办学治校的重要政治责任，通过高站位谋划、宽视野推进、深层次融合，推动学校各类育人要素无缝对接与有效协同。2018年，我校申报《大格局思想政治理论课协同创新的探索与实践》，获全省教学成果特等奖，这充分显示了我校高度的政治自觉和自信。我们立足书写"大"文章，凝练出"大格局、有核心、无边界"的创新理念。在突出思政课主渠道这个核心的基础上，我们强调在思维开放性、理念创新性和机制融合性上实现"无边界"，打破学科、平台、部门之间的壁垒，从而形成同向同行的整体态势和系统合力。在协同创新上，逐渐形成四大有效机制。即教研协同机制，形成教学与科研的良性互动，促进科研成果有效转化，大幅提升思政课的时代性和说服力；教学协同机制，推进教师主导作用和学生主体地位有机结合，激发学生自主学习和探究的兴趣；队伍协同机制，形成校内育人主体同向同行的工作合力；评价协同机制，实现理论主课堂、活动大课堂和网络新课堂一体贯通，促进学生知行合一、学深做实。在这样的架构中，我校思想政治教育工作在协同育人方面取得了扎实成效。思政课从"有意义"深化到"有意思"；多元主体力量同向同行形成协同育人的思政课大格局；思政课理论主课堂、活动大课堂、网络新课堂一体贯通；教研、教学、队伍、评价四大协同机制形成一体化工作体系；打造了网络思想政治工作知名品牌。短短的时间里，学校先后 12 次在全国性会议上做经验介绍，得到了党和国家领导人、教育部和福建省领导批示肯定，被要求总结经验并向全国推广。《人民日报》、《光明日报》、央视新闻联播等媒体 200 余次深度报道，取得了良好的社会反响。

创建一流，砥砺前行；临海凭风，扬帆远航。在中国特色社会主义发展历史进程中，在"机制活、产业优、百姓富、生态美"新福建建设的潮头上，我校将继续在党的坚强领导下，不忘初心、牢记使命，积极作为、大胆创新，全面贯彻落实习近平新时代社会主义理论，全面深化综合改革，全面推进内涵发展，全面提高办学质量，用不断发展着的先进理论指导办学实践，扎实推进马克思主义理论建设发展与高校思想政治教育工作改革创新同向同行。

坚持马克思主义方向，推进政治经济学学科建设和研究生培养

主要完成人：李建平、李建建、陈征、郭铁民

主要完成单位：经济学院

获奖时间：2005 年（第五届）

获奖等级：省级一等奖

一、成果主要内容

福建师范大学 1979 年开始招收政治经济学研究生，1985 年获得硕士学位授予权，1992 年被评为省重点学科，1993 年获得政治经济学博士学位授予权，1995 年被评为省"211 工程"重点建设学科。1997 年 9 月党的十五大报告指出："马克思列宁主义、毛泽东思想一定不能丢，丢了就丧失根本。同时一定要以我

国改革开放和现代化建设的实际问题、以我们正在做的事情为中心，着眼于马克思主义理论的运用，着眼于对实际问题的理论思考，着眼于新的实践和新的发展。"这就为政治经济学的学科建设和研究生培养指明了正确的方向。1998 年 1 月以来，我们努力探索在社会主义市场经济条件下，坚持和发展马克思主义经济理论，把政治经济学学科建设和高质量的研究生培养密切结合起来的新路子，并作为一项重大教改课题。经过六年多的实践，取得了显著的成效。

1. 坚持马克思主义的正确方向，在任何情况下都不动摇

政治经济学具有很强的意识形态特征。由于受西方经济学的冲击和影响，怀疑和否定马克思主义政治经济学的思潮曾一度流行。我们坚持认为，马克思主义政治经济学是一门科学。在研究生教学中，一直把《资本论》作为主干课程来开设，并保证足够课时数，主编了《〈资本论〉选读》和以马克思主义为指导的《政治经济学》教材，制作了在国内属首创的《资本论》电子版。在科研和教学中，强调要用马克思主义的立场、观点和方法分析解决问题，对于怀疑和否定马克思主义政治经济学的错误观点，及时撰文予以批评，例如 2001 年以来经济学界关于劳动和劳动价值论的讨论，我们就撰写了一系列论文，深入阐述马克思的劳动价值论，批评一些错误观点，在全国产生了较大影响。本学科在坚持马克思主义的同时，也根据新的历史条件下中国改革开放的实践，探索马克思主义政治经济学新的发展。例如：我们主编的《〈资本论〉在社会主义市场经济中的运用与发展》一书出版后获得广泛好评，获得省社科优秀成果一等奖，《十五大报告对邓小平经济理论的运用与发展》获得全国第七届"五个一工程"优秀论文奖等。中国人民大学宋涛教授把本学科誉为"中国南方坚持马克思主义的重要阵地"。

2. 科研与教学紧密结合，以研促教，教研相长

（1）深化对《资本论》和马克思主义政治经济学基本原理的研究，例如李建平教授和陈征教授关于劳动和劳动价值论的系列论文，被收入国内多本论文集，并双双获得 2003 年福建省社科优秀成果一等奖；

（2）深入研究中国社会主义市场经济中的新情况、新问题，如关于所有制和分配改革的研究、国有企业改革研究、"三农"问题研究、土地管理制度改革研究、居民投资研究、对外开放研究等，多人次获得省部级奖励；

（3）加大对福建省经济社会发展的研究力度，积极参与福建省各级政府的重大决策咨询，本学科已成为省政府建设海峡西岸经济区战略的一个重要智囊机构；

（4）加强国内外的学术交流，承办或主持了多次全国性的学术研讨会，如1998 年承办中国《资本论》研究会第九届学术研讨会、2000 年承办全国高校第十四次社会主义经济理论与实践研讨会等；

（5）加强教材建设，主编了十余种全国性《资本论》和《政治经济学》教材，满足了研究生教学需要，并获得同行专家好评。六年来本学科承担了 60 多项国家级和省部级研究项目，出版专著 30 多部，发表论文 500 多篇。上述研究成果丰富了教学内容，拓宽了研究生的学术视野，提高了教学水平，受到研究生的热烈欢迎。

3. 优化课程结构，改革教学方法，构建开放式的"多元互动"教学体系

按照"宽口径、厚基础、重实践、强能力、高素质"的要求，深化研究生教学改革，形成了具有"精""深""新""博"特点的课程结构和教学内容。采取"10＋8"的模式，建立了具有一定弹性的课程选修制度和学分制度，在修完 10 门学位课和必修课的基础上，鼓励研究生多选选修课程，实现学习过程的基础性、宽广性和新颖性。同时，注重教学方法的改进，实行课堂教学、课外研讨、社会实践三结合，形成了开放式的"多元互动"研究生教学体系。课堂教学运用启发式及讨论等多种教学方法，充分利用多媒体技术，提高教学效果。课外研讨采取两周举办一次"学术沙龙"等措施，围绕经济学的热点、难点问题深入开展讨论。把研究生的社会实践列入教学计划，并通过项目带动，引导研究生参与教师的课题研究，提升科研能力。定期聘请国内外知名经济学家和实际部门领导、专家来校讲学，收到了很好的教学效果。

4. 形成一支结构合理、教学科研能力强，有良好素质和学风的师资队伍

本学科成员 31 人，其中教授 10 人，副教授 8 人，具有博士学位的有 18 人。年龄结构合理，老一辈的著名经济学家陈征教授，在教学科研中继续发挥重要作用；中年一代的如李建平教授（校长）、李建建教授（经济学院院长）、郭铁民教授等已成为学科带头人，在学术界有较大影响，如他们已分别担任中国《资本论》研究会的副会长、常务理事和副秘书长；45 岁以下的占教师总数的

60%，他们方向明确，事业心强，基础扎实，发展潜力大，多人次在国内外知名大学做过博士后研究或进修访问过，学术视野宽广。本学科还注重高素质人才引进，改善师资队伍的学历结构和专业结构。学科成员团结协作，有很强的凝聚力。由于在科研和教书育人方面的突出贡献，本学科成员多人次被评为全国和省级劳动模范，全国和省、校的师德标兵，杰出人民教师，优秀教师。

5. 依托学科优势，为研究生培养创造良好条件

我校政治经济学学科1996年被评为省"211工程"重点学科后，迄今共获得省政府资助经费500多万元，这就为学科建设和研究生培养提供了强大的物质基础，大大改善了办学条件，如每年用10多万元购置书刊资料，建立了设备较为齐全的经济科学实验室，为研究生配置了电脑，为研究生参加国（境）内外的学术研讨会、社会实践和博士论文出版提供经费支持。本学科开展的各种学术活动也使研究生从中获得很大收益。由于本学科还具有博士点和理论经济学博士后科研流动站，可以加大对中青年教师的培养力度，为师资队伍不断补充新生力量。

六年来，政治经济学学科建设和研究生培养相互促进，取得一连串瞩目的成效：1998年获国家经济学基础人才培养基地（这是全国高师院校唯一的），1999年获理论经济学博士后科研流动站，先后获得西方经济学、经济思想史、产业经济学三个硕士点，2003年获得经济思想史博士点；1999年在全省"211重点学科"评估中获得第一名，在2004年省重点学科项目评审中又获得专家高度评价；科研成果共获得全国"五个一工程"优秀论文奖1项、教育部人文社科优秀成果二等奖1项、福建省社科优秀成果奖16项（其中一等奖4项，二等奖5项）；教改成果共有10项获得省、校奖励（其中校特等奖1项、省一等奖1项、二等奖1项），《〈资本论〉选读》被列为省级精品课程；研究生科研能力有很大提高，在学校期间人均发表论文5篇，最多的达20多篇，其中在《光明日报》《经济学动态》《当代经济研究》等重要刊物上共发表50余篇，有多人次获省、校奖励，其中获得省级优秀成果一等奖1项（2001级博士生王永龙、俞姗），三等奖1项（2000级博士生郑胜利）；培养了一大批德才兼备的高级专门人才，六年来共培养了博士42人、硕士93人，他们具有优良的政治思想品德和坚实的理论基础和较强的分析问题、解决问题的能力，在工作岗位上取得

了优秀成绩。如 1999 级博士生李郁芳现在是暨南大学的博士生导师，2000 级博士生陈冬现在是共青团福建省委书记，1998 级硕士生宋涛现在是中华人民共和国驻圭亚那大使，等等。本学科在高质量人才培养方面获得了社会的广泛赞誉。

2005 年，在以胡锦涛为总书记的党中央实施马克思主义理论研究和建设工程的今天，我们在政治经济学学科建设和研究生培养上的做法和所取得的成效是很有推广价值的。

二、成果创新点

1. 坚持马克思主义政治经济学的正确方向，在任何情况下都不动摇。在研究生教学中，坚持用马克思主义的立场、观点和方法分析问题、解决问题。中国人民大学宋涛教授赞誉本学科为"中国南方坚持马克思主义的重要阵地"。

2. 坚持科研和教学的密切结合，用高水平的科研促进研究生教学和人才培养，特别是编写了一系列适合研究生教学的《资本论》和《政治经济学》教材，制作了在国内属首创的《资本论》电子版，鼓励研究生在打好基础的同时，积极进行科学研究，培养研究生的创新能力。

3. 优化课程结构，改革教学方法，构建开放式的"多元互动"教学体系。课程结构采取"10＋8"模式，教学内容强调要"精、深、新、博"。课堂教学运用启发式和讨论等多种方法；实现课堂教学、课外研讨、社会实践三者的有机结合；通过项目带动，引导研究生参与教师的课题研究。定期聘请校外实际部门领导和专家来校讲学。实践证明这种教学改革是成功的。

4. 加强师资队伍建设，重视青年教师队伍的培养，已形成了一支老中青相结合、学历层次高、在国内外知名大学进修访问过、教学科研能力强、有很强事业心和责任感、团结协作的优秀师资队伍。

5. 把政治经济学学科建设和研究生培养紧密结合起来，由于学科建设获得省政府资助的 500 多万元经费，就为研究生培养提供了强大的物质基础，大大改善了办学条件，这在全国高校政治经济学专业中是很少有的。

三、成果推广及应用效果

1. 学科建设实现跨越式发展：1998 年在激烈竞争中获得国家经济学基础人才培养基地，这是全国高师院校唯一的一个；1999 年获理论经济学博士后科研流动站，是当时省属院校第一批；先后获得西方经济学等三个硕士点，并于

2003 年获得经济思想史博士点，1999 年在福建省重点学科评估中获得第一名的优异成绩，2004 年重点学科项目评审又获得专家高度评价。

2. 科研成果共获得省部级以上奖励 18 项，其中全国"五个一工程"优秀论文奖 1 项，教育部人文社科优秀成果二等奖 1 项，省社科优秀成果一等奖 4 项。教改成果共 10 项获省、校奖励，其中省一等奖 1 项、二等奖 1 项、校特等奖 1 项、一等奖 1 项。《〈资本论〉选读》被列为省级精品课程。

3. 本学科编写或担任主编的《资本论》和《政治经济学》教材，由高等教育出版社作为重点教材在全国高师院校和其他高校中推广使用，有的一版再版。中国人民大学卫兴华教授在《教学与研究》上发表书评，给予高度评价。本学科制作的《资本论》电子版，经同行专家鉴定，属国内首创，对推动《资本论》的教学和研究起到了重要的作用。

4. 研究生科研能力有很大提高，在学校期间人均发表论文 5 篇，多人次获得省、校奖励，其中获得省级优秀成果一等奖 1 项、三等奖 1 项。

5. 培养了一大批德才兼备的高级专门人才，毕业时供不应求，毕业后在工作岗位上都取得了出色的成绩，受到了用人单位的一致好评，也在全国高校和社会上有很好的声誉。

高校思想政治理论课实践教学有效性探索

主要完成人：俞歌春、李湘敏、陈志、俞志、邓翠华
主要完成单位：马克思主义学院
获奖时间：2014 年（第七届）
获奖等级：省二等奖

一、成果主要内容

福建师范大学探索思想政治理论课实践教学始于 2007 年 9 月，实践教学的初步构想，只是解决思想政治理论课教学必须加强理论联系实际，必须改变学生学习主动性不足、积极性不够的状况，用参加校外社会实践作为激励方式鼓

励优秀。学校教务部门专设思想政治理论课实践经费 10 万元/年，由当时承担学校思想政治理论课教学的公共管理学院具体实施。经过两年探索，在学生中产生积极影响，在省内高校同行中也获得肯定。

随着"以学生为本"的创新高校教学改革理念的日益深入，德育优先、实践育人的重要性被认识，特别是 2011 年马克思主义学院独立建制后，贯彻《高等学校思想政治理论课建设标准》（暂行）（教社科〔2011〕1 号），福建师范大学思想政治理论课实践教学探索进入新阶段，从规范操作、全员覆盖、提升实效方面，贯彻落实教育部《高校思想政治理论课建设标准》有关实践教学的规定，2011 年 5 月，在总结多年探索的基础上进一步总体构想，通过建章立制为"将实践教学纳入教学计划，建立相对稳定的校外实践教学基地实践教学覆盖大多数学生"提供制度保证。总结实践教学经验，参照《福建师范大学学生素质拓展实施办法》，学院制定了"思想政治理论课综合实践教学实施方案"，确立了"三层递进、全面覆盖，整体规划、培育精品，提升优秀、惠及全体"的总体要求。新一轮实践教学已经呈现多方面育人功能：有利于学生提高学习思想政治理论课的积极性，形成课堂教与学的良好激励机制；有利于思想政治理论课教师深入学生，了解学生，为学生成长释疑解惑；有利于思想政治理论课建设与学生重大活动结合，互为促进，形成教学管理协力"大德育"的良好局面。

成果解决教学问题的方法主要有：

一是四门课程统筹协调：思想政治理论课价值导向鲜明，四门课（简称：纲要、基础、原理、概论）内容体系相对独立，教学目标各有侧重，课时、学分有别，但都属于马克思主义理论学科，都有理论联系实际，增强针对性、时效性，贴近大学生学习生活的要求。为保证有限的经费能够最大限度地发挥效用，能够实现课程实践教学目标。实行学院协调统筹，以课程为单位，实践教学制度化的运行机制，从主题筛选到互动反馈，从过程管理到成果汇集，关注教学对象——大学生主体在实践教学过程中的主动参与度；关注实践教学形态上教师指导与学生完成之间的良性互动；关注实践教学主题是否服务于特定课程内在的质的规定性。

二是实践教学制度建设：教育部社科司《高等学校思想政治理论课建设标

准》从暂行规定到正式实施，对高校思想政治理论教师组织教学、设计教学提出了更高的要求，为保证实践教学计划的实施，2011年马克思主义学院独立建制后加强实践教学的制度建设，参照《福建师范大学学生素质拓展实施办法》，总结2007年以来近四年实践教学经验，马克思主义学院制定了面向全校的"思想政治理论课综合实践教学实施方案"，明确"三层递进、全面覆盖，整体规划、培育精品，提升优秀、惠及全体"的总体要求。其中"三层递进、全面覆盖"是思想政治理论课实践基本教学体系，"整体规划、培育精品"是坚持思想政治理论课程品质特色、创新形式的建设目标，"提升优秀、惠及全体"是坚持以学生为本，追求德育为先，育人为重的实效。

三是实践教学机制保障：实现总体要求需要相应的机制。首先，"思想政治理论课综合实践教学实施方案"让教师实践教学的每一环节展开有章可循，将实践教学融入课堂教学，统筹安排教学。其次，建立实践教学成果与课堂教学之间的良性互动机制。如"校外实践考察反馈分享"、优秀成果展示等环节的设置，为实践教学成果与课堂教学之间的良性互动建立通道，将更丰富的教学素材、教学资源带入课堂。最后，将教师指导实践教学的付出计入学院工作量补贴，尽管数额有限，但是对其付出的认可和鼓励。

四是思想政治理论课实践教学与提升专业素质相融合。思想政治理论课实践教学要避免草草应付，热热闹闹走一趟，就要积极寻求与专业学习、专业素质融合的契合点，加强与专业学院的沟通，特别是重大活动的主动介入，如音乐学院学生"青歌赛感悟"，是思想政治理论课实践教学多面向展开收到实效的成功尝试。

二、成果创新点

（一）规范实践制度创新：已形成学院协调统筹，以课程为单位，实践教学制度化的运行机制。确保结合课程内容，结合马克思主义中国化最新理论成果，进行实践教学的主题策划，有的放矢，有章可循。2012年5月"思想政治理论课综合实践教学实施方案"出台，实践教学基地建设取得重大进展，并见成效。实践教学制度化进一步完善。

（二）实践教学体系创新：三层递进、全面覆盖的高校思想政治理论课。以调研、观展、阅读为基本形式的实践教学，为有组织、有部署、有成果的学生全员参与搭建平台，促进学生学以致用；以课内、外实践（讨论、辩论、讲演、对话）为载体，为课程学习有兴趣、有思考、有拓展的学生提供机会，促进素质拓展；经公正选调产生课程学习"双优"学生（过程优秀、考试优秀），开展省内红色历史考察和主题社会考察，激励优秀。已累积学生实践教学体会优秀选编 10 本，近 80 万字。

（三）实践教学成果与课堂教学互动机制创新。一方面，实行"三个结合"即实践教学与课堂教学相结合、课内实践与课外实践相结合、团队主题实践与个体自主实践相结合，不仅让学生带着思考去发现、发掘，去感受、领悟，去记录、梳理，还通过学生的演示、互评，以及教师的点评，将实践成果带回课堂，通过分享收获，让更多的学生得到提炼和提升。另一方面，将学生实践教学成绩作为课程学习总成绩的重要组成。

（四）实践教学多面向展开的形式创新。实践教学采取怎样的形式展开，决定性因素是课程教学目标、教学内容，但贴近学生、解决学生实际问题的思想政治理论课教育教学理念也要求实践教学形式要面向学生，积极寻求契机，为学生成长助力。无论是音乐学院学生亲历"青歌赛感悟"，还是体科院学生"残奥会志愿者随想"，都以特殊的形式纳入思想政治理论课实践教学，学生从中得到的感悟也是多面向的，达到思想政治课教育引领大学生的目的。

三、成果推广及应用效果

一是研究成果与教改互为促进，扩大影响。多年来，积极开展包括实践教学在内的思想政治理论课教学改革研究，为实践教学探索积累理论认知，提炼经验。俞歌春的《把握学生思想脉络 提高教学实效性——福建省高校思想政治教育理论课教学调查》《论高校思想政治理论课教学的时效性与实效性》、杨林香《提高思想政治理论课教学效果的着力点》、鄢奋《高校思想政治理论课参与式教学方法的设计原则》《高校思想政治理论课教学效果与激励机制问题分析》多篇在《思想理论教育导刊》《思想教育研究》等马克思主义学科权威刊物上发表的论文，从不同角度探讨了思想政治理论课的实践教学。陈志在核心刊物发表的论文《新加坡式辩论赛在大学课堂教学中的运用》《辩论式教学——思想道德课教学的新尝试》等对辩论式教学进行研讨。

二是实践教学获得业界好评。"思想政治理论课系列教学实践"2009 年获福建省高校思想政治理论教学研究会优秀论文一等奖，与会的厦门大学何其颖教授对实践教学面向学生，不搞形式予以充分肯定，并提出进一步惠及学生的建议。省内高校其他与会教师也多有询问了解。2012 年 11 月，在福建省高校思想政治理论课教学质量检查中，专家组也充分肯定该成果的独创性和实效性——教师全员投入、学生全员参与、层层递进、循环促进，提升优秀、惠及全体。陈志老师率先探索的辩论式课堂实践教学，让学生由课堂走向赛场，福建师范大学辩论队 2010 年获"海峡两岸大学生辩论赛"季军，并先后 4 次获全省大学生辩论赛冠军。

三是实践教学成果受关注。2011 年 12 月在北京科技大学召开的全国高校思想政治理论课实践教学研讨会上做大会交流发言，得到与会领导和同行的肯定，在全国高校思想政治理论课教学领域产生积极影响。2010 年以来，我校多位教师或在全国省属高校思想政治理论课教学协作会上、或在参加教育部思想政治理论课骨干教师培训班上先后被推荐大会发言，向来自全国高校（部属、211 高校、985 高校）介绍实践教学经验并广纳建言，不断完善我校的实践教学。近年来，来校交流省外高校思想政治理论课教师都对我校实践教学模式予以肯定并询问详情。

四是学生在实践教学中受益良多。现已累积学生实践教学体会优秀选编 10 本，逾 80 万字只是学生从实践教学中受益的缩影。学生通过不同形式参与实践教学，提高思想政治理论课自主学习、探究性学习热情，提高运用马克思主义理论方法分析社会问题的能力，提高职业素养和综合能力成效是明显的。

"五微五阵地"：大学生思想政治教育的创新与探索

主要完成人：陈志勇、许建萍、李方祥、杨林香、林深、陈一收
主要完成单位：校团委
获奖时间：2017 年（第八届）
获奖等级：省一等奖

一、成果主要内容

2011 年起，福建师范大学坚持立德树人的根本要求，遵循思想政治教育规律、教书育人规律和学生成长规律，结合新媒体时代特点，对新时期大学生思想政治教育进行探索和创新，提出"五微五阵地"大学生思想政治教育新模式。创新高校思想政治教育的话语体系、话语形态、话语方式，以对话式、启发式、研讨式的教学方法开展师生互动、多维联动的"微课堂、微论坛、微对话、微服务、微形象"，形成弘扬主旋律、传播正能量的"理论传播阵地、思想引领阵地、答疑解惑阵地、成长服务阵地、教学创新阵地"，建立健全了以思政课教学为牵引的服务、支撑、延伸、拓展、反哺第一课堂的"五微五阵地"思想政治教育立体网络，促进第一与第二课堂相融通，构建起有效衔接课上与课下、网上与网下，形成思想政治教育全员、全过程、全方位育人的协同效应，推动我校大思政格局的形成，提升了大学生思想政治教育的适应性和实效性。

（一）创新"微"课堂，扩大理论传播阵地

微课堂通过"对话式教学"将微问题、微对话、微参与联结贯通，达到见微知著的目的。一是突出教学重点。在尊重课程教学的基础上对章节内容进行取舍，有侧重点、集中精力地将学生最关心的理论与现实问题设置为对话主题进行探讨。二是提升理论认知。以热点事件为导入，引发思考后设疑，学生在课堂上自主探究，经释疑引导提升对理论的认知。三是提高吸引力和亲和力。从学生关注的焦点问题出发，克服思想政治理论课枯燥乏味的偏见。

（二）举办"微"论坛，强化思想引领阵地

通过"微"论坛，以课后学习、社团学习、论坛学习的形式赢得共鸣、取得共识，进而全方位、全过程强化思想引领。一是课后学习不断链。打破班级原有建制，在课堂上将同学分成若干个学习小组，引导学生在课后进行探究式学习。二是社团学习常态化。依托学生兴趣社团，成立青年理论研读俱乐部，以"读、诵、研、讲、宣"五大品牌活动为抓手，强化课内学习效果、提升理论学习常态化。三是论坛学习多样化。通过打造有机统一的线上与线下论坛互动体系，引导青年学生用演讲、情景剧、微视频等轻松活泼的形式进行探讨学习。

（三）实现"微"对话，构建答疑解惑阵地

通过微对话让思政老师上网、开设专栏、答疑解惑，实现思想引导离课不离线。一是建立网上对话平台。依托微博、微信、易班、直播等新媒体渠道，为师生互动提供网上对话平台，把思想政治教育延伸至网络。二是推出系列专栏。鼓励并聘请思想政治教育工作者、教学名师、理论名家以及辅导员，通过网络平台开设网络思政专栏。三是键对键答疑解惑。组建队伍实行值班制在线答疑，鼓励名师大 V 开通微博账号主动向学生答疑释惑。

（四）提供"微"服务，夯实成长服务阵地

通过在实际生活中提供"微"服务，将思想政治理论真正与生活实际相结合，用理论指导实践的切身感受让学生接受和认同思想政治理论。一是关注学生思想动态。组建学生热点信息搜集团队，通过网络监测和大数据分析，形成《每周网络热点参考》，实时扫描学生思想动态。二是注重日常生活教育。开展"日行一孝"等活动，用"身之所历，目之所见"传递思想内涵；以校园先进典型等为素材让身边的好人好事可亲可感可学。三是帮助解决实际困难。每学期开展"书记早餐会""校长面对面"等活动，将解决思想问题与解决实际问题相结合，服务同学校园生活的方方面面。

（五）打造"微"形象，巩固教学创新阵地

通过打造"微"形象，形成渠道多元，形式新颖的教辅教材，为思想政治教育的教学创新提供了学材上的有益补充。一是打造思想政治教育"代言人"。推出以阳光、向日葵为原型的卡通形象"福师大小葵"，使之成为学校思想政治教育的"代言人"。二是丰富思想政治教育"学材"供给。以"福师大小葵"为主角，紧密结合第一课堂专题式的课程设计创作优质学材，形成对教材体系的有力补充。三是突出思想政治教育的主体性。通过开展自主申报、竞赛评选等方式，让广大学生亲自参与设计、开发，使之在参与、体验中接受教育，使受教育的客体转为受教育的主体。

二、成果创新点

"五微五阵地"创新点主要体现在以下四个方面：

（一）拓展教学阵地，实现思政教育从局限片面向全面灵活的转变

教师主动、学生行动、方式灵动的平台构建，使思政教育不再仅是单纯传授、灌输的过程，更是一个感化、熏陶和养成的过程。使思想政治教育无处不

在、随处可见、延续不断，打破了空间和时间的限制，极大地提升了思想政治教育的适应性。教学阵地的创新，完成了思政教育在时间、空间上的延伸与拓展，实现了其从片面局限到全面灵活的转变。

（二）改变主客体关系，实现思政教育从单向灌输式向交互式转变

对话式的课堂教学构建了师生之间双向交流、平等互动的有效平台，实现了教学方式从传统的"单向灌输"向"平等对话"转变，从"文本本位"向"问题导向"转变，学生的主体地位得以凸显。学生不再是被动接受知识的客体，而是主动探索知识的主体，在观点的对话交锋中砥砺、纠偏、确认并最终形成自己的信念。对话式、启发式、探讨式的教学创新使思政教育由"外化于形"向"内化于心"迈进，实现了学生由被动到主动、由客体到主体的转化。

（三）创新教学方法，实现思政教育从抽象空洞向具体贴切转变

将抽象的理论命题与学生的生活实际相结合，把理论置身于当下的时代背景、解读其现实的实践价值。服务于大学生掌握科学理论的切实需要，在把理论"说准""说透"的基础上呈现理论本身的魅力，以透彻的理论说服人并外化于实际的行动。理论与实践、教学与生活的紧密相连极大增强了思政教育的黏性，实现了思政教育从单一空洞向多元贴切的转变。

（四）优化教学评价，实现思政教育从"考试评价"向"考核评价"转变

采取侧重课堂参与和实践活动的全程性评价考核机制。全程性评价将学生课前准备、课堂参与和课后活动的整个过程作为考核重点。学生参与的积极主动性大大提升。通过多样化的教育教学手段和灵活的评价方式，教学成果得到不断巩固，实现了思政教育"考试评价"向"考核评价"的转变。

三、成果推广及应用效果

（一）打造了思想政治教育立体网络，社会影响广泛

六年来，福建师范大学"五微五阵地"大学生思想政治教育的创新与探索取得了良好的育人实效。学校作为"南方坚持马克思主义的重要阵地"，成功入选全国第二批重点马克思主义学院，入选教育部高校网络文化建设试点单位、团中央首个网络新媒体转型创新试点单位。团队先后获得了省"先进基层党支部""福建青年五四奖章集体标兵"等诸多荣誉奖项；负责人曾 20 多次在全国性会议上做经验介绍，为 40 多个国家政府官员考察团做经验汇报，200 多所高

校来校交流大学生思想政治教育立体网络的实践探索经验。

（二）打造了思想政治教育理论智库，理论反哺教学

大学生思想政治教育的创新与探索六年以来，学校政工干部、一线思政教师在丰富的思政教育教学实践探索中思考、总结、提升，推出了系列理论成果，形成了从实践中提炼理论，以理论指导实践的良性循环。在上级有关部门的指导下，学校成立了福建省易班发展中心、福建省青少年网络新媒体研究中心、福建高校网络文化发展研究中心，依托思想政治教育教学实践优势和各研究中心的资源优势，团队成员共获各类科研项目近20项，其中国家社科基金和省部级项目12项；出版著作8部，其中，专著《新媒体时代的大学生思想政治教育》一书入选教育部思想政治教育理论研究文库；在《思想理论教育导刊》《思想教育研究》《马克思主义研究》等核心期刊发表学术论文10多篇，1篇论文被评为2015年度高校马克思主义理论影响力论文。

（三）提升了思想政治教育教学质量，促进教学相长

"五微五阵地"大学生思想政治教育的创新与探索实践中，一线思政教师积极推动思想政治理论课教学改革，教学受到学生的喜爱以及各方的肯定。如今，学校拥有教育部全国高校思想政治理论课教学指导委员会委员1人，全国理论宣讲先进个人3人，全国首届百名"两课"优秀教师1人，高校思想政治理论课影响力标兵人物、影响力人物2人，入选教育部新世纪优秀人才支持计划2人，教育部思想政治教育中青年杰出人才支持计划1人（福建高校唯一），全国高校优秀中青年思想政治理论课教师择优资助计划2人；1支团队入选福建省思想政治理论课教学团队；一线辅导员获评第五届全国高校辅导员职业能力大赛一等奖等一系列奖项。思想政治育人效果突出：我校研究生支教团、学生楚玉春和徐云丽被评为"感动福建年度十大人物"，涌现出了入选"福布斯30岁以下创业榜"的应向阳、公交车上救人的许倩倩等一大批先进典型。

"三位一体、分层递进"：马克思主义经济学创新人才培养体系构建与实践

主要完成人：李建建、黎元生、陈晓枫、黄茂兴、陈洪昭、叶琪、郑　蔚

主要完成单位：马克思主义学院

获奖时间：2017 年（第八届）

获奖等级：省一等奖

一、成果主要内容

（一）成果简介

20 世纪 80 年代以来，西方经济学译著、教材以及各种理论范式大量引入中国，马克思主义经济学在不同程度上出现被边缘化、空泛化、标签化的"三化"现象；在经济学教育和人才培养过程中出现马克思主义"失语"、教材中"失踪"、论坛上"失声"的"三失"现象，套用西方经济学理论分析中国现实经济问题俨然成为时尚，将经济学教学、科研和人才培养的国际化与本土化对立起来。党的十八大以来，习近平总书记多次强调："要学好用好政治经济学""不断开拓当代中国马克思主义政治经济学新境界""要坚持和发展中国特色社会主义政治经济学"等等。这些重要论述为高校培养什么样的人、如何培养人以及为谁培养人指明了正确方向。面对新的历史形势，我们在传承中守正，在变革中出新，坚持以培养马克思主义经济学创新人才为己任，着力构建"学生、学术、学科"三位一体的综合发展体系和"本—硕—博"分层递进的马克思主义创新人才培养体系。在承传学科优势中拓展学术平台，创新发展马克思主义经济学；实施科研反哺教学，围绕课程结构和教学方式深化改革；着力培养学生以人民为中心的科研导向，突出提升学生自主学习意识和科研创新能力，取得了新的成绩。

（二）主要解决的教学问题

1. 坚持以马克思主义为指导的正确办学方向。面对马克思主义经济学"三化""三失"现象及其所带来的负面影响，我们不忘初心，始终把马克思主义立场、观点、方法的教育贯穿于人才培养全过程，着力构筑学生、学术、学科一体的综合发展体系，引导学生对马克思主义"真信、真学、真研"，巩固了我校作为"南方坚持马克思主义教学与研究的重要阵地"，受到了中宣部等中央部委领导的肯定。

2. 初步建成"本—硕—博"分层教学和科研训练体系。针对本科生、研究生人才培养过程分散化、多头管理、学术交流少等缺陷，我们建立起"本—硕—博"人才培养各个阶段师资、课程、教学相互呼应，前后接续的分层递进教学模式；制定和实施"本—硕—博"科研能力分层训练目标导向，并依托本科生导师制、本硕博对口交流制度等措施，实现了不同层次学生良性学术互动机制。

3. 解决理论经济学人才培养"三重三轻"的不足。针对教师考核"重科研轻教学"、学生学习"重专业轻人文"、教学过程"重理论轻实践"的缺陷。我们既承传理论经济学学科优势，又积极拓展应用经济学术平台，形成理论经济与应用经济相互支撑、学科平台与学术平台相互促进，实现科研反哺教学和教研相长。通过举办"经院好课堂""我最喜爱的好老师"等活动，引导教风带动学风，让学生从优秀教师的风范中，接受马克思主义思想的教育，陶冶情操，塑造健康人格。

（二）成果解决教学问题的方法

一是发挥学科优势拓展学术平台。我们在承传理论经济学学科优势基础上积极拓展应用经济学术平台，目前学院已拥有 10 个省级以上学术研究平台。我们依托高层次的学术平台，组建和锻炼科研团队，争取科研经费和项目，举办系列学术论坛，形成系列高水平的科研成果，促进科研反哺教学，实现学科建设和学术平台建设相互促进，相得益彰，从而为我校马克思主义经济学创新人才培养搭建更加坚实的学科和学术基础。

二是在学术传承中创新发展马克思主义经济学。我们既重视马克思主义经济学的基础理论研究，又十分重视其实践应用价值，逐步形成了省域经济竞争力研究、国家创新竞争力研究、生态文明建设等新兴研究领域。针对国内新自由主义思潮的泛滥，陆续举办了中国《资本论》研究会、马克思主义经济学史学会、中国青年政治经济学年会等全国性学术活动，并以马克思主义为指导撰写学术论文，批判新自由主义错误观点，在国内外学术界发出福建师大学者的声音。

三是在科研反哺教学中分层递进深化教学改革。以研究型教育理念为统领，建立起"本—硕—博"人才培养各个阶段师资、课程、教学相互呼应，前后接续的分层递进教学模式。开足开好马克思主义经济学核心课程。通过比较分析马克思主义经济学与西方经济学的差异，引导学生确立经济学研究的正确立场、观点和方法。积极探索差异化的分层教学方式。在本科层次侧重采取节选重点章节讲授方式，在硕士生层次侧重开展专题性教学，在博士生层次侧重开展"学生自学+专题讨论"等教学方式。

四是突出提升学生自主学习意识和科研创新能力。设立"陈征经济学学术基金"和"福建师范大学马克思主义政治经济学学术基金"，资助定期举办"马克思主义经济学读书会"和"对话名师"等活动，引导学生对马克思主义经济学兴趣，提升学生自主学习意识。依托学术平台的重大科研课题，实施"大手牵小手"，组织"本—硕—博"学生协同参与，强化以实践教学环节，增强学生理论联系实际的分析力和对现代经济学分析方法的应用，着力培养学生的科研创新能力。

二、成果创新点

（一）深化核心课程的教学改革。以马克思主义经济学核心课程作为教学改革的"试验田"和"示范区"。实施核心课程教授负责制和集体备课制，发挥教学团队的协作优势，培养青年教师教学能力提升，要求青年教师"过五关"即"师德关、学历关、教学关、科研关、职称关"。开足开好马克思主义核心课程，本科层次实现教学计划、教学大纲、教学辅导资料、期末考卷、考核标准等"五统一"。利用微信群进行前沿性知识传播和师生互动，实现视频资源、课程作业及学习资料网络共享机制。注重马克思主义的普及和宣传，开设全校公选课《〈资本论〉入门》深受学生欢迎和好评，这在全国高校中是少有的。依托经济科学实验室，在全国高校首创开发《资本论》电子版，并应用于教学和科研等。

（二）探索形成富有特色的第二课堂。把马克思主义经济学的主导地位贯穿于教育教学和人才培养全过程，形成"对话名师—师生共读—学生自学"的第二课堂学习模式，从课内到课外、教学到科研各个环节实现专业素养和人文精神的有机融合、无缝对接。定期邀请马克思主义经济学家做客"对话名师"活动，这在全国高校中属于独创性的学生学术活动，并被评为"福建省十佳社会科学讲坛"。在全国高校中较早地组织马克思主义经济学经典名著读书会，搭建师生共读经典的交流平台，成为我校马克思主义理论学习、研究和宣传的第二课堂阵地。

（三）将国家经济学基地班实行准研究生培养。按照"本—硕—博"分层递进的人才培养思路，将基地班学生作为我校硕士生、博士生的重要生源库。实施经济学大类招生和基地班选拔分流机制，形成"教学科研互动+优化课堂教学＋强化实践环节＋自主素质拓展"的人才培养模式和运行机制。在推进基地学生科研创新方面，学院全额资助科研立项50余项，围绕我国经济热点问题开展实地调研，撰写调研报告，这在全国13个国家经济学基地中尚属首创。

三、成果推广及应用效果

（一）马克思主义经济学的基础地位得到巩固。近五年来，经济学科教师累计发表有关马克思主义研究的学术论文达60余篇，明确了我校"《资本论》与社会主义市场经济研究"特色研究方向。李建平教授受邀参加由习近平总书记主持的全国哲学社会科学座谈会（2016.5.17），他是我省出席该会议的唯一学者代表。同时他还受中宣部委托负责承担中央马工程重大项目《中国特色社会主义政治经济学读本》并担任第一首席专家。2017年3月，我校获批"全国中国特色社会主义政治经济学研究中心"，成为首次在全国设立的7个此类研究中心之一。

（二）科研与教学相互促进取得系列高级别奖励。出版教学改革成果论文集《经济学创新人才理论与实践》，在《教学与研究》《福建师大学报》等发表系列教改论文。《中国省域环境竞争力发展报告（2005—2009）》《世界创新竞争力发展报告（2001—2012）》，连续获得教育部第六届、第七届高等学校人文社科优秀成果二等奖、三等奖（2011、2013）；研究生教材《国家创新竞争力研究：理论、方法与实证》获得福建省第十一届社科优秀成果一等奖（2015）等等。陈征教授荣获"全国高校社会主义市场经济理论与实践研讨会终身成就奖"（2016），李建平教授撰写的专著《〈资本论〉第一卷辩证法探索》，荣获世界政治经济学会颁发的"21世纪世界政治经济学杰出成果奖"（2012）。

（三）学科建设和人才培养社会反响良好。近年来，《中国省域经济竞争力蓝皮书》等系列研究成果被《光明日报》《中国社会科学报》等诸多权威媒体广泛报道和转载。2015、2016、2017年福建省领导陈冬、高翔和王宁先后考察经济学院，并对学科建设和人才培养给予充分肯定。2011级硕士生许倩倩同学勇于助人先进事迹，得到央视热播，被评为福建省高校优秀共产党员、校首届道德模范等。

2012－2016年五年间，国家经济学基地班毕业生人均发表学术论文1篇，共有87名基地毕业生考取或保送到国内外院校继续攻读硕士研究生，升学率从43%上升至56.7%。一批硕士、博士毕业的优秀校友活跃在国内政界、学界和商界。有的在政府部门担任要职，有的在高校担任教授、博导，有的担任大型国有企业集团中高层核心管理人员。

大格局思想政治理论课协同创新的探索与实践

主要完成人：潘玉腾、杨林香、杨建义、戴少娟、陈筱宇、陈一收、杨小霞、李方祥

主要完成单位：马克思主义学院

获奖时间：2018 年（第九届）

获奖等级：省特等奖

一、成果主要内容

思想政治理论课（以下简称"思政课"）建设关系"培养什么样的人、如何培养人以及为谁培养人"这个根本性问题。福建师范大学以高度的政治自觉和自信，创新构建全员全过程全方位育人体系，有效解决思政课建设的盲点、痛点、断点，打造"有核心，无边界"的思政课大格局，致力培养担当民族复兴大任的时代新人，形成了良好的示范效应。

一是立足书写"大"文章，形成创新工作理念。以"有核心、无边界"创新理念，立体式打造思政课建设大格局。"大格局"就是学校党委立足于为党立言、为党守土、为党育人的高度，紧紧围绕立德树人根本任务，把办好思政课作为管党治党、办学治校的重要政治责任，通过高站位谋划、宽视野推进、深层次融合，推动学校各类育人要素无缝对接与有效协同。"有核心"体现在突出思政课主渠道，发挥其牵引、带动和支撑作用；"无边界"体现在思维开放性、理念创新性和机制融合性上，打破学科、平台、部门之间的壁垒，形成同向同行的整体态势和系统合力。

二是围绕协同创新，形成四大有效机制。教研协同机制，形成教学与科研的良性互动，促进科研成果有效转化，大幅提升思政课的时代性和说服力；教学协同机制，推进教师主导作用和学生主体地位有机结合，激发学生自主学习

和探究的兴趣；队伍协同机制，形成校内育人主体同向同行的工作合力；评价协同机制，实现理论主课堂、活动大课堂和网络新课堂一体贯通，促进学生知行合一、学深做实。

三是强化辐射引领，形成良好示范效应。获批全国重点马克思主义学院；"对话式"教学模式入选教育部教改择优推广培育项目；首创"青马易战"大学生理论自主学习模式，获评全国"十佳易班特色应用"；"同龄人讲思政课"囊括全国大学生讲思政课公开课一等奖、最具理论深度奖、最受学生欢迎奖三项大奖，《人民日报》深度报道并肯定；学生在省级以上理论学习等竞赛中位列福建省第一；骨干成员承担省级以上教改项目21项，12次在全国性会议上做经验介绍，70多所高校来校交流，通过实施"1＋N"领航计划，带动高校思政课区域性整体水平提升。

二、成果创新点

（一）理念创新

一是立足价值引领让"有意义"的事情变得"有意思"。树立以学生为中心的价值取向，深化教育教学改革，创新构建更生动活泼、更适应时代发展潮流、更契合学生成长成才规律的快乐学习模式，用心用情打造学生真心喜爱、终身受益的思政课。

二是基于协同创新打造"三全"育人共同体。提高政治站位，树立"一盘棋"系统思维，加强统筹协调，促进多元主体力量同向同行；以协同创新作为思政工作系统合力的理念引领，打破职能部门、学院、学科、专业之间的壁垒，打造有机衔接、协同育人的思政课大格局。

（二）实践创新

一是实现理论主课堂、活动大课堂、网络新课堂一体贯通。建立马克思主义学院与团学系统、教务管理部门联席会议等有效协同机制，系统化构建课内课外、校内校外、网上网下协同育人"立交桥"，使三种课堂相互贯通、相互支撑。全国首创的"青马易战"大学生理论自主学习模式获评教育部"十佳易班特色应用"，"同龄人讲思政课"得到《人民日报》等主流媒体专题报道，通过网络文创产品生动活泼学习理论得到中央电视台新闻联播的聚焦报道。

二是构建教研、教学、队伍、评价四大协同机制。围绕立德树人根本任务，构建学校党委统一领导，教育教学管理部门、学生工作部门、马克思主义学院分工负责，各类教师全员参与的大格局，有效化解层际弱化、条块分割和学科壁垒问题，形成分工合理、协作紧密、保障有力、运转顺畅的一体化工作体系。

三是成功打造网络思想政治工作品牌。主动适应青年学生"无人不网、每日必网"的新特质，依托易班、微信等新媒体构建覆盖学校、学院、年级、班级、社团五个层级的"微"工作体系，推动思想政治工作传统优势与信息技术深度融合，使工作活起来。创新方式、方法、载体，建设近1000平方米新媒体育人工作线下体验馆——"小葵馆"，开发560余件网络文化产品，在全国产生巨大影响，该馆已成为中央和福建省等各级领导来校考察的"必看点"，近400个高校和企业单位代表团来校交流。

三、成果推广及应用效果

（一）学生政治素质优良，育人效益显著

一是学生理论认同度和入党积极性高。2017年调查显示，我校90%以上学生能清醒认识马克思主义理论的重要作用，全校本科生中共党员占17.19%、入党积极分子占25.17%、递交入党申请书的占70.73%。二是学生对思政课的满意度高。新教学方式和成效得到学生的充分认可，绝大多数学生对思政课教师的教学评价为优秀。三是学生理论学习效果好。截至2017年年底，全校15720名学生绑定"青马易战"轻应用，答题总数达14840000题；学生在"一马当先"等理论性知识竞赛中的获奖项目和数量，位居福建省高校首位。四是育人成效显著。学生成长与党和国家的期待同向同行，造就了百分百立功受奖的应征入伍"学生兵"、被誉为"中国新生代"的对外汉语教学志愿者等典型群体，毕业生年终就业率均保持在97%以上，赢得社会各界的普遍赞誉。

（二）教学科研深度融合，相促相长成效明显

近五年来，获得各类科研、教改项目112项，在《求是》《马克思主义研究》等期刊发表论文200余篇，出版"马克思主义理论与现实研究文库"系列丛书60余部。成立福建红色文化研究中心，编写《福建红色文化教程》等，作为面向全省的特色教材。教研协同机制运行顺畅，教师把最前沿的理论、最鲜活的案例、最真实的故事有机融入教学，积极回应热点、讲透难点、化解疑点，引导学生形成正确的价值判断和立场。加强对重大社会思潮的分析和研判，对

历史虚无主义等错误思潮勇于发声、敢于亮剑、善于引导，帮助学生明辨是非、坚定信仰。带动一批优秀教师成长，获评全国思政课影响力人物标兵1人，教育部教学能手3人，全国思政课择优资助计划入选者2人，全国思想政治教育杰出青年1人。

（三）受到社会广泛关注，示范引领作用明显

学校先后12次在全国性会议上做经验介绍，得到党和国家领导人、教育部和福建省领导批示肯定，要求总结经验并向全国推广。相关成果获得省级教学成果特等奖和一等奖各1项。受中央组织部、教育部、团中央等部门的委托，开发思想教育类动漫产品，在共产党员网等推出后获得广泛好评。党的十九大后推出《"七个新"速览十九大》等系列文创产品，创新推动习近平新时代中国特色社会主义思想和十九大精神深入人心。教改通过结对带教、"1＋N"结对帮扶、名师工作室等途径有效发挥示范引领作用，多所高校先后推广本教改模式。《人民日报》、《光明日报》、央视新闻联播等媒体200余次深度报道，取得了良好的社会反响。

第二篇 教师教育篇

十年树木、百年树人，悠悠百载、弦歌不辍。我校教师教育工作肇始于1907年清朝帝师陈宝琛创办的福建优级师范学堂，是我国最早开始师范教育的大学之一。111年的传承和创新，特别是改革开放四十年来，学校已发展成为一所人文底蕴深厚、学科门类齐全、师资力量雄厚、办学质量较高、对外交流活跃的知名学府，实现了单一性师范院校向"多科性、综合性"院校的转变。学校综合性大学目标的转变，为教师教育的创新发展带来了新机遇。学校坚持教师教育这一底色，始终将培养高素质师资为己任，不断凝练强化教师教育的特色优势，使教师教育成为学校办学最鲜亮的底色，成为学校屹立于高等教育之林的"金字招牌""看家本领"和"传家之宝"。多年的发展，教师教育专业从14个增加到19个，从以培养中学教师为主到实现学前、小学、中学师资培养全覆盖，从培养合格教师迈向培养优质教师和教学名师，从福建省基层教育师资的摇篮，跃升成为立足福建辐射全国的基础教育师资培养基地，实现学校教师教育的战略性转变和跨越式发展。据统计，福建省各中学校长、特级教师和其他教学骨干中，60%毕业于我校；全省中学教坛新秀，50%为我校毕业生；福建省历届杰出人民教师中，有三分之一毕业于我校。2014年学校成为教育部"卓越教师培养计划实施院校"；2017年，学校在"基于'名师实验班'培养模式，探索卓越中学教师培新路径"国家级卓越教师培养改革项目的基础上，再次获批教育部卓越中学教师培养计划项目实施院校。

一、创新引领，工作机制不断完善

我国师范院校在经过1952年的院校调整后，基本形成定向、封闭、模块化的教师培养体系，师范教育分散在各个院系，教育资源不集中，难以形成整体优势。20世纪末，国内老牌师范大学转变办学思路，朝着综合性发展的道路前进，在这样的背景下，我校也积极推进教师教育人才培养体系改革。

注重加强顶层设计。为解决长期以来形成的教师教育各自为战、资源封闭分散、缺乏整合优势的弊端，2012年，学校依托已有的教育部基础教育课程研究中心、福建省高考研究中心、福建省中小学名师培养工程专家工作委员会秘书处等职能部门和研究机构，独立设置集管理与研究职能为一体的教师教育学院，形成教师教育与基础教育融合发展新模式。教师教育学院全面统筹、协调校内外教师教育资源，使教师教育在更高水平的学科平台上得到强化和优化。学校牵头成立"福建省教师教育联盟"，组建"未来卓越教师学会"，建设"教师专业发展共同体"，成立"河仁"基础教育研究院、基础教育工作办公室，进一步整合培养资源，成为教师教育高质量发展的组织结构。

构建联合培养机制。实行教师教育学院和各相关专业学院共同培养、学科专业与教师教育专业双向强化的培养模式和工作机制。教师教育学院主要负责师范生教师专业化培养工作和营造教师教育文化，教育学院主要负责教育学、心理学课程教学，并提供相关理论指导，各相关专业学院主要负责师范生的学科知识教育。由教师教育学院会同各相关专业学院，就培养方案设计与制定、课程设置与实施、资源整合与融通、学生管理与评价等各个方面进行整体设计，提升教师教育的学科融合性。

创新教师教育培养模式。在传统师范教育向教师教育战略转型时期，我校提出了"培养宽口径、厚基础、高素质、强能力、重创新的高级专门人才"的总体要求，在教师教育人才培养模式方面，除了保留和改进"4＋0"培养模式外，从2004年起，试行学科教育与教师专业教育"3＋1"的分离型模式，学生经过三年的普通基础课和学科专业课的学习，可在第四年根据自己的意愿，选择适合基础教育改革实际需要的教育理论和实践课程进行学习，获得教育专业学士学位；或选择学科专业课程继续学习，获得学科专业学士学位。学校同时进行"4＋2"模式试点工作，学生经过四年的本科专业学习，获得学科专业学士学位后，通过筛选，直接进入教育硕士专业学位阶段学习两年，获得教育硕士专业学位。2005年，我校《全国普通高等学校体育教育专业人才培养的改革、创新与实践》荣获国家级教学成果一等奖，依此制定的课程方案由教育部正式印发，在全国普通高等学校（含综合性大学、师范院校、体育院校）体育教育本科专业中施行。深入实施教师教育"大类招生""双学位双专业"（2013年后改为辅修专业辅修学位）以及"4＋2""4＋3""4＋1＋3"等人才培养模式改革。2012年，学校选择一批学习基础较好、总体素质较高，且乐当教师、适当教师的优秀学生，实施卓越教师培养计划，设置"名师实验班"，集中最优质校内外资源给师范生"开小灶"，采取"灌注动力、名师引领、搭建平台、实践锻炼、跨科交融、扩大视野"的方式培养，探索了一条新时期卓越教师的培养新路径。2014年"基于'名师实验班'培养模式，探索卓越中学教师培养新路径"入选国家级"卓越教师培养计划"改革项目，2016年学校提出"回归师范性，在更高起点上再出发"获批省级重大教改立项；在推进教师教育教学改革过程中获得国家级教学成果奖4项。

二、强基固本，专业课程建设成效显著

在推进教师教育人才培养改革的过程中，学校十分重视抓好专业建设，特别是重视抓好部分办学历史悠久、积淀深厚的老牌专业建设，充分发挥其在专业建设中的引领示范作用，如汉语言文学、数学与应用数学、英语、化学、生物科学、历史学、物理学、地理科学等8个已有百年办学历史的专业；音乐学、舞蹈学、体育科学等已有70多年办学历史的专业；美术学、思想政治教育等已有50多年办学历史的专业。悠久的专业办学历史，积累了丰富的办学积淀，汉语言文学、数学与应用数学、英语、物理学、地理科学、历史学、体育教育、音乐学、美术学等9个专业获批国家级特色专业，汉语言文学、物理学被列入国家级本科专业综合改革试点，化学、心理学、思想政治教育、生物科学、计算机科学与技术5个专业评为省级特色专业。依托这些专业，学校获批3个国家级教学团队、6个省级教学团队、4个国家级人才培养基地、4个国家级人才培养创新实验区、2个国家级实验教学示范中心、10门国家级精品课程和100多项省级质量工程和本科教学工程项目。"国家文科基地中文专业人才培养模式探索"荣获国家级教学成果二等奖；汉语言文学、地理教育、体育教育、音乐教育、美术教育等5个教师教育类本科专业对其他教师教育专业的建设起到积极的示范、辐射和带动作用。

在深入推进教师教育课程建设与改革的探索中，学校逐渐摒弃师范教育传统"老三门"的课程模式，大力优化教师教育课程体系，着力增强课程设置的师范属性，并紧紧把握五个原则，努力探索符合我校教师教育人才培养目标的课程体系：一是基础性原则，重视基础课教学，使教师教育专业学生具有扎实的基础理论和基本技能。二是灵活性原则，进一步完善学分制，给学生更大的自主选择空间，发挥学生学习的主动性和积极性。三是通识性原则，力求文理渗透以及文科与文科、理科与理科之间的渗透，提高学生的人文素养和科学素养。四是特色性原则，结合福建实际开设富有地方特色的课程以及适合学生个性发展的课程。五是适应性原则，与新形势基础教育发展的要求相适应，系统重组和整体优化课程体系，提高学生的适应能力。通过多年的探索和实践，逐渐形成更为完善的教师教育课程体系。

三、协同融合，合作育人格局全面拓展

构建校地协同机制。早在 20 世纪 90 年代，学校就为南安、晋江、惠安等县（市、区）定向培养了近千名师范生，为其打造教育强县奠定了坚实基础。随后，陆续与福州、漳州、宁德、龙岩等设区市和平潭综合实验区签订战略合作框架协议，重点在基础教育学校师资培养、课程改革和考试命题评价研究等方面开展合作。1995 年起我校与大田县教育局、厦门湖里区教育局等合作，开展福建省中小学"指导—自主学习"教改实验，前后持续 20 年，先后有 200 多所中小学（数千名教师）参与这项实验研究，这一研究三次被列为全国教育科学规划项目，引起社会各界人士的高度关注，刘延东副总理在 2012 年《动态清样》做过重要批示，新华社《国内动态清样》、《中国教育报》、福建电视台等中央和省级主流媒体先后报道，该项目还获得 2014 年国家级基础教育类教学成果二等奖。

同时，学校选择省内条件成熟的县（市、区），特别是省级重点建设城镇，建立"基础教育服务和教师教育改革综合实验区"，深度开展共建实验校，推进多学科联合组队教育实习，通过"点餐式"与"配套式"相结合，主动对接地方中学教育需求，协同开展师资培养，组织师范生参与中学一线的学科教学、教改研究等活动，在主动服务地方基础教育改革与发展的同时，提高了师范生的实践能力和创新能力。积极探索开展教育资源定点服务模式。2014 年，学校与泉州市泉港区人民政府签署合作协议，在泉港区美发中学设立试点，充分利用一线中学的资源优势，组织师范生开展顶岗实习，把美发中学作为教改课题的实验学校，组织师范生积极开展教改教研活动，为师范生实践成长提供了良好的平台，助推了泉港区基础教育高质量发展。

构建校校协同机制。学校在全省各地中学建立了 69 个稳定的师范生实习见习基地和100多所实验学校。通过基地和实验校的建立，让师范生零距离体验、感受、参与、研究基础教育新课程，把师范生推到基础教育课程改革第一线、最前沿。联合尤溪一中、晋江一中、泉州五中等7所省级重点中学组建"福建师范大学教师教育专业发展共同体"，构建大学教师、中学教师、师范生共生发展的平台。与福州高级中学、永安一中等12所初、高中学校建立了"基础教育服务与改革实践基地"，形成高校与中学合作共赢长效机制。2018年，学校与福州高级中学共建"教育协同创新基地"，随后将推进与其他33所福建省首批示范性普通高中建设项目学校的共建合作。坚持开展"走向名师"系列活动，每年聘请中学骨干教师担任实践性较强的课程教学工作；聘请教育实习基地学校优秀教师为兼职副教授/讲师，指导师范生教育实习；聘请福建省级教学名师为教师教育学院兼职教授/副教授，邀请地方教育局局长、进修学校校长、中学校长和骨干教师为师范生开设公开课或做专题讲座，充分发挥一线骨干中学教师在培养未来高素质中学师资方面的重要作用。

构建教师教育对外合作机制。学校充分发挥对台合作优势，与台湾师范大学、高雄师范大学、彰化师范大学、铭传大学、东海大学、台湾艺术大学等高校签订了合作协议，近三年来共联合培养师范生300多名。学校还发挥毗邻东南亚的优势，与菲律宾、印尼的高校签订了协议，采用"2+2"模式或"3+1"模式合作创办"中文师范教育系"，帮助他们培养高素质本土汉语教师。学校还选送了100多名师范生赴英国、美国、日本等国的大学开展联合培养，为广大师范生的学习实践提供了广阔舞台。

四、与时俱进，教学方式方法持续创新

学校不断深化教师教育方面的教学方式方法改革。课堂上，强调"对话式教学"，实行"案例教学""参与教学"，推行开放式作业与考试，如"小论文""小调查"等，主张基于信息技术环境的学生自主、合作、探究学习，通过微格教学等有效方式，努力提升学生"五能""三字""一话"等教师职业基本技能。课堂外，积极在全省中小学中建立新型实践基地，与课程改革实验基地建立伙伴关系，类似于美国的"教师专业发展学校"（PDS），将师范生投入到课程改革实验基地实习，把教育实践分为教育实习、教育见习、教育研习，坚持选聘中小学优秀教师和学科带头人作为指导教师，实行双导师制，打破"灌输"

式的学科教学，实现"解放"式的学科教学，让师范生切身实践新课程、感受基础教育课程改革的前沿动态。

加快应用现代教育技术推进教学手段改革，逐步扩大网上课程教学和学生网上学习，实现利用多媒体课件和网络进行开放式教学，激发学生学习热情，调动学生学习积极性和主动性；完善教师教育教学实践平台建设和"三字一话"训练与测试系统，建立数字化与实体化并存的教师技能训练资源数据库。打造"示范性中小学实习基地"窗口，提供网络直播课堂，连线在校学生观摩学习。通过立项等机制，鼓励教师开展课堂教学改革与创新，"全国普通高校体育教育专业人才培养的改革、创新与实践"获福建省教学成果奖特等奖，另有多个教育类学科教改成果获一等奖。

当前，学校继续秉承"做优做强"的思路，贯彻落实《教师教育振兴行动计划》，继续巩固学校作为福建省高素质教师培养示范基地和教师教育领军学校的龙头地位，大力推进教师教育改革，完善教师教育培养体系，强化师范生专业技能训练，着力提升服务基础教育质量，为国家和福建省培养一批新时代高素质师资队伍而努力迈进。

深入中学指导教改，促进高师教学法课的改革

——中学物理教学法课面向中学开展五年跟踪实验成果

主要完成人：白炳汉、王纬陈、章镇
主要完成单位：物理与能源学院
获奖时间：1989 年（第一届）
获奖等级：国家级二等奖

一、成果主要内容

长期以来，中学物理教学不能摆脱传统的教学模式，同时又片面追求升学率；而高师教学法课也只是消极地去适应中学的现状，对中学物理教学质量的提高不能起到积极的推动作用，自然也引不起高师学生的重视。

为了改革高师教学法课的教学，福建师大物理系中学物理教材教法教研室以白炳汉、王伟陈、章镇同志为主，从1982年起，在全省范围内，开展了中学物理教法改革"五年跟踪对比实验。他们组成了两个"三结合"［师大、中学和省、地（市）教研员结合的研究会；老、中、青结合的教师阵营］的队伍，采取了逐课研究，逐步总结的方法。现已跟踪近7年，参加学校近50所。实验已取得了丰硕成果。

二、成果创新点

实验已明显地促进了高师教学法课自身的建设，使该室教学和科研面貌焕然一新。6年来，已出版了由该室教师主编的有关教学理论和初中物理教学辅导资料的3本书；已编出研究生层次及本科生层次的自用教材2本；还将出版《高中物理教学辅导资料》等2本书。该室还录制了包括"观察法""实验探索法""问题讨论法""自学讨论法"和"学生讲演法"等五种中学物理基本教学法系列录像片一套，已被中国教育电视台录用。

6年来，该室教师在国内、国外有关学术会议上宣读了《中学物理教学法改革的理论与实践》《"实验探索法"教学法及其在初中物理教学中的应用》《中学物理教学效果的测量和评估》等论文13篇（省级论文未计入），其中在国际性学术会议上宣读的有2篇；已收入高教出版社、人民教育出版社和教育科学出版社出版的论文选集有5篇。另外，从该室教改中总结出来的部分教学理论与教改实践经验，已被吸收进高师中学物理教学法补充教材（由高教出版社出版）。

该室已发表的论文，引起了全国同行的普遍关注，先后接待了来自全国十几个省、市的同行，来信索取资料及要求介绍经验的为数甚多。1987年，人民教育出版社还特地派出物理编辑室的有关同志，来福建省听几个地、市教改班教师的课，并与师生座谈，听取经验。

该室应邀参加国家教委理科物理中学物理教学法编审小组，应邀参加由中国教育学会物理教学研究会及课程、教材研究所组织的九年义务教育初中物理教材编写工作。

这项实验也为改革福建省中学物理教学，提高中学物理教学质量做出了重要贡献。

实验为福建省不脱产地培训了一批青年教师，1986 年全省评出 5 名物理科优秀青年教师，教改班教师就占了 4 名，省教委为此向该室颁发了奖金和奖状。1988 年，全省评出 5 名物理科中年特级教师，参加或指导教改实验的中年教师就占了 3 名。

实验全面提高了教改班物理科教学质量。从"五年跟踪"第一轮（1982—1987）效果看，教改班学生的学习成绩和能力都有普遍的提高。1987 年高考，全省物理科平均成绩 43 分，教改班平均成绩 52.38 分，高出近 10 分；全省物理科及格率为 12%，教改班及格率 31.3%，高出 1.6 倍。1987 年全国中学生物理竞赛，教改班学生囊括了全省前 4 名。

1986 年经省教委同意，该室在福州市郊区十几所学校全面推广初中教改经验。实验结果，福州市郊区 1987 年"中考"物理科平均成绩跃居全市（五区八县）之首。

三、成果推广及应用效果

实践证明，该室"五年跟踪"实验具有现实意义和推广价值。

1. 在"五年跟踪"实验的全过程中，该室对中学物理从初二到高三，每一节课的教材处理、教法建议以及激发学生学习需要的物理情境等方面，进行了精心设计和艺术安排，并在实践的基础上编辑成书。这对于条件较差的一般中学和经验不足的教师来说，只要根据辅导书的设计和安排，经过自己的努力，都可以比较出色地完成教学任务，因此，对现阶段的城乡中学的物理教学，具有普遍的推广价值（这从福州市郊区的实践已得到证明）。

2. 该室在改革实践的基础上，总结出的具有一定深度的学科教学论和具有物理科特色、行之有效的一些基本教学方法，对高师中学物理教学法课程的改革，具有一定的指导意义和示范作用。

3. 高师面向中学，采取"三结合"方式，参加中学教改，对大学和中学教学质量的提高，能起到相互促进的作用。"五年跟踪"实践使该室找到了大学和中学、理论和实践相结合的有效途径。过去，中学教师虽有丰富的实践经验，但总的说来，教学理论相对薄弱，大学教师较注意对教学理论的探讨。但缺乏中学教学实践，理论泛泛而谈，起不到明显的指导作用。现在，中学教师可以在现代教学理论指导下，在相互合作条件下，有目的地进行教改科学实验，可以少走弯路，早出成果，大学教师在实践的基础上也能较快地发现一些带有普遍性的新经验并及时总结推广。同时，通过深入中学指导教改，也使高师教学法课的改革有了根基。

高师音乐教学的综合改革

主要完成人：刘家基、王耀华、陈文培、郑锦扬
主要完成单位：音乐学院
获奖时间：1993 年（第二届）
获奖等级：国家级二等奖

一、成果主要内容

1. 高师音乐教学综合改革的目的，是坚持社会主义办学方向，全面执行党的教育方针，使高师学生成为德智体美劳全面发展的、高质量的中等学校音乐教师。为此，必须在现有的基础上对高师教学内容、教学形式、学生实践能力的培养等方面进行综合的改革，以逐步建立适应我国国情、省情的高师音乐教学体系。

2. 改革的基本思路。一是从高师学生所必需的知识、能力结构的完善来考虑、设计改革。高师音乐教育专业学生除了必须具备大学的文化、音乐知识、技能修养、音乐实践能力等，还需要具备教师的基本素质。二是从高师教学工作的各方面考虑改革。高师音乐教学涉及教学内容、教材、教学形式、教学方法、教学思想等方面。三是从高师音乐教学存在的主要不足着手改革，根据音乐系现有条件采取针对性的措施。

3. 改革的实施步骤与认识。自 1985 年以来，我们对音乐教育专业的音乐教学进行了多层次的改革。改革的基本原则是：有秩序地改革，从试点开始，取得经验，成功了再推开，如声乐、器乐课教学形式由师生授课时的一对一形式，改为一对二为主、结合小组课的形式。再就是从不同方面同时着手，使不同人在不同的工作中各尽所能地开展改革。这样，容易在较短时间内取得较多经验

和形成有呼应的综合效应。

4. 高师音乐教学综合改革的六个主要方向的工作：

其一，狠抓教学内容的改革，并把它落实到教材建设上。针对高师极少统编的音乐教材，音乐系自编教材缺乏的情况，从现有力量出发，着力于骨干课程教学内容的改革，吸收新的教学内容与教学思想，改进、完善或重建这些课程的教材，使教学内容的改革落到实处，并推出一批成果。自 1989 年以来，音乐系交付出版的各类著编教材、教学参考书有 13 种 26 册。在对教学内容进行改革和教材建设中，努力使课程的教学用书具有系统性。如二门民族音乐课都有了补充教材，中等学校音乐教学法课也有了福建中等学校教材与教参，中国音乐史课有了教材和《中国音乐史学》参考资料。在教学内容的改革中，钢琴、手风琴课率先进行重要改革，采取大量浏览、广泛接触、划定较宽的曲目范围的方法，改变了过去只学少量曲目、追求专深的艺术表演人才培养的路子，为学生提供了较宽的知识面。这个较宽的曲目范围中分为几个等级，达到某一等级为或及格、良好、或优等，学有余力者亦可超越大纲要求，学得更多、更深。

其二，把学生能力的培养放到突出位置上。针对以往高师音乐教学中对学生教学能力、多方面的艺术实践能力培养不足的状况，采取措施加强学生实践能力的培养。主要措施是：

（1）调整教学计划与课程设置。在一、二年级增设"教育实践"课程，使学生一入学就接受培养目标的教育，其主要内容为到中学进行教育见习，二年级开始辅导中学课外活动。此课与第三年的教学实践联成一线，四年级毕业论文强调写音乐教育论文。这样，音乐教育在四年中有了不同的内容和要求。与此同时，在学生中开展师范生素质培养活动。如"三笔"字、讲台三分钟活动举行书法比赛与演讲等，发展学生的说、写能力。在二、三、四年级增设"艺术实践课"，使学生在老师指导下参加各种类型的舞台表演性艺术实践。通过这种课程，使学生的声乐、器乐、伴奏、舞蹈、表演等课程与艺术实践更紧密地结合起来，各种知识在新的课程与活动中又起到了一种综合作用。它既是各科教学的一种延续，又是一种提高，还培养了学生的艺术实践能力和组织活动的能力。学生通过这门课程获得了许多关于文艺演出的组织、编排及化装、灯光等相关的知识。系组织的艺术实践演出三年来每年平均演出四十多场，学生实践能力得到普遍提高。从二年级起，各班均能独立地举行综合性的艺术实践演出。

（2）搞好工作分工、人员调配、设置相应的机构。为了保证教学实践与艺术实践课教学工作的开展和目的的实现，指定一名讲师负责教学实践工作。学生的书法、演讲等由学生干部负责，教学实践由分管教学的副系主任负责，艺术实践由分管科研的副系主任负责。还设立了艺术实践组，一阶段之后成立了艺术实践教研室，由十几位骨干教师兼职组成，形成声乐、表演、舞蹈等九个小组。

（3）搞好第二课堂和社会实践活动，将教学延伸到课堂之外，树立广阔的音乐教学观。把艺术实践、教学实践与社会实践结合起来。使课内课外，假期学习与在学学习贯穿起来，把学校与社会联系起来。使学生受到多样生动的教育和锻炼。

其三，改革音乐课的教学形式，在技术课教学中突出培养学生的教学能力。声乐、器乐课教学，改革师生一对一的传统单一授课形式，变为低年级两个学生上一节课（少数程度高的学生仍然一人一节）。选修课一个学生一节课并辅以小组课与集体课等多种课型结合的形式。这种改革的好处在于：一是有利于培养学生的教学能力。二是促进与提高了教学质量。一对一的上课太自由了，常出现教学不够认真、规范的问题。两人上一节课，在整个授课过程中都有人在听课、做笔记，这促使教师更认真地备课、上课。三是减少了教师的授课时数，使教师有更多的进修时间，也为扩大招生与办学规模提供了条件。这类课的具体要求是：两位学生上一节课，教师负责对学生考勤；要求学生做听课笔记，期末上交听课笔记和一篇听课心得体会文章。这两项占成绩的15%。这项改革涉及了音乐系声乐、钢琴、手风琴、二胡、琵琶、柳琴、古筝、小提琴、大提琴等十门课，牵涉几十位教师延袭已久的授课传统。我们采取造舆论一年、试点一年，第三年才全面推开的措施。

对授课形式的又一类改革是关于集体课方面的。有的教师在音乐理论课中辅之以教学实习，从而把课堂讲授与学生自学、教学实践结合起来。艺术实践课、钢琴伴奏课则采用小组课。而且将这种小组课的教学与演出有机地结合起来，使课内与课外课堂教学与实际表演联成片，大大加强了学生的艺术实践能力和钢琴伴奏能力。音乐课教学形式的改革和多样化，使音乐课程教学出现了活跃的局面，新的教学形式对提高教学效果起到了很好的作用。

其四，切实加强民族音乐教育。一是充实民族民间音乐课的教学内容，搞好教材体系的建设。二是开设新的民族音乐课《中国传统音乐概论》，以补民间音乐之外的其他民族传统音乐教育之不足，使民族传统音乐既有部类性的课程又有总体性的课程。三是在各门课程中注重民族音乐文化。四是注重中国民族乐器教学，师资队伍建设，使得器乐教学中民族器乐占有重要的地位。

其五，在理论课中注意有计划地培养学生的理论思维能力和研究能力。几年来既有学生在"全国高等音乐艺术院校学生中国音乐史论文"评选中获二等奖，也有在校生论文比赛中获一、二等奖这样的好成绩，还有一批学生论文在全省首届音乐美学讨论会上宣读。

其六，提倡、鼓励并采取措施，使教师的科研与教学紧密结合。这样，教学易于迅速吸收最新的学术研究成果，使音乐系的科研工作有了很大的进步。出版了 10 部（13 册）专著，获省级以上奖者 5 部；发表了二百多篇学术论文，其中在全国性刊物发表的占相当比例，有些论文被国家级音乐刊物列为第一篇或重要文章发表，产生了较大影响。

二、成果创新点

理论水平上：

1. 它对高师音乐教学历史与现状的分析比较客观、准确。尤其是对高师音乐教学中与培养目标不相符合的那些不足之处的认识切中时弊。

2. 它对高师音乐教学所采取的多方向、多层次的综合而不是单一的改革思路，较之取单一角度的改革更易产生整体效应。这种系统认识与实践在理论思维与方法上是新颖的，对高师教学理论有重要的发展。

3. 它对高师音乐教学改革所实施的策略思想，是在实事求是的思想路线指导下形成的，是切实可行的音乐改革理论。

4. 它对高师音乐教学改革六个主要方向的工作均有开创性的认识和实践。

5. "高师音乐教学综合改革"是有明确指导思想和多方改革实践的成果，其主要特色之一是理论与实践较好地结合。

实践效果上：

1. 使一批课程增添了许多学科新成果，克服一些课程无统编教材和过去沿用教材的不足，从而使音乐系音乐教材的总体具有时代特色。

2. 正式出版发行的高师音乐教材及教参23种、26册。发表了这两方面的论文40余篇。

3. 促进了教学研究和教改研究，使之在教师中成为风气。并发表了这两方面的论文40余篇，对提高本科、专科、函授各种学制的音乐教学水平和对深化音乐教育的认识起了推动作用。

4. 提高了学生的教学能力和艺术实践能力。

5. 音乐课授课形式多样化，尤其是技术课教学形式改革。

6. 民族音乐教学有显著的进展，并促进了对民族音乐的研究，取得了一批成果。《中国传统音乐概论》《福建南音初探》等著作都是该题的第一部著作。

7. 学生的理论研究能力有显著的提高。

8. 促进了师资队伍水平的提高。几年来，因教学及对课程、学科的研究成果突出而获提升的正教授两名，获破格提升为副教授的青年教师三名。全系现有正副教授和讲师的80%以上是1989年以来晋升的。教研室主任的平均年龄也在40岁以内。

三、成果推广及应用效果

1. 对全国普遍存在的大学音乐教育专业教学中，效法音乐、艺术院校专门艺术人才培养、忽视音乐教师特殊的知识、能力结构等问题，起到了针对性和有效的调整作用。

2. 对全国高师音乐教学中存在的多种问题有系统地改进。

3. 这个成果在课程设置、教学计划调整、加强学生能力培养（教学实践能力、艺术实践能力、理论思维能力）、增强民族音乐教学、改革教学形式、更新教学内容等方面的工作富有成效。

高师地理教育学的建设

主要完成人：袁书琪、郑耀星、刘恭祥
主要完成单位：地理科学学院
获奖时间：1993 年（第二届）
获奖等级：国家级二等奖

一、成果主要内容

地理教育学是高等师范院校地理学科的专业主干课程，在国外早有此学科。近年来，国家教委领导多次倡导"要建设我国自己的学科教育学"，将此作为高等师范教育富有特色的学术性基础建设项目。20 世纪 80 年代中期，我们率先进行我国地理教育学的建设。1993 年这项建设获得国家普通高校优秀教学成果奖。

建设地理教育学的意义：

世界上主要发达国家和一些发展中国家已有各自的地理教育学系统，我国是否也有必要建立自己的地理教育学呢？我们从实践中认识到，建设地理教育学确有深远的理论意义和明显的现实意义。

一是普通教育学与地理学科间的桥梁。长期以来，一般教育学指导地理教育缺少一个中间环节。单从教育学或地理学出发来制订地理教育的大政方针，往往失之偏颇。要求综合普通教育规律和地理教育特色，不是普通教育学和地理学简单加和所能奏效的，这一独特领域的独特职能，确非地理教育学莫属。300 多年前，学科和社会的发展，开创了学校分科教育制度，但对于各学科之间的差异性，普通教育学难以涵盖。各学科在教育上（而不是科研上）的特有规律，总结得还不够。以地理教育为例，缺失地理教育学，地理教师和师范生很难将普通教育学和普通心理学应用于地理教育。所以，地理教育学建设的首要意义是填补普通教育学与地理学科之间的鸿沟，并与其他各科教育学一道，填补教育学领域中与普通教育学对立统一的学科教育学一方。

二是地理教学法的提高和升华。上述功能，已有的地理教学法是不能胜任的。地理教学法研究范围较窄，主要限于方法论部分，即解决具体"怎么教"的问题，对于地理教育的功能和地位、发展历史和趋势、课程教材、指导思想、学生心理、教师素质条件、评估调控机制等方面涉及甚少，难以包容"为什么教""为什么要这样做""教（学）得怎样"等问题。地理教学法涉及地理教学过程中的具体问题，只对应普通教育学方法论的一部分，向上难以贯彻一般教育理论，向下也就难以有深度有创见地提出和解决具体教学问题了。长期以来，学科教学法的悲哀就在于此，其理论性和实用性都不强。师范生厌学在所难免。可见，地理教育学建设的第二层意义，即让地理教学法脱胎换骨，升华深化，成为能够与普通教育学相互补充、相互提高的学科教育学。

三是指导学校地理教改的理论。当今世界各国的教育改革纷纷加快了步伐，我国学校教育改革也迈出了很大的步子。然而，在指导学校课程计划时，教育学遇到了困难，普通教育学对学校的学科结构尚缺乏准确的把握，追根究底，是对各学科在全局中的位置缺乏深入的研究。同时，学科教育在改革课程标准（教学大纲）时，也因缺乏科学的课程结构指导，而难以把握本学科的深度和广度。长期以来，我国学校教育改革走过不少弯路，经常在两个极端之间摇摆，缺乏学科教育学的科学论证是重要原因。

除了上述全局性的宏观改革之外，学校地理的微观教改，也因缺乏地理教育学的指导，长期停留在经验主义的层次，无法提高，难以推广。因此，地理教育学建设的重要意义还在于正确指导地理学科教改，解决当务之急。

二、成果创新点

地理教育学的建设是一项复杂的系统工程，单就地理教学法的某一个方面进行一些改革是不能实现上述意义的。这项工程涉及理论建树与教研实验、高师改革与学校改革、宏观课题与微观课题等方面，这些方面彼此之间又是相互联系的。总的来说需突出以下几个原则：

（一）从地理学科的全局性建设出发

要高屋建瓴地建设好地理教育学，首先要参与全局性的地理学科建设，地理课程标准（教学大纲）的制订、地理选修课程的设置、地理教材的编写、乡土地理教材的评审、地理高考和会考考试说明的制订均属地理学科的根本性建设，带有全局性意义。这些大工程的实施，必定要开展理论研究以明确指导思想和原则；要进行国际化比较以吸取先进水平和经验；要广泛调查实验以获得实践验证和反馈。参与这些工程对地理教育学宏观上理论建树和微观上实践创新均大有裨益，是必不可少的。地理教育功能论、课程论、教材论、地理比较教育、地理教育评估等领域的建设由此而获得深厚的基础。

（二）将普通教育理论与地理学科特点相结合

地理教育的固有规律的提示，地理教育学自己的学术体系的形成，离不开现代教育理论和现代地理科学方法论的指导。从事学科教育的人，对本学科的科学方法论比较熟悉，对教育理论相对生疏，广泛而深入地学习普通教育学、教育心理学、教育管理学、教育测量学、教育技术学等最新成果，诚属必要。不过学习过程中，必须与对本学科特征的钻研过程融为一体，才能有所领悟，有所发现，地理教育学的幼苗必须深深扎根于地理学科的沃土之中，才别具特色。教育学的一般规律，加上地理学科的例子，是凑合，不是融合，不能上升为地理教育理论。一般教学原则，在各学科教学中都应当得到体现。但各项原则在地理教学中体现的角度、方式、主次轻重、相互关联，都因地理学科的特点而异于其他学科。还有一些地理教学原则在一般教学原则体系中无法列入，一般思维过程也适用于各学科。但地理问题的思维方式有其独特性，综合的因素众多，比较的方式以区域间综合比较为主，推理思路多端多问。可见不发现和解决学科的特殊性，就不能建立地理教育学自己的学术体系。这个体系并不限于地理教育学概论这门主干课程之中，还包括地理教材研究、地理教学心理、地理教研方法论、地理教育测量、地理教育史学等系列辅助课程。全面建设课程体系，是地理教育学建设所必需的。

（三）以地理教学研究和改革活动为基础

在地理教育学建设过程中要获得深刻的、理性的认识，必须广泛开展地理教育研究，介入学校地理教改。这些实践活动，不但能检验理论建设的真伪，而且能使理论体系的更新源源不断地获得动力和素材。新兴的理论教育学要能指导学校教学实践，促进学校教学改革，提高学校教学质量。为此，必须建设一批（几十所）基地学校。包括重点与非重点的、普通与职业的、城市与乡村的、沿海与山区的各种类型的学校。还要聘请一批学校第一线教师、各级教研员担任地理教育学建设的兼职调研员，有计划有组织地开展各项调研和实验活动。地理教育学的建设，同时也是人才建设，除了邀请学校骨干教师参加之外，高师学生是一支生力军。他们可以日常性地介入学校的教研活动，为学校提供教学参考资料，制作教学设备，开展课内外调研和教改活动，并从中锻炼成新型的后备师资。

三、成果推广及应用效果

有了上述明确的指导思想，综合的实施措施，地理教育学的建设就能不断地取得进展，使高师、学校、教育部门及教师和学生从中取得丰硕的成果，其最终衡量标准是高师和学校的教学质量的显著提高。

（一）促进全国地理教育的发展

我们将地理教育学建设的成果，用于我国地理教育的根本性建设。近年来，受国家教委的聘请，参加了九年义务教育地理教学大纲和教材的编订。大纲和教材颁行后，获得很好的使用效果。参加地理高考考试说明的制订，地理高考的命题和评析工作，取得很好的效益。最近，正参加面向 21 世纪的高中课程建设。

（二）提高高等师范教育的质量

在国内率先编写出版《地理教育学》，这在各学科教育学著作中属第一批。编写出版《地理教育学教程》，在全国十几所省级以上高师本科用作教材，受到欢迎，并受到我国著名教育家的高度评价。牵头编写出版国内第一本高师教育实习指导书，在十几所高师使用，参加编写出版《地理教育学》理论专著，供高师硕士生和进修教师用作教材，是目前国内本学科理论水平最高的一部力作。牵头编写出版全国十年地理教改成果汇编，受到我国著名教育家高度评价。我们还率先开出了"学校地理课程教材研究""中国学校地理教育史""地理教育测量研究""地理教育心理研究""地理教改趋势研究"等系列课程，学生选修踊跃。在高师学生教育实习过程中，率先加入教研实习项目，学生通过广泛调研和实验，写出有价值的专题论文。把从师任教能力的培养系列化，并列入高师教学计划。通过当家教、学校小助教、课外辅导员，参加学校教学研究、教学参考材料编写等各项活动，大大提高了高师毕业生素质，获得学校很高的评价。有的毕业生一到学校就成为骨干教师，乃至任教于高中毕业班。近年来，高师学生为学校制作设备教具数千件，价值数十万元，还正式编写出版了中学地理教学参考书。

（三）指导学校地理教学的改革

近年来，在省地理教育界牵头开展了数次大规模的效果合作教研、教改活动，切实达到了提高学生地理学习积极性，提高了高考、会考成绩的效果；实现了建立地理课外活动小组和设备等目标，受到了各地教育部门和学校的好评；指导学校地理教师正式发表的论文数十篇。与此同时，我们自己也取得一批教研成果，在全国性学术会议上发表论文20多篇，在正式刊物上发表论文30多篇，形成了合理的学科梯队，带头人成为学校优秀青年骨干教师，在许多全国性学术团体兼职。

在建设地理教育学的过程中，我们深刻地体会到，高等师范院校通过学科教育学，可以密切同中等学校的联系，指导中等学校进行教育改革，同时也促进自身的改革和毕业生质量的提高。地理教育学课程1993年被评为福建师范大学优秀课程和福建省优秀课程，地理教育学的建设1993年荣获福建省普通高校优秀教学成果一等奖和国家普通高校优秀教学成果二等奖。

高师公共体育课程"主副项制"模式的研究与实践

主要完成人：林淑芳、吴燕丹、郭可端、江邦景、郑永华

主要完成单位：体育科学学院

获奖时间：2001年（第四届）

获奖等级：国家级二等奖

为开创体育教学新局面，突出高师特色，设计"主副项制"体育课程新模式并着手制定相配套的大纲教学进度付诸实践，发展本课程，现已形成独具特色、易于操作推广的符合高师特色的课程体系。

在大学两年的体育课程中，学生可根据自己的意愿选择一个主项和四个副项进行学习。达到一专多能的要求，并配合后续发展的选课课程，培养终身体

育能力，教师随班一跟到底的组织形式和条块式考评管理办法，都体现了主副项制的情感施教与动态考评的特色。紧密围绕着主课程建设的五个子课程，也都有重大的突破。配套的《大学体育》教材，经几轮试用、修订，已正式出版，并被省内部分高校采纳作为教材使用。99 门课程被评为省优秀课程，并已通过全国高师体协专家组十多位专家的鉴定。认为是对高师体育的一大贡献。围绕课程展开的系列科研论文，多篇在重点刊物发表，并在全国性学术会上获奖。

一、成果主要内容

所谓"主副项制"课程模式，是指学生入学后从篮球、排球、田径、武术、健美操五项中选择其中一项为主项，其余为副项。结合南方的实际，游泳作为必学内容。每学期主副项搭配，主项贯穿两年。

1. 明确的课程目标和指导思想。贯彻"课内增知、课外强身""发展个性、一专多能"的要求，让学生根据自己的兴趣和爱好选择项目，充分体现学生学习的主动性。同时，由于有效地培养了学生对体育的浓厚兴趣，并使学生掌握了必要的理论知识，因而对学生毕业后担任班主任工作，担任裁判，开展俱乐部活动也有益处，实现了"提高素质，增强师能"的目标，这也符合高师院校的特点。

2. 独具特色的课程设置和教学内容安排。在教学内容的编选上，各主项均加强了实用性、针对性和社会性，通过从易到难的安排，经长修、精修，形成运动专长；副项每学期修一项，只要求基本掌握要领。在教学组织上，变原有"刚性"的自然班为"柔性"的按兴趣分班，变指令性为可选性。

3. 科学的成绩考核制度。创建了"模块结构分"的成绩评定模式，计算公式如下：主项成绩 20% + 副项成绩 20% +《锻标》20% + 体育理论 20% + 游泳 20%。"模块结构分"将沿袭几十年的单一、静止的学期考核制度变为综合、动态的两学年总评制。

4. 有效的课内外一体化机制。实行新的课程模式，有效地帮助学生树立了终身锻炼的新观念，养成了自我健身的能力和习惯。我校三年级体育课停开后，锻标成绩仍稳步上升。这说明，体育正从课堂向课外、向终身延伸。

"主副项制"课程模式从 1990 年开始实践，至今已达十年。现已根据新课程模式的要求，编写了教材和录像资料，改革了考核办法，并通过教改实践，不断加以完善。我们从3000多份学生的学习总结中看到，这项改革对学生观念和行为上所产生的良好影响。全国高师体协专家也认为这项改革富有创新性，符合高师特点，可予推广。

二、成果创新点

历经十年整体改革，建设一套完整的符合高师特点的"主副项制"课程体系。在指导思想上，提出"课内增知、课外强身"，将课堂教学向课外、向终身延伸，教学过程体现"发展个性，一专多能"，成效上达到"提高素质，增强师能"。以"主副项制"为切入点，对课程结构内容进行优化重组，突出课程的可选择性，构筑多层次的教学格局，建设相配套的大纲、教材。形成成熟有效的"主副项制"运作方式，变原有"刚性"的自然班为"柔性"的按兴趣分班。主项通过长修、精修使学生形成相应的运动专长，副项每学期集中一项，达到基本掌握，促进课内外一体化，课程向课外延伸开设，帮助学生树立终身锻炼的新观念，养成自我锻炼的习惯。创建"模块结构分"的成绩评定模式，将单一静止的学期考核变为两学年总评定。以"主副项制"的学生选择项目、选择教师来促进教师队伍建设。情感施教，教书育人，提高教学质量，效果显著。

三、成果推广及应用效果

从课题确立至今，大纲进度已完成第三轮修订，实用性与可操作性强，准备向全国高师推广应用。2001年上半年浙江省高校体协与大连市高校体协先后组织团队前来学习，观摩"主副项制"先进经验，给予很高评价。

（一）1998年12月《国家体育锻炼标准》获教育部和国家体育总局授予的全国先进单位（全省唯一）。

（二）1999年《大学体育》课程建设获省优秀课程。

（三）2000年《贯彻学校体育工作条例》获教育部授予的优秀高等学校。

（四）在原有试用自编教材两年的基础上，2001年出版70万字《大学体育》主副项制配教材上、下册，随后，部分省内高校已在使用我们的教材，外省多所高校前来联系并有意向采用。

（五）近四年来围绕教学改革发表优秀论文68篇，其中国家级5篇。

（六）围绕课程改革的系列论文多次在全国学术会议上获奖并在大会宣读，受到与会专家的极大关注，多所学校会所向我们索要论文和教学改革系列资料。

国家文科基地中文专业人才培养模式探索

主要完成人：郭丹、倪宗武、齐裕焜、汪文顶、黄以诚
主要完成单位：文学院
获奖时间：2001 年（第四届）
获奖等级：国家级二等奖

一、成果主要内容

我们严格遵照国家教委下达的文件《关于建设国家文科基础学科人才培养和科学研究基地的意见》的精神，结合我系的具体实际，制定了《福建师大中文系国家文科基地建设方案》，并着重从以下几个方面进行人才培养模式的探索：

（一）以文科基地建设为龙头，建设一支高水平的学科队伍、教师队伍，提高全系的整体水平与综合实力。

（二）探索课程体系与教学内容的改革，为中文专业人才培养提供具有可操作性的实施方案。

（三）夯实基础，强化能力训练，培养学生全面发展的综合素质。

（四）建立一套与培养高素质新型人才相适应的规章制度和管理措施。

二、成果创新点

（一）全系综合水平大幅度提高

1. 注重教师队伍建设，提高师资水平。从 1994 年开始，一次送出 8 位青年教师攻读博士。此后，我系每年都有三四位年轻教师考上博士。至今全系共有博士学位教师 27 名，其中博士后 5 名。目前全系已有 30 名教授。

2. 加大科研攻关力度，提高科研水平。我们的指导思想是多拿项目，拿重大项目，出精品，出重大成果。1995 年以来，我系组织了"中国小说通史""中国散文通史""中国古今戏剧史"等 5 大科研攻关项目，目前已陆续完成。1995 年以来，我系获国家级、省级等科研项目 150 项。教改项目 15 项，出版学

术著作 400 部，论文 1000 篇，获国家级、省级科研和教改成果奖 80 项。

3. 文科基地建设和人才培养推动了全系综合水平的大幅度提高。1995 年建立国家文科基地之后，1996 年我系"中国文学学科"进入省 211 重点学科。1998 年我系一举获得中国古代文学、中国现当代文学两个博士点，在全国同行中引起很大震动。2000 年 9 月，我院汉语言文字学博士点又通过评审，硕士点也从原来的 5 个增加为 8 个。我系的综合水平已进入全国同类院系的先进行列。

（二）建构并实施教学内容和课程体系的整体优化方案

1995 年以来，我们先后三次调整完善文科基地班教学计划和培养方案。按照"宽口径、厚基础、重能力、强素质"的模式，整体优化课程体系结构。于1999 年已基本完成教学计划和课程体系改革。具体做法有：

1. 对公共课进行"精选"，对基础课进行"浓缩"，对选修课进行"拓宽"与"优化"，使课程体系达到优化的程度。

2. 在"宽口径"方面，增设横向基础课程，如高等数学、自然科学概论、西方哲学史等，力求做到文理渗透，中外交叉，横向增设课程占原基础课程的 20%。

3. 在"厚基础"方面，在强化专业基础课程的同时，重新整合全部选修课。

4. 增设一些只开不考的课程，如"科研论文的阅读与写作"，重在提高学生能力，然后通过科研论文的写作（学年论文、毕业论文和其他论文）来进行考核。

5. 从主干课程改革入手，促进全系教改工作开展。

6. 在教学方法和教学要求上，一是配备教学效果好、科研水平高、责任心强的副教授以上或博士毕业教师任教。二是规定任课教师在教学计划、教学内容上要有创新、要有改革、要加大学生课外练习量（比一般本科翻一番）。课程结束后要交小结，要为每位学生写课程学习评语。

（三）强化素质训练，学生综合素质显著提高

1. 特别重视基地班学生的政治思想教育，以提高政治素质。

2. 专业素质、自学能力普遍提高。

3. 科研能力的培养与提高。

（1）从三年级开始实行科研导师制。

（2）在三年级增设"科研论文的阅读与写作"课程，指导学生科研。

（3）规定三年级学生必须提交学年论文，四年级提交毕业论文。

（4）鼓励学生组织学术兴趣小组和科研课题小组。积极向学校申报课题，申请经费。

4. 建立起一整套与人才培养相适应的管理机制和规章制度，并取得了实效。

（1）由党总支负责，建立总支、辅导员、班导师共同负责的管理制度。

（2）建立激励机制与淘汰制，鼓励学生冒尖。凡在政治表现、学习、科研和其他方面有突出表现者，给予奖励。系里制定了《基地班优秀学生奖学金评定暂行办法》，凡思想、行为不端，受过纪律处分者；两门主干课程不及格者；二年级英语四级考试未能通过者，均分流到师范本科学习：师范本科中的优秀学生，亦入选基地班（95级基地已分流3人，96级基地分流4人，97级基地分流1人，98级基地分流1人）。

（3）三年级开始，实行科研导师指导制度。

（4）确定研究生推免制度和全员报考研究生制度。文科基地学生应大部分进入攻读研究生学位，我们确定经严格考试推荐1/3学生直升研究生，规定其余的学生全部必须报考研究生，并鼓励学生报考重点大学、省外大学，考上者给予一定的奖励。

（5）进行招生制度的改革。1995年、1996年，我们尝试由中学保送1/3生源进入基地班，1997年开始，取消保送生，直接由高考录取，但录取线都在重点线以上。1999年开始，我们还尝试着从外省招收部分学生（江西、安徽、浙江），试图通过对比，从招生方面摸索一些经验。从99级开始，我们再一次进行改革，即新生一入学后，马上从中文系非基地专业总分上重点线以上的学生中，通过考试，遴选10名优秀学生从一年级便补充加入基地班，到二年级时再统一考核，淘汰10人，保留30名学生在基地班。

（6）在其他方面，我们给基地班学生许多优惠待遇。基地班学生属非师专业，仍享受师范生助学金；此外还享受比一般本科生高的奖学金，并配有专用教室，教学经费、社会实践经费都给予优惠照顾。还享受研究生的借阅图书待遇。

5. 培养了较高素质的合格人才

我们在文科基地人才培养的各个环节中，始终抓住"夯实基础，培养能力，提高素质"这一培养人才的准则进行，特别强调要把基地班学生培养成"四有"新人，成为21世纪中文学科高水平的教学、科研人才。正由于目标明确，措施得力，因而在人才培养方面成就显著。

理论上的思考：

（一）高标准，严要求，点面结合，指导思想明确

我系获准建立国家文科基地以来，系领导及全系教师团结一心，严格按照上级的指示，"培养少而精的高水平文科基础学科教学和科学研究人才"，高标准、严要求，制定出一系列方案与改革措施，以基地建设为重点，以培养高素质人才为契机，推动全系学科队伍、教师队伍的建设，全系教学、科研的工作，提高全系的整体水平与综合实力。

（二）重基础、重能力、重素质，教改思路清晰

我们在基地建设过程中，始终抓住"夯实基础，培养能力，提高素质"这一模式进行，我们主张"宽口径，厚基础"，调整教学计划，开设了七大系列选修课，开设了文史哲及自然学科门类的讲座。

（三）勇于实践，不断完善，方法、措施得当

面对基地班人才培养模式这一崭新的课题，系党政领导人走访兄弟院校，上门取经，并结合自己的实际制定了一整套教学计划、培养方案。使得人才培养工作很快就走上了正轨。在实践过程中，我们又及时总结经验，充实、完善我们的培养计划。这些措施都是国家文科基地建设和人才培养模式改革取得成功的重要保证。

三、成果推广及应用效果

（一）文科基地的建设和文科基地人才培养模式的探索课题的进行，带动了整个中文系的学科建设与全系教学、科研工作的全面开展。

（二）文科基地的教学计划、教改经验、人才培养模式，对师范本科的教改工作具有借鉴作用。

（三）文科基地的建设。人才培养模式的探索，还推动了校内其他专业的教改工作，并为他们提供了理想的实践基地。

（四）基地班学生蓬勃向上的精神面貌，刻苦扎实的学习风气，全面发展的自身素质为全系，乃至全校学生树立了榜样。

（五）外界反映与评价。

1996 年 10 月 14 日，国家教委高教司在福建师大召开有 22 个院校参加的全国文科基地中文专业现场会。与会代表给予很高评价。国务院学位委员会中文学科组召集人、华东师大博士生导师郭豫适教授评价说"教育思想明确、教改思路对头""取得了优秀的成绩和可贵的经验""是一次成功的教改实践"。教育部中文学科教学指导委员会副主任委员、北大中文系原主任、博士生导师费振刚教授认为"指导思想明确，步子稳健有力，成果显著"。

我系文科基地建设和人才培养工作还多次得到教育部各级领导的肯定与鼓励。

1996 年 11 月在江苏吴江召开的全国高校文科会议上，国家教委周远清副主任表扬了福建师大中文系文科基地建设，认为"经费到位，投入充足，起步好，建设有成效"。

我国普通高校体育教育专业人才培养的改革、创新与实践

主要完成人：黄汉升、杨贵仁、季克异、许红峰、梅雪雄
主要完成单位：体育科学学院
获奖时间：2005 年（第五届）
获奖等级：国家一等奖

《全国普通高校体育教育专业人才培养的改革、创新与实践》研究是在 1995 年我国高等教育正式实施"高等教育面向 21 世纪教学内容和课程体系改革计划"背景下启动的，是在参考和借鉴世界高等体育教育改革与发展的历史经验基础上，以培养 21 世纪我国现代化建设需要的具有厚基础、宽口径、强能力、高素质、重创新、广适应的体育教育人才为宗旨，对体育教育人才培养模式、学科专业设置、教学内容、课程体系、教学方法、教学管理等方面进行的

全方位、综合性的改革研究与实践。

成果研究坚持马克思主义的辩证唯物主义和历史唯物主义，以《中共中央国务院关于深化教育改革全面推进素质教育的决定》和《国务院关于基础教育改革与发展的决定》的有关精神和要求为指导，贯彻终身教育和"健康第一"的指导思想，紧密联系中国体育教育专业改革和发展的实际，着眼于知识经济、知识创新和社会发展对人的素质的需求，运用和借鉴多学科的研究方法，通过定量与定性相结合、理论与实践相结合、专题与综合相结合，依据"完善设计、整体优化、加强基础、拓宽口径、培养创新精神、增强适应能力、注重个性发展、提高综合素质"的原则，从培养模式的具体设计出发，在宏观、中观、微观层面对 20 世纪 90 年代和 21 世纪初中国体育教育专业进行了长达 9 年的理论研究与实践验证和理论深化研究。《面向 21 世纪中国普通高校体育教育专业课程体系与教学内容综合改革的研究》和《面向 21 世纪我国普通高校体育教育专业教学内容与课程体系改革的深化研究》先后被列为全国教育科学"九五"和"十五"规划教育部重点课题。

一、成果主要内容

1. 理论研究与实践验证成果

理论研究与实践验证在对 21 世纪我国体育教师素质结构、全国普通高校体育教育专业本科教学计划执行情况、体育院系课程设置的国际比较、全国普通高校体育教育专业课程体系改革现状、国内外普通高校体育教育本科专业主要特征等广泛调查和深入分析论证的基础上，制定了《全国普通高校体育教育专业课程方案》，组织编写了《普通高等学校体育教育专业九门主干课程教学指导纲要》。经全国高校体育教学指导委员会审议，原国家教委办公厅颁布《全国普通高等学校体育教育本科专业课程方案》（以下简称《课程方案》），并从 1997年开始在全国各高校试行。《课程方案》以服务我国基础教育，围绕培养德、智、体、美全面发展的体育教育人才这一核心，科学地安排了各类课程，重新设定了主干课程，合理调整了学科、术科比例，进一步加强了学科课程建设，构建了学科类与术科类课程相结合的课程结构，形成了必修课程为主、必修课程与选修课程相结合的课程体系，实现了课程体系的优化。

为了使《课程方案》更加科学、更为完善、便于推广，更有利于培养跨世纪的体育教育人才，1997年3月在原国家教委体育卫生与教育司和全国高校体育教学指导委员会的领导下，根据地区的分布抽取了福建师范大学、苏州大学、河北师范大学、华南师范大学、成都体育学院等24所体育院校进行了为期2年的实证研究。研究表明：《课程方案》符合我国国情，改革思路清晰，符合现代教育思想和教育规律，具有很强的普遍性和可推广性，对转变教育观念，提高学生综合素质和培养学生能力，促进师资队伍建设，发挥各校的办学积极性，提高办学效益和质量，推动体育教育学科建设与发展具有积极的作用。

2. 理论深化研究成果

在总结理论研究和实践验证成果的基础上，理论深化研究根据21世纪社会的发展和世界高等教育改革与发展趋势，突出了21世纪全国普通高校体育教育专业整体改革的指导思想、基本依据、突破口、重点；全国普通高校体育教育专业课程体系整体改革的经验；国外高等体育教育发展特点与趋势；全国普通高校体育教育专业改革现状；21世纪初我国普通高校体育教育人才的知识、能力、素质构成等研究。按照培养复合型体育教育人才的要求，用全新的教育理念拓宽基础课程，用大教育改革的精神重新整合课程内容，构建了主干课程"领域"化，必修课程"学科"化，限选课程"模块"化，任选课程"小型"化，具有形式多样、设置合理、结构优化、形态多元的体育教育本科专业课程新体系，制定了新一轮的《全国普通高校体育教育本科专业课程方案》，组织编写了《普通高等学校体育教育本科专业各类主干课程教学指导纲要》。经全国高校体育教学指导委员会审议，教育部颁布了《全国普通高等学校体育教育本科专业课程方案》，并从2004年开始在全国各高校试行。

二、成果创新点

1. 根据21世纪社会发展和高等教育改革的要求，将体育教育界原有对体育教育分散的、局部的、专题的研究提升到具有时代性、科学性、创新性、综合性、实践性的理论与实践相结合的研究。

2. 首次采用教育科学研究方法，就全国普通高校体育教育专业人才培养的改革、创新与实践进行了大规模、深层次研究。构建了厚基础、宽口径、强能力、高素质、重创新、广适应的复合型体育教育人才培养新模式；构建了主干课程"领域"化，必修课程"学科"化，限选课程"模块"化，任选课程"小型"化的形式多样、设置合理、结构优化、形态多元的课程新体系；构建了科学与人文融合、学科类与术科类相结合的教学内容新体系。

3. 以培养德智体美全面发展的体育教育人才为核心，以提高人才培养质量为目标，以优化课程体系为切入点，以改革人才培养模式、教学内容、教学方法，培养学生学习能力、实践能力和创新精神为主线，推动与人才培养相关的各项教育教学制度的改革与创新，充分体现了体育教育专业改革与发展的特点及规律。

4. 连续性：根据不同时期社会和教育发展的需求，先后历时9年两个阶段，通过理论研究与实践验证和理论深化研究，就全国普通高校体育教育专业人才培养目标、人才培养模式、学科专业设置、教学内容、课程体系、教学方法等方面进行综合改革的研究与实践。

5. 广泛性：全国24所院校参加了《课程方案》的实证研究，26个省（市、自治区）60多所高校的教师、学者和管理工作者参加了总课题、子课题的研究，充分调动了各院校主动参与教育改革、创新与实践的积极性，辐射效应显著。

6. 翔实性：全面分析了中华人民共和国成立50多年来我国普通高等体育教育专业不同时期改革与发展的主要特征，收集了全国61所普通高校体育院校（或系）体育教育本科专业现行教学计划，征求了全国500多位专家学者100多所体育院校对体育教育专业人才培养的意见和建议，实地考察了全国21个省市有关体育院校。

7. 丰硕性：先后出版学术专著3部，主编、参编与组织编写出版教材36部，其中主干课程教材11部，必修教材5部，选修课教材20部，发表系列研究论文40多篇，撰写研究报告12份。阶段性成果获得福建省高等教育教学成果二等奖、教育部全国普通高校优秀教材二等奖，4项研究成果被国家教育决策部门所采用。

三、成果推广及应用效果

1. 研究成果为教育领导部门提供了准确的科学的决策依据。1997年和2003年教育部颁布的《全国普通高等学校体育教育本科专业课程方案》以及1998年和2004年教育部颁布的《关于印发〈普通高等学校体育教育本科专业各类主干课程教学指导纲要〉的通知》均采纳了本研究成果。《课程方案》已经在全国各高等学校试行，《指导纲要》在教材建设及教学实践中得到全面实施。

2. 研究成果产生了广泛的辐射示范作用，得到了实验院校的好评。实验院校认为：《课程方案》促进了学生培养质量的提高，学习的主动性、积极性增强，实践机会增多，各种能力得到全面发展；用人单位对毕业生的知识结构、综合能力感到满意；促进了师资队伍建设、教材建设，促进了教学手段方法的现代化，促进了教学管理的规范化和科学化，体现了理论与实践的高度结合。

3. 研究成果在全国范围得到广泛的推广。1997 年以来，相关研究成果先后在 1997 年全国普通高校体育院系主任会议、2002 年全国普通高校体育院（系）院长（主任）会议、2003 年教育部全国普通高校体育教学指导委员会会议、2004 年第七届全国体育科学大会、2004 年全国普通高校体育院系院长（主任）培训班上做专题报告，得到了一致的好评，产生了广泛的影响，推动了全国各高校体育教育本科专业人才培养的改革与创新。研究成果还带动了相关子课题的研究，带动了课程建设项目 20 多项，出台教学改革方案 30 多个。

4. 研究成果被广泛引用并固化到教材建设中。经中国科技期刊网计算机检索，研究成果先后被引用多达 382 次。在理论研究的同时，围绕人才培养目标、培养模式、课程体系等，及时将人才培养改革、创新与实践的成果固化到教材中。主编、参编和组织编写的 36 部体育教育专业主干课程、必修课程和选修课程教材，先后由高等教育出版社、广西师范大学出版社出版，并被全国各体育院校所使用，累计发行量达 111 万册。

5. 研究成果得到了同行专家的高度评价。以教育部全国高校体育教学指导委员会副主任委员、北京体育大学校长、博士生导师杨桦为组长的成果鉴定组认为：《全国普通高校体育教育专业人才培养的改革、创新与实践》研究思路清晰，研究目标准确，技术路线合理，组织工作精细，研究内容全面，研究方法科学，改革理念先进，实践措施到位，示范作用明显，辐射效应显著，具有强烈的时代性、鲜明的创新性、突出的实践性。这是新中国成立以来我国普通高校体育教育专业规模最大、参与面最广、成果最为丰富的教育科学研究，是我国普通高校体育教育专业研究领域中处于国内领先水平的优秀成果。该研究成果不仅对我国普通高校体育教育专业理论建设具有很高的学术价值，而且对于进一步推进我国普通高校体育教育专业的改革与发展，培养厚基础、宽口径、强能力、高素质、重创新、广适应的体育教育人才具有重要的理论价值和实践指导意义。

实施"1+4"模式教改，提升师范生语文阅读教学能力

主要完成人：汪文顶、赖瑞云、孙绍振、林富明、潘新和、冯直康、谭学纯、陈庆元、郑家建

主要完成单位：文学院

获奖时间：2009年（第六届）

获奖等级：国家级二等奖

一、成果主要内容

（一）成果介绍

本成果为"1+4"模式教改项目。针对基础教育新课改前语文教学普遍存在未能引导中学生探究作品艺术奥秘等弊端，设定总目标为：提升师范生的阅读教学能力。"1"为"核心改革"，即语文教学中阅读部分的改革，既阐明揭示奥秘并转化为教学处理的原理、方法、案例，建立全新讲授体系，又创设模拟讲课，人人上台按新讲授体系试上一篇课文、一节30~45分钟的课，师生现场点评；从讲授到实践的全新变革，有力保障了总目标的实现。"4"为四项支撑核心改革的基础教改：（1）为适应核心改革，与文艺学深度接轨，大力提升语文教学论学科的水平，创建"文学阅读与文学教育"博士专业，出版12部著作教材，发表262篇论文。（2）独立编写全套初中课标教材，拥有了300篇课文分析案例，又深入实验区掌握了上千教例，以此丰厚实践资源有力反哺核心改革。（3）形成全院重视文本分析的风气，重点课程均加强文本分析，全体教授接力上《中学课文基础名篇选讲》《作品导读》，成为核心改革的强大后盾。（4）由经我院培训的中学骨干教师指导经过模拟讲课的实习生，形成大、中学良性互动，强化核心改革效果。主要解决的教学问题即较明显地提升了师范生

阅读教学能力，已有引导中学生领悟探究文本艺术奥秘的理念。教改八年，师范生均欢迎这一改革，就业竞争力不断增强。观摩过模拟讲课的特级教师都认为这条路走对了。已获省精品课程、省教学成果一等奖等多项教学奖。

（二）成果解决教学问题的方法

1. 在理论层面上，厘清困扰人们的三个关系，明确教什么与怎么教，教什么更重要，中学阅读教学的成效更重要的在于多大程度使中学生领悟到了作品的艺术奥秘，即鲁迅说的"极要紧极精彩处"。因此师范生阅读教学能力的高低，中文学科教育的责任更大。明确微观分析与宏观理论，前者对于师范生重要得多，师范大学的中文专业应当更加突出作品分析的地位。明确大学与中学存在的脱节，大学应更主动去解决，一门学科应给基础教育什么内容，是应由了解该学科规律的学科专家提供的。因此，解决提升师范生阅读教学能力这一教学问题，学科教育责无旁贷。

2. 在指导思想上，真正发挥学术性与师范性紧密结合的重大作用。如语文课程与教学论学科过去长期处于低水平，难以胜任指导师范生揭示艺术奥秘的重任。本教改引入文艺学及其著名学者，深度改造该学科，使之成为出版十几部著作、教材，发表260多篇论文，具有博士专业点的高水平新型教学、科研团队，为此才能创造全新的揭示文本奥秘的讲授体系，有效指导相应的模拟讲课。其他几项基础教改也都充分发挥了一级学科博士点、国家重点学科等学术优势。

3. 具体起作用的方法，即"1+4"模式的五项教改。"语文教学论"是师范生这个"产品"的最后"出口"，这项"核心改革"直接作用于问题的解决。其他四项支撑的基础教改，从第（1）到第（4）项分别是核心改革坚实的理论基础、丰厚的实践基础、强大的后盾、有力的强化手段。没有它们，核心改革将成为无源之水或效果大减，同时它们又都可直接影响问题的解决。上述五项提升师范生阅读教学能力的方法，本教改采取统筹兼顾、精心实施的抓法。下附表一是五项教改的关系，表二是部分课程及实践教学的安排。

二、成果创新点

（一）人人上台模拟讲课30～45分钟，并形成模拟讲课、模拟说课、模拟应聘、教材与课例分析、微格训练计每周6学时的系列实践环节。

（二）引入文艺学，形成以揭示文本艺术奥秘为主要内容的阅读教学讲授新体系，并已正式出版；与文艺学的学者紧密联盟，深度改造"语文课程与教学论"学科，创建首家"文学阅读与文学教育"博士专业，形成新型的语文课程与教学论研究团队，近 8 年出版该学科专著、教材 12 部，发表论文 262 篇。

（三）创新学术性与师范性更加紧密结合的新路子，一是编写全套初中课标教材 36 册 700 万字，并深入实验区，拥有上千例课文分析案例和教例，以此反哺于"语文课程与教学论"课的教学与研究；二是全院全面加强面向中学的作品分析，并开设《中学课文基础名篇选讲》接力课（25 位教授讲 70 篇）和《作品导读课》；三是聘请经由我院培训的省级骨干教师担任教育实习指导教师，形成大学与中学永不脱节、良性互动的培养师范生的新机制。

三、成果推广及应用效果

（一）本教改核心改革的"语文课程与教学论"2008 年获省精品课程，并被推荐申报国家级精品课程，配套的基础教改获省级教学成果一等奖、省精品课程，已在省内外引起反响。凝结核心改革成果的《新课程语文教学论》教材已被国内十几所师范院校采用，《语文课程理论与应用》教材已有兄弟院校和一批中学订购。

（二）本教改重视钻研文本、钻研教材的语文阅读教学的理念与实践，多年来已产生广泛的影响。孙绍振的文本细读观、赖瑞云的"多元有界"解读观，已在语文界引起反响。孙绍振的《名作细读》等五、六部专事分析中学课文的著作已成为国内畅销书。教育部语文课程标准研制组组长巢宗祺和课标组专家方智范对我们的模拟讲课改革十分赞赏，说："你们编写的教材在文本细读方面很有特色，现在又将这特色反哺到语文教学论的实践环节，形成了第二次的鲜明特色，这个做法很好，也很不容易。"2008 年 4 月在上海举行的，由巢宗祺主持的全国教育师资学术研讨会上，本教改完成单位负责人郑家建院长应邀做了题为"重视文本的阅读分析能力"的中心发言。正在修订的《语文课程标准》稿增加了"教师应认真钻研教材""应引导学生钻研文本"的重要提法，吸纳了包括本教改在内的研究和实践成果。

（三）师范生普遍欢迎这样的改革，认为模拟讲课既是以往理论学习、技能训练的检验、提升，又是今后实战的练兵，"今天上好一节阅读课，为了明天上好每一节阅读课"的口号在师范生中不胫而走,"语文课程与教学论"课由过去的边缘课变成了颇受关注的焦点课。学生们称这样的教改活动是他们"难忘的经历"和"宝贵的财富"。他们支持"1+4"教改的最明显的标记就是《中学课文基础名篇选讲》及《模拟应聘课》就是应他们的强烈要求增设的。

(四)核心改革提出的"揭示文本艺术奥秘并转化为教学处理"的思想,已为许多学生所掌握理解。如2005级方静、陈凤合作设计的《林黛玉进贾府》的课堂讨论题:"(1)黛玉眼中的贾母;(2)黛玉眼中的王熙凤;(3)黛玉眼中的接风宴上的众人;(4)黛玉眼中的贾府。"——就是要讨论(揭示)出尊卑上下、等级森严的贾府环境。像这样教什么与怎么教处理得很好的例子,每届模拟讲课观摩课时都会冒出一批人,如2003级衷颖的《观沧海》课、2004级张丽梅的《错误》课和何如的《荷塘月色》课、2005级邱岚的《悔的边缘》课等,都是这样的精彩例子。

(五)模拟讲课改革,连续四年都请福建省一批特级教师及各地中学代表观摩、点评,反响强烈,著名特级教师陈日亮、王立根,福州一中特级教师林志强、附中语文教研组组长薛章辉及三中、八中等校代表已多次说:"效果显著""大开眼界""这条路走对了""你们是真把学生培养成教师当一回事""大学与中学脱节的事,在这里不存在""这些模拟上课的学生一到中学就是优秀教师了""如果我是学校领导,今天来听课,这些学生愿意来我们学校,都要了"!乃至往往有当场订"货"者,陈日亮就对前面提到的何如表示:"愿意来一中,我负责推荐。"

(六)福建师大接受教育部本科教学评估的时间是在2007年10月,当时专家组成员、华中师大文学院院长胡亚敏教授听说福建师大文学院的微格教学(模拟讲课)很不错,点名要听,结果听了2005级宋贤、张畅两位学生各30分钟的"教学",感到很满意,十分肯定。

(七)2007年8月,在福建师大召开的"语文课程改革研究中心成立暨孙绍振语文教育改革理论与实践研讨会"上,到会的王先霈、钱理群、丁帆、陈大康、王荣生等十几位著名学者一致高度评价了孙绍振甘当"草根博导",将文学理论、解读理论应用到中学阅读教学,应用到编写中学教材,应用到直接推动、参与语文教学论课程的建设的行为,认为这是福建师大文学院学科建设的一大特色。

（八）本教改较明显地促进了师范生阅读教学能力的提高。2005年后，每年举行的一次教育实习及用人单位中学代表座谈会（实际为本教改效果及我院毕业生的跟踪反馈会）上，整体而言，都反映我院学生教育实习上手快，钻研教材较到位，阅读课上得有质量，学生素质显得后劲足。多次接收过我院实习生的泉州一中甚至认为，实习生中三分之一以上的课已达到一级中学教师水平。近几年在福建省中学的就业应聘中，竞争力明显增强，常出现最后竞争的只剩下我院学生的情况。文学院师范生规模为250～300人，至2008年就业率都在95%以上，平均为97.5%，最高时达到99.3%，为全校第二。

（九）本教改完成单位福建师大文学院八年来承担了国家级、省级中学语文骨干教师、学科带头人培训班共八届600人，教育硕士八届400多人，与福建省语文学会、全国（苏浙闽皖四省）语文课堂教学艺术研究会共同主办研讨会、评课会12次，应邀赴省内外中学讲座80多人次，本教改重视文本的艺术奥秘、重视钻研教材的理念在上述中学骨干中得到了深入的宣传、运用，并已辐射到各地中学教师，引起热烈反响。

（十）本教改编写的初中语文课标实验教材从2004年开始已在甘肃等7省实验区使用多年，已经受住考验，特别是其教参中的300篇课文分析导读已深入到7省实验区的近万名中学教师的教学实践中，被认为是提高中学语文教师自身素质的一套最好教材。

体育教育（国家人才培养基地）本科专业人才培养模式的改革与创新

主要完成人：张涵劲、梅雪雄、陈海春、陈铁成、许红峰
主要完成单位：体育科学学院
获奖时间：2014年（第七届）
获奖等级：国家二等奖

一、成果主要内容

（一）成果简介

2012年教育部学科评估中，按照评估得分排名我校体育学学科列全国第5位。我校以体育学学科建设为龙头，围绕提高人才培养质量为主题，从体育本科专业人才的培养模式入手，进行了十年的改革与探索。

我校于2002年获教育部"体育与艺术师资培养培训基地"建设单位，2003年依托教育部"体育与艺术师资人才培养培训基地"设立"体育教育（国家人才培养基地"本科专业（以下简称"基地班），采取"1＋3"人才培养模式，滚动选拔品学兼优的学生，以精英教育培养目标定位培养基地人才，主要成效有如下几方面：

（一）改革人才培养模式，分类培养人才，为我国体育学本科专业人才培养模式改革提供先行性经验。为了改变人才培养过程中"千人一面"状况，采取"1＋3"人才培养模式，滚动选拔进入"基地班"学生实行"精英教育"，人才培养的目标定位为准研究生培养。经过几年人才培养实践，在国家级"质量工程"建设项目中，我校体育学本科人才培养模式改革与创新实验区获得教育部普通高校唯一一个的体育学类本科人才培养实验区。

（二）优化人才培养方案，调整课程结构，深化课程体系改革。按照体育学一级学科建立课程平台，优化人才培养方案。通过整合体育学科基础课程、专业课选修课程组，开设多种类型非限定性选修课程，提早开设运动项目主项提高课程，在课程结构上调低专业必修学分，增加选修学分，开设特色课程，以增强学生适应能力，注重个性发展，适应社会发展，充分体现"宽口径、厚基础、广交叉、多综合、重能力、倡创新"人才培养要求，使学生"能文、能武、能探究"，形成富有特色的课程体系，促进学生知识、能力与素质协调发展。

（三）创新教学管理机制，整合盘活教育教学资源，提升人才培养质量。人才培养模式改革是教育质量的关键问题，它涉及人才培养目标的顶层设计、教学管理体制和运行机制的改革，以及如何为学生提供优质的教育教学资源提升人才培养质量。例如学生课程学习绩点，英语四、六级，科技创新与运动竞赛能力等方面，通过制度创新，完善人才培养模式。

经过十年的探索，较好地解决了如下几方面问题：一是改革体育学大类招生方式；二是优化课程体系、完善教学内容、改革方法与手段；三是提高了学生综合素质；四是创新体制提高教育教学管理水平。

（二）成果解决教学问题的方法

1. 改革体育学大类招生方式。目前，国内普通高校体育专业采取大类招生的高校不多见，我校于 2006 年探索体育学类专业大类招生改革。主要方法有：学生入学第一学年按大类培养，第二学年根据学生意愿，划拨 20～30 名学生（10%～12%），结合学生课程学习绩点和综合素质，选拔与分流进出"基地班"。

2. 优化课程体系、完善教学内容、改革方法与手段，有计划、分步骤地对课程体系进行大胆改革。我校校长黄汉升教授主持的"我国普通高校体育教育专业人才培养的改革、创新与实践"研究成果，获得教育部第五届高等教育教学成果奖一等奖。在继承我校体育教育研究特色基础上，重点围绕课程体系、教学内容与方法等方面做了卓有成效的探索。主要方法有：①调整课程结构。为了适应"1+3"滚动选拔人才培养模式改革，调整"基地班"与"体育教育"专业课程结构，在学科基础课程、专业方向必修课程和教师教育类课程中建立课程平台。其他专业方向选修课程组和非限定性课程向全院所有专业开放，学生可以根据兴趣任意选择修读。在体育教学与训练、社会体育指导、体育产业经营与管理、体育康复与保健、民族传统体育、特殊体育等领域组合若干个课程组，每个课程组由若干门课程组成，由学生意愿自主选择修读任一个课程组，以满足学生个性发展需要；②整合相关课程内容。设计理论与技术类课程时数分配比例，科学划分理论与技术类必修课程学时，并要求研制的课程标准应明确教学方式，把课堂教学重心落在明思路、讲方法、留问题上，体现人才培养创新教育过程。

3. 常年投入经费，加强师资队伍建设，确保人才培养质量。主要方法有：①从 2005 年开始，学校每年投入"基地"建设经费 15 万元，并规定预算经费的 40% 用在学生身上，采取每年召开全校相关"基地"建设单位会议的途径，将经费的预算与开支作为会议的主要议题，并明细用于学生身上的经费使用情况；②资助青年教师攻读博士学位、派出教师参加教改与学术活动，设立专项经费资助"教师教育研究团队"，推动师资队伍内涵建设与发展。

4. 通过体制创新，提高教育教学管理水平。主要方法有：①安排"小班"授课；②设立"免监考"教学管理；③配备指导教师；④设计"课内外"一体化的学生科技创业计划和技能竞赛活动等。

二、成果创新点

体育教育是我国传统的本科专业，如何创新体育教育本科专业人才培养模式？按照我们的理解，人才培养模式应该是个性培养平台与共性培养渠道的集合，实现协调发展学生知识、能力、素质结构的方式和以教育教学质量为人才培养特征的人才培养模式改革，为学生提供个性化培养的平台。因此，本成果体现如下三个方面的创新：

（一）教育部授予12所高校"体育与艺术师资培养培训基地"中，我校是唯一一所利用该基地设立"体育学基地本科实验班"进行人才培养模式改革与创新，取得的改革成效具有先行性。

（二）采取"1＋3"人才培养模式，以多轮滚动选拔人才培养机制，使学生的个性与专业的特点相结合，突出个性化培养和学习自主性，推动人才培养机制创新。

（三）利用体育学本科人才培养模式试验区建设平台，优化人才培养方案，整合与重置课程体系，实现人才培养目标与课程设置（必修与选修、专业方向课程组等）、人才培养目标细化到各门课程和具体的教学环节（科研训练、运动实践等）、教学活动目标的引导性和针对性（小班授课等）、教学方式方法与培养方案关联（制定各门课程标准等），通过以上各环节的联动，确保人才培养模式有效运行，改革具有整体性。

全国共有12所国家体育与艺术师资培养培训基地，依托国家级基地，分类培养体育专业本科生仅福建师范大学一所。实行按体育学大类招生改革，采取"1＋3"的人才培养模式，多轮滚动选拔学生进入"基地班"实行准研究生培养，吸引了优秀生源报考我校，说明人才培养模式改革产生了品牌效应。

三、成果推广及应用效果

基地班本科人才培养模式的改革与创新，紧紧围绕提高人才培养质量这一时代命题，以现代教育理念为指导，采取多轮滚动选拔机制，创新人才培养模式，为我国普通高校体育教育专业人才培养模式改革提供了先行性经验。

（一）人才培养模式改革，推进了特色专业建设与发展，提高了人才培养质量

在我国高等教育大众化背景下，体育专业人才培养遇到新的挑战，人才培养质量受到社会广泛关注。为此，为了加强专业建设，提升专业引力，必须研究人才培养模式，优化课程体系改革，探索教育教学改革，提升人才培养质量。通过人才培养模式改革，提升了特色专业建设与发展，2007年体育学（基地）本科专业获得国家级特色专业立项。体育学本科专业人才培养模式改革与创新经验，多次在全国性的会议上介绍，"基地班"人才培养模式受到全国普通高校体育教育专家的高度关注。十年来，"基地班"硕士毕业的80名学生，其中28名硕士毕业在高校或体育科研所任职，另有2人分别在美国西密西根州立大学教育与人体发展学院和新加坡国立南洋理工大学教育学院攻读博士学位。毕业和在学的学生中，共发表学术论文110篇，其中SSCI论文4篇、SCI论文2篇（Journal of Applied Research in Intellectual Disability［SSCI］；Psychology of Sport and Exercise［SSCI］；International Journal of Rehabilitation Research［SCI］；Journal of Developmental and Physical Disabilities［SSCI］；European Journal of Paediatric Neurology［SCI］；International Journal of Developmental Disability［SSCI］），参加国际学术会议11次；共获得各类国家级运动竞赛奖项76人次，省级运动竞赛奖项63人次；参与导师课题研究16人次、主持省级大学生科技创业计划项目5项；获得省级大学生科技创业大赛金奖2项、银奖1项、优秀奖7项。

（二）人才培养模式改革，人才培养质量得到社会认可

长期以来，学院秉承办学传统，发挥体育学科研究优势，以人才培养模式改革为平台，在体育学大类招生方式、确定人才培养目标、优化课程体系、完善教学内容、改革教学方法与手段、学生实践能力培养、创新教学管理机制等方面做了富有成效的探索。

从招生情况看，2006年体育学大类招生改革后，连续8年第一志愿率100%，2008年至2009年福建省普通高校体育类招生文化控制线划定后，以体育专业分从高到低分录取，我院录取的考生体育专业最低分，2008年比其他高校高出3～14分，2009年比其他高校高出1～12分；2010年至2011年，福建省普通高校体育类招生文化控制线划定后，以体育专业分和文化分按比例计算综

合分，从高到低分录取，2010 年体育文科生比其他高校高出 8～41 分，体育理科生比其他高校高出 17～70 分；2011 年体育文科生比其他高校高出 10～49 分，体育理科生比其他高校高出 23～69 分；2012 年体育文科生比其他高校高出 17～61 分，体育理科生比其他高校高出 18～82 分（以上招生数据依据福建省各高校招生网站公布的体育教育专业最低录取分数统计）。由此看出，人才培养质量得到社会认可。

夯实四大基础，突出三种能力，全面提升中文人才培养质量

主要完成人：郑家建、林志强、赖瑞云、李小荣、余岱宗、葛桂录

主要完成单位：文学院

获奖时间：2014 年（第七届）

获奖等级：国家二等奖

一、成果主要内容

（一）成果简介

本教改项目着眼于提高教学质量，以"夯实四大基础，突出三种能力"为核心设计教改内容。"四大基础"用来构筑教改得以顺利开展的支撑平台，"三种能力"用来明确教改便于衡量的客观目标。

"四大基础"是：

1. 实现了高水平的科学研究平台，现有 1 个国家重点学科、2 个一级学科博士学位授权点（含 12 个博士点和博士招生专业）、1 个博士后科研流动站、1 个中央与地方高校共建实验室、1 个省高校人文社会科学研究基地、3 个省重点学科、1 个省级特色重点学科、3 个省重点建设项目等。

2. 拥有了多个"国"字号的教学质量工程，现有国家级综合改革试点 1 个，国家级特色专业 1 个，国家级人才培养模式创新实验区 1 个，国家级教学团队 1 个，省级教学团队 1 个，国家级精品课程 4 门，省级精品课程 4 门。

3. 打造出高水平的师资队伍，现有专任教师 103 人，其中正高 35 人，副高

44人，具有博士学位69人（占71%），高级职称教师比例已达78%。

4. 调整优化了课程培养方案，根据人才培养的需要，不断完善培养方案，现已形成六大模块、三种层次的课程体系。六大模块是指语言学课程模块、古代文学课程模块、现当代文学课程模块、外国文学课程模块、文艺学课程模块和教师教育学课程模块，三种层次是指基础性课程、应用性课程和研究性课程。

"三种能力"是：

1. 提升文学创作与批评能力，物化成果有《沙漏无言》（《闽江》结集）《沉默的歌唱》《时间的剪刀》《云起在他乡》《本科生优秀毕业论文集》《本科生优秀实习教案集》等。学生在各类文学创作比赛中获诸多奖项，特别值得一提的是，2013年学生作品《闽台文化产业专业人才培养模式比较及其互补性前瞻》在第十三届"挑战杯"全国大学生课外学术科技作品竞赛中荣获二等奖，填补了福建师大人文学科专业在"挑战杯"赛事上的国奖空白。成立"左岸戏剧坊"，进行话剧创作，举行全校公演等。

2. 提升语文教学与研究能力，主要成果有模拟讲课获高度评价，解读能力获得极大提高，学生实习表现优秀，就业竞争力增强，教改项目获国家级教学优秀成果二等奖，出版《语文课程理论与应用》等。

3. 提升语言文字运用能力，主要成果有学生在各类语言文字基本功竞赛中获得多项奖励，在对外汉语教学和闽台文化交流中贡献突出，课程改革成果获省级教学优秀成果一等奖，出版"十一五"国家级规划教材《汉字源流》等。

（二）成果解决教学问题的方法

本教改以顶层设计为指导，以学科优势为平台，以配套改革为措施，以能力培养为目标，这是一个总的思路。下面主要围绕"三种能力"的培养，讲述我们解决教学问题的方法：

在提升文学创作和文学批评能力方面，我们的主要做法有三：

一是强化文学理论、文学批评和作品导读的教学。我们借助雄厚师资，如著名文艺理论家孙绍振等，为一年级学生开设"文学创作论""小说导读""散文导读""诗歌导读"等课程，感受文学的优美，启发文学的激情；作品导读课为特色课程，以可操作的方法理论对作品进行细读，让刚踏入大学的学生耳目一新，大大激发了学生的文学热情。

二是大力鼓励和提倡文学创作。学院通过组织征文比赛，把涌现出的好作品结集出版；通过设立基金的方式鼓励文学创作，如"林勤文学创作与研究奖励基金"和"郭福平诗歌创作基金"，奖励在文学创作和研究方面有突出表现的学生。

三是促进科研素质的养成，以教授团队给本科生接力开设"科研论文阅读与写作""学术动态系列讲座"等课程，培养学生进行文学评论和文学研究的能力。

在提升学生语文教学与研究能力方面，我们以提升"阅读教学能力"为中心进行教改：

2001年，学院启动"实施'1+4'模式教改，提升师范生语文阅读教学能力"项目。该项目针对语文教学普遍存在未能揭示作品奥秘，致使学生失去学语文兴趣的弊端，通过阐明解读方法、揭示作品奥秘、分析案例、模拟讲课等方式，提升学生的解读能力；同时，又推出四项配套措施：一是创建"文学阅读与文学教育"博士专业，大力提升学科师资水平；二是主持编写全套初中课标教材，拥有了300篇中学课文的分析案例，同时深入教材实验区四年，系统掌握阅读教例，再以此有力反哺于核心改革；三是与中学选文有关的重点课程均加强文本分析，为师范生提供分析样本，同时全体教授开设《中学语文基础名篇选讲》课程，不断提高师范生解读水平；四是由我院培训的中学骨干教师指导教育实习，形成理论实践良性互动。

在提升学生语言文字运用能力方面，我们以"汉语史系列课程的传承与创新"项目展开教改探索。

该项目建立了较为完善的课程体系，在原来的"古代汉语"的基础上恢复文字学、音韵学和训诂学等传统课程，培养学生雅正扎实的语言基础；同时在《现代汉语》等课程的基础上又加强了口语交际、口才学、普通话测试等课程，提高学生的语言表达和运用能力。这样继承与创新并重、基础与应用并重、以语言能力为核心的改革，收到了十分明显的效果。

二、成果创新点

（一）转变观念，适应时需：以"守正"为根基，以"出新"为目的，从知识传授为主转为知识传授和能力培养并重，并以能力提升作为检验人才质量的重要指标，培养适应社会发展的复合型的优秀中文人才。

（二）顶层设计，整体规划：在总体设计上，以"四大基础"为根基，建构了人才培养的稳固方阵；以"三种能力"为目的，突出了人才培养的明确目标。

（三）主次分明，配套改革：每一项改革都突出一个中心，辅以诸多配套措施。比如以提升教学质量为中心，就从教师队伍、课程设计、教学管理、教材建设等方面予以配套；以课程建设为中心，则建构"六大模块三种层次"课程体系予以落实；以提升语文阅读教学能力为中心，就实施"1+4"模式进行教改等。

（四）目标清晰，特色突出："三种能力"突出了中文学科特色，语言文字能力是基础，文学创作、文学研究和语文教学能力是运用，最集中地体现了中文专业的人才特点，有利于发挥学科优势，保持学科内涵，挖掘学科潜力。

（五）成果显著，美誉度高：在科研平台建设、教学质量工程建设、教改成果评奖、名师培养、学生赛事等方面都获得诸多高级别的奖励，"挑战杯"全国大学生课外学术科技作品竞赛所获得的二等奖也填补了学校的国奖空白，同时还有许多体现学生培养质量的物化成果，如《沙漏无言》（《闽江》结集）《沉默的歌唱》《时间的剪刀》《云起在他乡》《本科生优秀毕业论文集》《本科生优秀实习教案集》等。

三、成果推广及应用效果

（一）本教改的有关成果，已获得国家级教学优秀成果二等奖2项，省级教学优秀成果一等奖4项，二等奖1项，已在省内外产生良好影响。

（二）本教改的有关课程，已获得国家级精品课程4门、省级精品课程4门，精品课程的上课视频以及有关的课程音像资料，都已经上网供学生查看，或为网络学院常年使用，或在电视台播出，或为超星图书馆学术视频常年使用。

（三）本教改产生的有关教材，如南帆教授等主编的《文学理论》、陈庆元教授主编的《大学语文》、郭丹教授、陈节教授主编的《中国文学史专题（上下册）》、齐裕焜教授参编的《中国文学史》、汪文顶教授参编的《中国现代文学史（1917—2000）》、郑家建教授参与主编的《鲁迅研究》、林志强教授参与主编的《汉字源流》、赖瑞云研究员主编的《新课程语文教学论》《语文课程理论与应用》《文本解读与语文教学新论》、辜也平教授撰写的《二十世纪中国文学研究专题》、葛桂录教授参与的《比较文学教程》《外国文学史教程》等，都在高校产生积极的影响，有的还被选用为必修教材和主要的参考教材。

（四）本教改期间获批省级名师 4 名，校级名师 4 名，通过教务处名师讲堂系列活动等方式，让学生获得学术的熏陶，更让学生感受名师的风范，扩大了名师教书育人的效应。

（五）学生的整体素质和综合能力不断提高，语言能力突出，写作水平提高，教育实习上手快，就业应聘竞争力增强。

总之，本成果经过多年建设，有关项目达到国内先进水平，并取得较大的人才培养效益，具有较大的应用推广价值。

创建具有高师特色的写作学系列课程

主要完成人：林可夫、孙绍振、叶素青、颜纯钧、潘新和
主要完成单位：文学院
获奖时间：1993 年（第二届）
获奖等级：省级一等奖

一、成果主要内容

大学开设写作课自新中国成立后始，至 20 世纪 70 年代末的三十年间，一直不景气。十多年过去了，我们终于把曾被人视为"无前途"的写作课，建设成由基础写作课程、专业写作课程、写作提高课程、硕士写作学研究生课程等四个教学层次构成的，具有鲜明高师特性的，包括文学创作与实用写作学两个研究生方向在内的 18 门写作课程（见下图）。

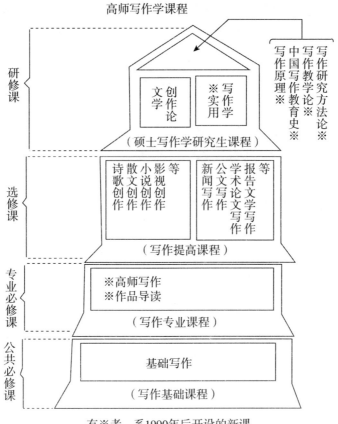

有※者，系1990年后开设的新课

　　第一步（1978年—1985年），强化能力培养，创建基础写作训练体系（见上图自下而上第一层）；

　　第二步（1982年至今），文学实用分馏，建立两类写作课程序列（见上图第三层）；

　　第三步（1988年至今），突出师范特性，填补专业写作课程空白（见上图第二层）；

　　第四步（1990年至今），探索高层理论，建构写作研修课程系列（见上图最高层）。

二、成果创新点

（一）实践上

1. 自实行教改以来，写作课一直是福建师大受重视、受欢迎的课程之一。在历次教学质量检查中，写作教学均获得好的评价。

1983 年 8 月，中国写作学会主办的《写作》杂志开辟专栏，集中发表三篇文章，介绍我们改革基础写作课程的经验。

1985 年，我们所在的写作教研室被评为福建省教育战线先进单位。

1989 年，林可夫的"建立以能力训练为中心的基础写作教学体系"，获省优秀教学成果二等奖，自编教材《基础写作概论》获福建省优秀社会科学成果二等奖（1988）、中国写作学会一等奖（1990）。

1990 年 10 月，《基础写作》课程被评为福建省普通高校首批 18 门重点课程之一（也是唯一的文科重点课程）。

1992 年 10 月，经过重新评估，《高师写作》继续被列为省 12 门重点课程之一。

2. 写作课程的社会影响越来越大。孙绍振的《文学创作论》先后获省社会科学优秀成果二等奖，中国写作学会一等奖；潘新和主持的大、中、小学写作教学整体化改革试验，已引起反响。

在省外，先后有贵州、海南、内蒙古、河南、黑龙江、辽宁、山东、陕西、江苏、江西、湖北等省派人来学习，我们也先后应邀去 13 个省（区）交流写作教学经验，孙绍振同志以访问学者身份先后赴德国、美国。

3. 我们除了完成本科生的必修课、选修课写作教学外，还先后招收了文学创作论方向与实用写作学方向的研究生，举办了写作助教进修班和写作学讲师进修班，为推进省内、国内写作教学改革做了贡献。

4. 教改激活科研，科研促进教改。十多年来，我们教研室 9 名同志，共出版著述（含创作）27 部，论文（含文章）近 300 篇，总数超过 500 万字。

（二）理论水平

现将报刊的评论，摘录如下：

1. 关于我室的写作教学改革

"这个教研室的教学改革，理论基础比较扎实，而且在实践中也已收到初步的效果。他们的改革尽管还有待进一步完善，但深受大学生们的欢迎，在校内产生了一定的影响，也引起兄弟院校写作同行的兴趣。因此，本专栏特地介绍他们的体会和做法……"（1983 年《写作》杂志"编者按"）

2. 关于基础写作课程的自编教材《基础写作概论》（1985 年 3 月出版）

"《基础写作概论》一书的出版，标志着写作学研究和写课教学的一次根本性的改革：以发展的观点，解释写作的运动，用过程论取代了流行的以静止的观点剖析文章构成因素的'成品论'；以写作的智能——技能训练为中心，突出写作基本能力的培养，取代了长期以来单线的写作基本知识的讲解。"（南京大学教授裴显生《师范写作学的奠基之作》，1991 年 5 月《应用写作》）

3. 关于文学写作课程的自编教材《文学创作论》（1987 年 12 月出版）

"孙绍振的《文学创作论》……，无愧是写作教材建设史上的里程碑。……融进了国内外多学科的研究成果，以创新的观念，全新的框架，环环相扣的逻辑性和入木三分的透彻性，完成了对文学写作的全面综合与概括。"（符斯达《写作教材建设十年》，1988 年 9 月《写作》）

4. 关于专业写作课程的自编教材《高等师范写作教程》（1991 年 8 月出版）

"本书正是综合了教育工作的特性及其要求，对师范体式的写作规律首次作了大胆而成功的揭示，令人满意地构建了以实现师范写作目的为中心的学科理论体系。"（任凤生《首创师范写作学的论著》，1992 年 3 月 10 日《福建日报》）

三、成果推广及应用效果

1. "高师写作学系列课程"，创建了由基础到专业，由普及到提高，由具体到抽象，由应用到思辨这样一个包括操作训练、基础理论和高层次理论，适应专科教学、本科教学和研究生教学需要的大学写作课程体系，这在中国教育史上是未曾有过的事情，具有开创性和填补空白的意义。不仅院校可以参照，对其他类型的大专院校建设自身的写作教学体系也会有启示。

2. 活生生的教学实践已经证明"补课论""取消论"是完全错误的，写作教学"无学问""无作为""无前途"的论点是没有根据的。写作课程像大学其他课程一样，大有用武之地，大可作为一番。这对全国同行是一种鼓舞，也是落实敬爱的邓颖超同志生前对写作学界的题诗："振兴写作学科，为四化建设服务"（1984 年 8 月 20 日）的具体行动。

3. "高师写作学系列课程",克服了"重文学,轻实用""重讲轻练""重基础,轻专业"的教学倾向,做到既重视文学写作也加强实用写作,既重视课堂讲授又加强操作练习,既重视基础写作理论又加强专业写作理论,既重视写作知识的广泛普及也加强写作理论的深层研究,体现了"理论建设的高层次的操作序列的科学化相结合"的精神,是一项既有理论价值,又有实践功效的教改成果。

高师地理专业地理教育学课程建设及其主干课程改革

主要完成人:袁书琪

主要完成单位:地理与科学学院

获奖时间:2001 年(第四届)

获奖等级:省级一等奖

一、成果主要内容

(一)所针对的问题

1. 建设地理教育学课程群的问题

(1)全国高师地理系普遍反映只学一门"地理教学法"课程很难实现专业培养目标。(2)不增加总课时,难以将地理教育学课程从一门增加到几门。(3)地理教育学主干课程内容面面俱到,难以确定增设课程的名目。(4)到中学进行地理教育实践只有一次,与地理教育学课程之间的时间先后很难安排。

2. 改革地理教育学主干课程的问题

(1)长期以来,地理教育学主干课程缺乏自己的理论体系。(2)教学内容落后于中学地理教育改革实践和社会发展。(3)内容面面俱到又蜻蜓点水,缺乏可操作性。(4)难以把握急用先学与后劲为重之间的关系。

(二)地理教育学课程群建设成果

1.《师范大学地理科学本科专业地理教育学课程群设置方案》文本及其说明书

结合高师课程计划改革，使地理教育学课程群列为六大课程群之一课时单列。

建成主干课与扩充课、概论课与分论课、必修课与选修课、旧课改造与新课增设、课程与实践等五个相结合的地理教育学课程群，理顺了内部关系，优化了课程结构和时序。

2. 地理教育学课程群各门课程的《教学大纲》和《教材编写大纲》

填补了20世纪80年代初以来没有规范的教学大纲的空白，实现了教学大纲中课程定位与教学目的，教学内容与教学形式，知识、能力与素质要求等方面相结合。

填补了没有规范的教材编写大纲的空白，详细到四级目录，有很强的指导性和操作性。

3. 各地高师开发出一批规范化新编讲义或新版教材

新编讲义有十几所高师地理系各自使用，新编教材有十余种，在十几所高师使用。

（三）地理教育学主干课程改革成果

1. 课程升位，从"地理教学法"上升为"地理教育学"或"地理教学论"

取得教育部高校地理科教学指导委员会、教育部高师教学内容和课程体系改革指导委员会、高等教育出版社的认可，列入高师地理专业课程计划和"面向21世纪高校教材"目录。

2. 课程性质方面同时加强了教育性、综合性、理论性、地理性和实用性等"五性"

初步实现了与教学法课程、分论性课程、教材教法课程、一般教育学和教学论、基础理论课程等课程的分工。

3. 新的教学大纲首次将能力要求和素质要求列入教学目的，细分到各教学单元

4. 面向21世纪，教学内容涉及一批新课程

涉及中学地理教育与高师地理教育学的新发展、地理教育功能的确定、中学地理课程教材的改革、地理教学过程的新内涵、地理教学模式和方法系统、地理教学多媒体组合、地理教学新形式、地理教师职责和地理教师发展、地理

教学研究新方向和新程序等。

5. 大胆进行理论探讨和建设

概括或更新了地理教育学研究对象和发展基础、地理教育功能和原则、地理课程论和教材论、地理教学过程的实质、地理教学模式、地理教学中的师生地位和互动关系、地理教学媒体特点与组合、地理教学形式的多样化、地理教师职责、地理教学评估、地理活动教学组织管理、地理教学研究程序和成果提炼等方面的理论。

6. 由本方案制订组成员主编、合编、参编的主干课程教材已形成系列

《地理教育学》（高师版）、《地理教育学》（海南版）、《地理学科教育学》、《地理教学论》等教材形成层次结构，上述教材与《地理教学论与地理教学改革》等教材形成时序（职前与职后）结构，上述教材与《中国地理新教材研究》《多媒体计算机辅助地理教学》《地理教师基本功能》等教材形成范畴（总论与分论）结构。

二、成果创新点

（一）立项研究与实践

1. 立项档次高

方案研究与实践 1998 年 4 月列入教育部"高师面向 21 世纪教学内容和课程体系改革计划"部级立项项目，项目名称为"面向世纪高师中学地理学科教学课程内容与体系的建设"，这是目前高师教学方案立项研究的最高档次。基础研究与实践 1998 年列入中国教育学会"九五"规划课题立项，另有配套的省级立项研究与实践。

2. 实践面拓宽

作为部级立项课题，带领 10 所高师在 10 个省市展开实践，自 1998 年 4 月至 2000 年 5 月，仅此立项项目就有 2 年以上 10 所高师的教学实践普遍取得成功，参加者有 2 所部属高师和 7 所省属重点高师，其中的教育实习实践各高师都在多所中学展开。得到中国教育学会立项研究，从 1998 年至今坚持教学实践，并有 10 多所中学作为实践基地。

3. 鉴定档次高

立项课题 2000 年 5 月通过部级鉴定，评价好。

（二）本方案主持单位的实践

1. 持续时间长

自 1986 年起长期实践，在国内率先以指定选修课形式形成课程群，任意选修课多门历来受学生欢迎，踊跃选修。1990 年起率先将"地理教学法"课程升位为"地理教育学"课程，全国迄今出版的升位教材共 8 部，独撰其中 2 部，主编其中 2 部，另参编 2 部，成为该领域全国公认的带头单位。

2. 实践效果显著

不断改进的新教学方案使教学效果显著提高，地理系实习生和毕业生受到用人单位的普遍好评，十几年来，用人单位送来锦旗、镜框、请功信百余件，学生为中学制作教具数百件，价值几十万元，开展调研教改活动上千次，写研究报告上千份，学生编写中学地理教学参考书（出版）和参考资料近十种，受到省教育主管部门领导的高度评价。

升位后的主干课程 1994 年评为省级高校优秀课程，形成课程群的分论课程之一，1999 年评为省级高校优秀课程，在高师的学科教学论领域，同一学科，两门课程评上省级最高课程奖，全国罕见。

1997 年本方案中的"高师地理教学法改革及其对中学地理教改的指导"实验获得教育部"全国高师中学教改实验"优秀成果二等奖。

（三）理论水平方面

1. 发表学术论文多

仅 1996 年以来，在公开发行的学术刊物上发表学术论文近百篇，其中在全国一级学会主办的学术刊物上发表 5 篇，在国际学术会议上发表或收入论文集的有 4 篇，在全国性学术会议上发表或收入论文集的有 14 篇。

2. 学术水平明显提高

1996 年以来，5 名主要完成人中 2 人晋升为教授或编审（其中项目主持人为破格晋升）。1996 年以来，主要完成人中有 6 人次当选为全国性教学研究会理事、常务理事、副理事长。一部学术专著获全国一级学会优秀学术著作奖。1992 年以来，主办过 4 次全国性学科教育学术会议，其中 1996 年以来 2 次。

三、成果推广及应用效果

（一）教学方案的推广

1. 本教学方案作为教育部立项项目成果，通过教育部鉴定后，在全国高师推广。

2. 十多年来，本教学方案已在十余所高师推广，取得良好效果。

（二）主干课程新教材的推广

1990 年以来主干课程的多种新教材已在十余所高师长年推广，据各高师地理系反映公函，使用效果很好。

（三）列入高师课程计划改革方案

本方案已列入教育部高师地理专业教学内容和课程体系改革计划，作为其子方案之一，加以推广。

（四）用于中学地理教改

1. 担任教育部中学地理课程计划教学大纲编订组组长，所制定的教学大纲实验版和实验修订版1997 年、2000 年颁布，人民教育出版社出版。

2. 1996 年以来主编中学地理教学指导书 4 种，学生学习用书 5 种，均出版。

高师音乐教育本科专业部分主干课程教材建设（教材）

主要完成人：王耀华、叶松荣、张锦华、马达、孙丽伟

主要完成单位：音乐学院

获奖时间：2005 年（第五届）

获奖等级：省一等奖

一、成果主要内容

（一）基本内容

为适应 21 世纪音乐教育事业的发展，培养"综合型、创新型"音乐教育人才的需要，我们确定了"高师音乐教育本科专业部分主干课程教材建设"，它们是《世界民族音乐概论》《欧洲音乐文化史论稿》《20 世纪中国学校音乐教育》

《琵琶教程》。教材的选定以科学的课程结构为目标，结合目前国内高师音乐教育本科教材的建设现状，注重提高教材的创新性、科学性、适用性和学术质量。

《世界民族音乐概论》（王耀华编著）以民族音乐学音乐文化观为指导，将世界民族音乐划分为九个音乐文化区，从曲目鉴赏入手，在审美体验的基础上，分析各音乐文化区的音乐审美和音乐形态特征，并逐个进行详细的介绍论述。

《欧洲音乐文化史论稿》（叶松荣著）以中国人的视野讨论欧洲音乐文化发展的历史现象，跨越从古希腊至20世纪初欧洲音乐文化历史发展的全过程，是一部具有开放的文化历史眼光和个性化的审美感悟的音乐史教科书。

《20世纪中国学校音乐教育》（马达著）以20世纪中国学校音乐教育100年的发展过程为研究对象，着重研究我国中小学、中师、高师音乐教育的理论与实践的产生、发展、关联等问题，从中总结出得失与规律，以作为我国学校音乐教育进一步发展的依据和参考。

《琵琶教程》（孙丽伟著）从文化背景中考察琵琶乐器及其音乐的发展流变，在讲解琵琶乐器演奏技巧的基础上，努力探索琵琶演奏及教学规律。

（二）主要特色

教材建设围绕培养高素质创新型人才的目标，从目前高师音乐教材中的薄弱环节入手，力图有所创新，并注重培养学生的创新性思维。

注重科学性和系统性。教材建设试图把握音乐学学科发展的趋势，吸收国内外最新的研究成果，努力实现自身体系的完善。《世界民族音乐概论》在广泛占有文献和音响资料的基础上，根据世界各民族音乐风格特色的差异，并参照各民族、各地区的文化背景，将世界民族音乐划分为九大区域，让学习者全面体会把握各区域传统音乐特色。《欧洲音乐文化史论稿》的焦点集中在以阐发新意和突破前人单一思维为目的，以中国人的视野为基点，同时借鉴西方方法，综合运用文化学、历史学、哲学、社会学、心理学、形态学、比较学等多种视角，对欧洲两千多年的音乐文化现象的深沉意蕴进行全新解读和评价。《20世纪中国学校音乐教育》对我国学校音乐教育发展历程的分析符合客观实际，具有较强的说服力。

强调师范性和实用性。教材建设紧密结合高师音乐教育的实际，针对教学对象特点施教。《世界民族音乐概论》注重拓宽师范生的知识面，而且在此基础上启发学生运用理性思维来认识各民族音乐特征的共同性和特殊性规律。《欧洲音乐文化史论稿》对原有欧洲音乐史教学内容做了较大的调整，以欧洲两千多年的音乐历史发展为主线，以各时期代表作曲家的代表作品为重点，结合社会文化、哲学思潮等多元视角展开研究，以适应未来中学教学需要并提高学生实际分析运用的能力。《20世纪中国音乐学校教育》重在使高师音乐院校学生学习了解我国近现代学校音乐教育的发展脉络。《琵琶教程》按照教学规律做科学安排，采用由易及难，由简及繁，左右手技法先分后合，有分有合的办法，并特别附上"练习要点"和"乐曲说明"，使学生学习目标明确，不但能尽快掌握演奏技巧，同时掌握器乐教学方法。

教材投入使用至今，在教学实践中收到显著的成效，四部教材在全国高师院校音乐教育中获得较普遍的推广和采用，并得到同行专家的好评。教材在福建省社科优秀成果评比中皆获得好评。《欧洲音乐文化史论稿》于2003年获第五届福建省社科优秀成果奖一等奖，《20世纪中国音乐学校教育》和《琵琶教程》分别获得第五届福建省社科优秀成果奖三等奖。

二、成果创新点

教材建设围绕培养高素质创新型人才的目标，从目前高师音乐教材中的薄弱环节入手，努力有所创新，并注重启发学生的创新性思维。如《世界民族音乐概论》是适应当今世界和平与发展形势下增强各地区、各民族人民之间文化认同的趋势，加深学生对音乐与自然环境、人文社会关系的认识，树立尊重多元文化观念而开设的一门新课程。因此，《世界民族音乐概论》无论从学科理论框架建构还是具体论述内容上，都具有弥补高师音乐教育中该门课程教材建设不足的开创性意义。《欧洲音乐文化史论稿》以一个中国知识分子的独特视角，将之与中国研究者的具体情况相结合，建构自己的方法体系，用中国人自己的眼光来看西方音乐，用中国人的认识方法来认识、研究西方音乐。《论稿》这一视角体现了作者西方音乐史研究中心的转移，也意味着作者努力试图摆脱以往西方音乐史重在描述历史事实的窠臼，转入揭示问题、讨论问题。这一阐释、论述角度，是这部教科书的一个重要特色，由此给全书带来了一个新的叙述风格和论述空间，也形成教学活动的新风格。

《20世纪中国学校音乐教育》将中国近现代一百年的学校教育分为萌芽、

初创、建设、曲折发展、停滞、繁荣等六个阶段，此种分期法在音乐教育理论界的提出尚属首次，具有一定的创新性。《琵琶教程》不停留于就乐器论乐器，而是突出"文化中的传承"和"传承中的文化"这一宗旨，在对琵琶的文化位置、文化渊源、文化根基、文化内涵、文化审美心理作系统论述的基础上，进行具有创新精神的琵琶教学法探索。

三、成果应用及推广价值

1. 应用范围广泛。教材投入使用至今，在教学实践中收到显著的成效，四部教材在全国高师院校音乐教育中获得较普遍的推广和采用。《世界民族音乐概论》自出版问世后，为多所高师音乐系（科）和部分专业音乐院校采用。2001年作者又对该书做了较大篇幅的改写，增加各种音乐体裁形式的介绍和大量曲目赏析，使之在本科音乐教育中的教学实践效果更加显著。《欧洲音乐文化史稿》从课题确立至今，业已第二轮修订再版，由于适用性和操作性强，目前已在南京师大音乐学院、山东师大音乐学院、湖南师大音乐学院等部分高师音乐院校推广运用。《琵琶教程》等也已多次出版。

2. 教材的出版和应用得到同行专家的好评。《世界民族音乐概论》的出版，不仅丰富了高师音乐教育的教材出版，本身也成为突破中西关系思维格局的重要标志之一（宋瑾语，载《中央音乐学院学报》2000年第2期）。姚亚平教授认为，"《欧洲音乐文化史论稿》以不落俗套的结构、新颖的视点、立体多向的思维空间，注重审美意蕴的论述指向，给人以新的感受。《论稿》的论述以'中国人视野'为基点，以'文化史'为视界，形成该书写作上的四个特点：第一，独特的著述视角；第二，学科融合的丰富性；第三，注重历史与理论的结合；第四，既是一部学术著作，又是一部教科书。"（载《人民音乐》2002年第10期）。《20世纪中国音乐学校教育》对中国学校音乐教育的产生、发展、沿革、变化进行整体的分析考察，为推进21世纪中国学校音乐教育的全面改革提供了有益的经验。（乔建中语，载《人民音乐》2004年第1期）。《琵琶教程》突出了"文化中的传承"和"传承中的文化"，是一部具有浓厚文化气息、适合于琵琶教学的优秀教材。（常树蓬语，载《音乐研究》2001年第2期）。教材的师范性和适用性的优势在本科专业教学中得到了充分体现。学生普遍反映新的主干课教材易于接受，不仅有利于增长学识，而且操作性强，便于将来的中学教学实践。

3. 获奖。《欧洲音乐文化史论稿》于 2003 年获第五届福建省社科优秀成果奖一等奖，《20 世纪中国音乐学校教育》和《琵琶教程》分别获得第五届福建省社科优秀成果奖三等奖。

面对基础教育课程改革的要求，深化中学物理教学论系列课程的改革

主要完成人：陈峰、郑渊方、张先增、黄树清、廖伯琴

主要完成单位：物理与能源学院

获奖时间：2005 年（第五届）

获奖等级：省一等奖

一、成果主要内容

1998 年以来，面对全球教育改革浪潮，课题组坚持"关注前沿，基础教育研究与课程改革相互促进"的课程建设方向，积极参与教育部重大课题《高、初中物理课程标准的研制》以及课程实施等研究工作，课题组有两位教师是教育部基础教育课程改革物理课程标准组核心组成员，在全国许多地、市进行课程标准和教材的培训。课题组同时负责《科学探究教与学》（教育部重点项目、横向课题）和《新课程与学生学习方式转变实验研究》（全国教育科学"十五"规划国家重点课题）、《面向 21 世纪高师理科生素质教育跟踪实验》（省教育厅教改课题）等教改项目研究工作。

研究和实践工作中我们深深地感到：基础教育课程改革对中学教师的教育理念、教育教学行为、知识结构等方面都提出了严峻的挑战，要求教师不仅仅是经验型的，而且应是研究型、创造型、有个性特长并善于不断反思和自主学习的。原有的课程体系和课程内容已不能适应教育发展的要求，因此，我们对课程进行了全方位、深入的改革。改革措施和成果如下：

（一）确立课程改革的方向和目标

关注国内外教育教学研究前沿，组织省内 26 所学校的 36 位教师对《初、高中物理课程标准》的研制做了大量深入、细致的工作，并参加编写新课程教材、教辅等 6 本书。组织省内 80 多所实验学校的 120 多位中学物理教师开展 5 项国家级、省级课题研究，探索出一套切实可行的新课程教学实施策略，积累了大量的新课程实施的成功的教学案例。承担 110 位省级骨干教师、24 位省级学科带头人的培训工作，召开了 12 次全省规模的课题研讨会和 40 多次现场观摩教学。这些研究与培训工作不仅有力地提高了教师教育、教学研究的水平，使许多教师成为本地区指导新课程实施的带头人，而且回过来促进了我们自身的课程改革探索。在以上研究和实践的基础上，提出"培养适应时代发展的研究型、创造型教师"的课程总目标。具体目标为：

1. 具有教师的职业精神和职业道德；

2. 掌握基本的物理教育教学理论与教学技能；

3. 关注学科与学科教育发展前沿，勇于实践与创新。

具有终身学习的意识和能力，能够发挥其个性特长和潜能；促进教师职前与职后教育的连续性和一体化。根据以上培养目标，提出了课程建设遵循的三条原则：

1. 理论与实践紧密联系；

2. 体现基础性、前沿性、实践性和创新性；

3. 体现多样化和选择性，有利于不同层次个性化人才的培养。

（二）构建了理念先进、特色鲜明的《中学物理教学论》系列课程体系

按照课程建设的目标和原则，兼顾基础性、个性差异、自主学习能力的发展，提出"基础 + 特长 + 开放自主"的课程建设思路。改革原三门课程中陈旧的课程内容，并将课程名称进行了适当的更名。增设了有利于教师专业化素质进一步提高的一门必选课、三门选修课和"中学物理教学研究"课程网站。学生在学习其他课程的同时，可以通过"课程网站"进行跳跃式学习。经过一系列的改革，构建了理念先进、特色鲜明的新的《中学物理教学论》系列课程体系（见下图 1）。新课程体系体现了基础性和选择性，还促进了本科教育、研究生教育与中学教师在职教育的良性互动。

更新课程内容，体现基础性、前沿性、实践性和创新性，进一步发展充实了基础教育物理新课程的目标理念、课程功能、内容标准、探究式教与学的研究、校本课程与教学研究、中外物理教育比较等反映国内外新的研究成果的内容，还增加了教具和教学课件专题设计等实践、创造性课程。2003 年，《中学物理教学论》系列课程获得省教育厅批准的精品课程立项。

（三）改变教学方式，开发丰富有效的多媒体课件、网络教学资源

为了促进学生自主、合作、探究学习，课程教学中增加了案例教学、专题讨论、小组专题设计、课题研究报告、实验教学中的专题研讨、研制与实践等方式。在课程资源的建设方面，课题组研制、收集了 200 多节优秀教学录像，还研制出版了辅助教学高初中教学课件（两张光盘），研制了《中学物理教学法研究》课程课件和《园丁积件集成管理系统》等，这些课件均获得国家级课件评选一、二等奖。开发了优质的"中学物理教学研究"课程网站，2003 年该课程网站被福建省教委专家组评选为优秀，2004 年在全国物理多媒体网络教学研究成果评选中荣获大学组一等奖第一名。

多样化的教学方式和丰富的教学资源激发了学生的学习热情，课程网站有力地促进学生的自主学习。指导学生课题和专题研究有效地发展了学生的教学科研能力和创新实践能力。学生毕业论文选择基础教育教学研究的人数从 1996 年 10 人左右增加到 40 人左右。近四年，在计算机辅助教学课件比赛中，有 18 名学生的作品获得国家级一、二等奖 14 项，36 名学生获得省级一、二等奖 60 多项；在自制教具的设计与研制方面取得显著成效，学生研制出 160 多件独特、新颖解决教学实际问题的教具，《中学物理实验教具创新集锦》将由福建人民出版社出版发行。

（四）精心建设实践基地，学生的教学实践能力明显提高

为了提高学生的实践能力，选择省内教育教学改革成果较突出的 30 所中学作为长期的教育实践基地，十分重视与基地教研协作和教师培养工作，目前，教育实习的指导教师大多数为福建省各地的骨干教师和学科带头人，是一支高素质的实习指导教师队伍。学生在良好的教研氛围中，教学实践能力明显提升。2004 年，我学院对 2001、2000 级及已毕业的 112 位学生的调查中了解到，72.3% 的学生最喜欢《中学物理教学论》系列课程，课程能够理论联系实际，

实践机会多，有效地锻炼了他们的教学实践能力。

所指导的近几年毕业 6 位教师分别在全国中学物理青年教师教学大赛和创新大赛中获得一等奖，8 位教师在省级教学大赛中获得一等奖，三十多位教师在地、市级开展教学观摩课。从 1998 年至 2004 年，共有三十多位已毕业学生被评为省、地（市）级优秀青年教师和骨干教师。

（五）提升理论水平，编写教材和教学参考书

总结出高校物理教育类课程建设与实施的经验，探索出一套中学物理新课程实施的教学策略，特别对科学探究教学策略进行了深入的研究，在国家级、省级以上刊物发表了 30 多篇论文。与新的课程体系、课程内容紧密结合，有组织地进行了教材和教辅的建设，修订自编的两本教材，自行研制出版了高初中教学课件（两张光盘）。课题组成员主编和参与编写出版了以下 16 部论著：

1.《中学物理课程改革的目标与实施》. 高等教育出版社，2003.8

2.《中学物理教师专业技能训练》（普通高等教育"十五"国家级规划教材）. 高等教育出版社，2004.7

3.《中外物理教育改革》（全国中小学骨干教师继续教育核心课培训教材）. 东北师范大学出版社，2001.5

4.《高中物理新课程教学案例设计与评析》. 高等教育出版社，2004.11

5.《普通高中新课程教师研修手册物理课程标准研修》. 高等教育出版社，2004.7

6.《普通高中物理课程标准（实验)》. 人民教育出版社，2004.4

7.《初中物理课程标准（实验)》. 北京师范大学出版社，2001.7

8.《初中物理课程标准解读》. 湖北教育出版社，2002.6

9.《高中物理课程标准解读》. 湖北教育出版社，2004.4

10.《普通高中课程标准实验物理教科书》. 山东科技出版社，2004.8.

另外，还有及相应的教师用书和学生用书共 6 本，还有 3 本即将出版。

其中 15 部论著为课题组成员主编、副主编和参与编写，1 部为参与编写。

总之，《中学物理教学论》系列课程改革建立在先进的教育教学理念基础上，具有创新性，建立了课程网站，多样化的教学方式和教学手段，有效地提高了学生的创新能力和实践能力，而且有益于职后教师专业持续发展。这项成

果为我国高校学科课程与教学论课程的改革与探索积累了有益的经验，为提升中学物理教学水平和促进基础教育课程改革的顺利实施做出重要的贡献。

二、成果创新点

（一）探索出基础教育研究与学科教学论课程建设相互促进的成功经验，总结提出一套切实可行的新课程中学物理教学实施策略。

（二）创造性地提出了培养适应时代发展的研究型、创造型教师，促进教师职前与职后教育的连续性和一体化课程培养目标，构建了理念先进、特色鲜明《中学物理教学论》系列课程体系，该体系的创新体现了基础性和选择性的有机结合，突出了学生个性特长的发挥和教学研究能力、实践创新能力的发展。该课程体系在国内同领域处于领先水平。

（三）开发了丰富有效的教学资源。研制出160多件独特、新颖解决教学实际问题的教具。自行研制了一批辅助教学的课件，研制、收集了200多节优秀教学录像；建设了优质的"中学物理教学研究"课程网站。

（四）探索出教师职后培养、实习基地校建设与本科学生教育教学科研与实践能力提升相互促进的良性循环途径。解决当前教育实习困难，实习指导力量不足，学生的教育实习滞后于课程改革发展要求等问题，有效地提高了学生教育教学的综合素质。

三、成果推广及应用效果

（一）深入基础教育课改一线的研究和指导工作取得的理论与实践成果，在全省范围内已产生重大影响，引起广大中学物理教师的关注和积极参与。理论与实践研究成果已得到国内同行的肯定，成果已反映在课程的教学内容中，缩短了从事基础教育的本科毕业生进入中学新课程教学的适应期。

（二）《中学物理教学论》系列课程的改革与实施方面的理论研究达到了省内领先、国内前列水平。一系列课程改革措施有力地促进了学生教学实践能力和创新能力的提高，发挥了学生的个性特长。为我国高校学科课程与教学论课程的改革和探索积累了有益的经验。主编和参与编写的《中外物理教育改革》《物理教学与实验技能训练》16部论著均已出版发行，部分已作为华东师大、南京师大、西南师大等校课程的教材或教学参考书。

（三）研制开发的一批中学物理课件已在全省范围内推广使用。"中学物理教学研究"课程网站运行两年来，已经吸引了很多不同层次的物理教育专业学生和中学教师，得到国内同行的赞誉，被福建省教育厅专家组评选为优秀，2004 年该教学网站在全国物理多媒体网络教学研究成果评选中荣获大学组一等奖（第一名）。

（四）学生研制出 160 多件独特、新颖解决教学实际问题的教具，已在全省范围内推广使用，《中学物理实验教具创新集锦》将由福建人民出版社出版发行。

我校教师教育课程体系构建、教材建设与教学改革的探索

主要完成人：余文森、连榕、洪明、谌启标、胡志刚
主要完成单位：教育学院、教师教育学院
获奖时间：2009 年（第六届）
获奖等级：省级一等奖

一、成果主要内容

本成果以教师专业化走向和国家教师教育课程标准基本精神为依据，以基础教育新课程为导向，以全面提高师范生教育专业素养为目的，致力于教师教育课程体系重建、教材建设和教学改革及其管理改革。《中国教育报》2009 年 1 月 5 日第 2 版以《福建师大让师范生站稳三尺讲台》对本成果做了系统的报道。

（一）主要解决的教学问题

1. 教师教育课程体系设置问题

师范院校"老三门"（公共教育学、公共心理学、学科教材教法）的课程模式已经远远不能适应教师（及其教育）专业化的发展要求。教师要实现专业化，教师教育必须专业化；而教师教育要专业化，教师教育课程必须专业化。为此，2005 年教育部师范司启动了国家教师教育课程标准的研制工作，试图通过研制和颁布教师教育课程标准来规范和促进我国教师教育课程改革和建设。本项目负责人余文森教授是师范司教师教育课程标准研制工作组的专家，在学校教务处的支持下，他根据教师教育课程标准（征求意见稿）的主要精神和基

础教育新课程的基本要求，在全国率先开展了基于标准的以教师专业化为指向的教师教育课程体系构建。新体系充分体现了教师专业化的发展要求，大大强化了教师教育课程的内涵和外延，为全面提升师范生的教育专业素养提供了全新的平台。

2. 教师教育课程与基础教育新课程对接问题

国家新一轮基础教育课程改革是新中国成立以来最全面、最深刻的一次课程改革，师范院校作为培养中小学师资的重要基地，如何培养适应基础教育新课程要求的合格教师？这是教师教育面临的重要课题。教育部印发的《基础教育课程改革纲要》明确要求：师范院校应根据基础教育新课程的要求开展教师教育课程改革。本项目负责人余文森教授是教育部基础教育课程改革专家组核心成员，他从基础教育课程改革一启动，就有意识、有计划地组织教师教育课程教学团队的教师学习、研究、实践新课程，同时在课程设置、教学内容特别是教材编写上充分反映新课程的精神和要求，从而较好地解决了教师教育课程与基础教育新课程的对接问题。

3. 教师教育课程教材建设问题

传统的教师教育课程（"老三门"）教材大多只是教育学科专业教材的简单移植、翻版，很少考虑到教师教育的性质和特点特别是中小学教育教学的实际。为此，我们把教材建设作为改革的重要任务和内容，以教师教育的特殊要求为依据，以打造未来教师的教育专业素养为宗旨，以基础教育新课程为导向，组织编写了具有内在逻辑连贯性的体现时代性、基础性、实践性和应用性的教师教育系列新教材。

4. 教师教育课程教学有效性问题

解决了课程设置和教材内容问题，还同时必须解决课堂教学有效性问题。毋庸置疑，传统的教师教育课程特别是"老三门"的教学不受师范生的欢迎，学生不爱学、教学效果差一直是师范院校教学存在的突出问题。几年来，我们坚持以学生主体为理念，以学生满意为导向，以学生参与为策略，全面开展教师教育课程的教学改革，努力使教师教育课程的每一节课，都让师范生有实实在在的收获和提高。经过几年的实践探索，我们构建了融研究性、实践性和满意性为一体的教师教育课程教学新体系，极大地提高了教师教育课程教学的质量和水平。

5. 教师教育课程教学团队（师资）建设问题

公共教育学科教师被边缘化是传统师范院校一个令人遗憾的事实，也是导致教师教育课程教学质量低下的重要原因。几年来，学校在"强化师范特色，做强做大教师教育"办学思想的指引下，从政策和经费等方面给予教师教育课程及其教师特别的支持，教师教育课程教学改革被列为学校重大教改项目，教师教育课程的师资队伍建设得到校、院二级专项经费的支持。教科院院长余文森教授亲自主持教师教育课程建设和团队建设，坚持上教师教育公共课，坚持带领团队教师搞改革、搞研究，使团队的教学水平和科研素质得到了极大的提升，该团队 2007 年被评为省级教学团队。

（二）解决教学问题的方法

1. 解决课程体系建设问题的方法

思路：

（1）分析教师专业化的内涵以及教师教育课程标准对课程设置的要求。

（2）分析、梳理师范生应具备的教育专业素养的具体内涵。

要点：

（1）必修课程和选修课程相结合。全校教师教育课程分必修和选修两个模块，其中必修课程 12 学分（物理、化学、生物三个专业 14 学分），选修课程最少 5 学分。必修课程保证和体现最基本的教育专业素养，选修课程既反映学生的兴趣、爱好，又体现我们的优势、特色，着眼于教育素养的拓展和深化。

（2）通识教育课程和学科教育课程相结合。这种结合有两层意义：一是内容体系上相互衔接，使通识与学科相互贯通；二是授课教师安排统筹考虑，根据课程性质和教师专长，有的课既可以通识老师上也可以学科老师上，还可以是两者共同上，使课程最大限度地体现出教学效益。

措施：

（1）组织教师教育课程的全体教师学习教育部师范司的《教师教育课程标准》（征求意见稿）的精神和内容，在思想上达成共识。

（2）在教务处的支持下召开教师教育的公共课教师与专业课教师的沟通交流和合作研讨会。

（3）调查、研究并总结提炼优秀中小学教师的教育专业素养。

成效：构建了体现教师专业化要求的教师教育课程体系。

2. 解决教师教育课程与基础教育新课程对接问题的方法

思路：

（1）分析基础教育新课程本身的新理念、新观点和新内容。

（2）分析基础教育新课程对教师角色和教育素养的新定位、新要求。

要点：

（1）根据基础教育新课程的新内容新模块设置课程（如《综合实践活动导论》）。

（2）根据基础教育新课程的新内容新理念编写教材（如《课程与教学论》）。

（3）根据基础教育新课程对教师的新定位、新要求编写教材（如《教师专业素养》）。

（4）所有必修和选修课程模块的教材编写都要结合和反映新课程的新理念、新思想。

措施：

（1）组织教师教育课程的全体教师学习、研究《国家基础教育课程改革纲要》和《国家课程标准》。

（2）深入课改实验区调查、研究新课程实施的情况和问题。

（3）召开教师教育课程与基础教育新课程对接的研讨会。

成效：实现了教师教育课程和基础教育新课程在教育教学理念、课程教材内容和教师角色素养等各方面的对接。

3. 解决教学特别是课堂教学有效性问题的方法

思路：

（1）发挥学生主体性的作用，坚持让学生参与课堂、评价课堂和教师。

（2）发挥教师示范性的作用，让师范生不仅学会学习，也学会教学。

要点：

（1）教学与研究性相结合。教师结合教学内容开展专题研究，保证教学内容的前沿性和发展性；教师结合教材内容设置问题（每节课至少提出一个有价值的问题）引导学生阅读、思考和讨论并写出小型文章（每门课至少完成两份）。

（2）理论与实践相结合。坚持案例教学，把新课程实施过程中大量生动的教育教学案例带进课堂（我们以课程为单位建立教学案例库）；邀请中小学优秀教师上课（我们聘请了一批中小学教学名师作为兼职教师）。

（3）教师与学生相结合。让学生参与教学（教材）（凡是教材写得浅显通俗的内容坚持让学生自己阅读；凡是有争议性的内容坚持让学生讨论发表自己的见解）；让学生评点教学（教师）（我们坚持每节课留出 5 分钟，让学生评点教师的教学，这既是学生小结自己学习收获、反馈存在疑难的机会，又是教师检查教学效果、修正教学和解疑释难的机会。这是我们在大学课堂教学改革的一个创举，受到教育部本科教学评估专家的高度评价）。

措施：

（1）设立教师教育课程教学研究制度。教师教育课程的教师坚持每周教研，A. 围绕"教材"开展研究；B. 围绕"教法"开展研究；C. 围绕"听课"开展研究。

（2）形成教师教育课程教师定期前往中小学调研的制度。我们与全省几十所中小学建立了课题研究的合作伙伴关系，每个学期我们都定期组织所有任课教师到课题实验学校开展调查、研究和指导活动。

（3）设立"学生满意教师"评选制度。我们从 2003 年开始，提出"做一个让学生满意的老师"，"上出让学生满意的课"，坚持每个学期（期末）让学生评选自己的满意教师。每年教师节表彰被学生评为满意的教师，从学生满意教师中推荐院、校级教学名师。相关内容曾在《光明日报》2007 年 5 月 6 日第 3 版做过报道。

成效：率先建立起来了符合大学教学规律又有自身特点的融研究性、实践性和满意性为一体的课堂教学新体系。

二、成果创新点

（一）课程体系创新。构建了体现教师专业化要求的与基础教育新课程相对接的教师教育课程新体系。教师专业化的走向和基础教育新课程的要求，是当前教师教育及其课程改革面临的两大机遇和挑战，我们抓住了机遇，构建了新的课程体系和模块，上承教师教育课程标准，下接基础教育新课程，很好地迎接了挑战，并在这个过程中改造和发展了教师自己。

（二）教材内容创新。教师教育课程系列教材体现了以下特征：A. 时代性。教材编写既充分注重从当代教育科学研究的最新成果中筛选出适合教师教育课程性质和要求的内容和观点，又充分注重反映新课程精神和新课程实施中的新进展、新问题。B. 实践性。教材注重实践品质和人文关怀，注重体现以人为本的教育思想和回归生活的教育理念，使师生真切地感受到教育教学理论的指导意义、真切关怀和现实帮助。

（三）课堂教学创新。每节课坚持让学生评点教师教学，从源头上解决了教师教学责任心和教学有效性问题，促使教师努力做到"把每节课都作为一份礼物奉献给学生"；每节课坚持提出一个有价值的问题，围绕问题阅读、交流、讨论和评点，使课堂成为学生的学堂，成为有思维含金量的课堂。我们的课堂教学改革彻底解决了教师"管教不管学"的低效无效教学问题。

（四）教学制度创新。我们所建立的校本教研制度、定期前往中小学调研制度、满意教师评选制度，是教师教育课堂教学改革取得成功的根本保障。其中学生满意教师评选不仅使教学有成效、学生有收获，而且使教师教学本人有提高。实际上正是在学生满意教师评选的推动下，教师教育课程教师特别是青年教师水平乃至研究水平都有了显著的提高，他们在全校青年教师课堂教学技能比赛中取得令人瞩目的成绩，整个教学团队也因此在 2007 年被评为省级教学团队。

三、成果推广及应用效果

（一）教师教育课程的教学声誉在学校不断提高，根据校教务处的调查评估，教师教育课程是最受师范生欢迎的公共课程。不少师范生在网上发表意见，认为教师教育课程有用、实在，自己感兴趣、喜欢，学有所得。这种现象是以前从未有过的。根据中小学的反馈，我校近几年师范生教育专业素养有明显的提升。

（二）教师教育课程的课堂教学改革特别是让学生评点课堂和满意教师评选制度在学校多次做经验介绍和典型宣传推广，成为各学院学习和借鉴的对象，成为学校本科教学的一个亮点。教育部本科评估专家华东师大季浏教授认为这些措施值得在全国宣传推广。

（三）教师教育课程新体系多次在全国地方师范大学校长协作会和教育学院院长协作会上做过介绍和宣传，被认为改革力度大，有突破，有创新。

（四）编写的 12 本教师教育课程教材全部正式出版，其中 6 本被全国 11 所师范院校采用，被评价为理念新、体系新、内容新。

（五）教师教育课程教学团队的教师连续多年主持参加省教育厅的"送培下乡"活动，受到农村基层中小学教师的热烈欢迎和高度评价。

（六）面向基础教育新课程的中小学教学改革研究成果在全国各地中小学推广，《中国教育报》等全国报刊多次报道和发表我们的研究成果。

基于自主、合作、探究学习的教师教育课程课堂教学改革

主要完成人：余文森、连榕、洪明
主要完成单位：教育学院
获奖时间：2014 年（第七届）
获奖等级：省级一等奖

一、成果主要内容

（一）成果介绍

当前大学课堂主体的教学模式依然是教师讲学生听，学习的依赖性和随意性严重影响和阻碍了大学生学习能力和综合素质的提升。新课程倡导的自主、合作、探究学习方式未能在中小学课堂普遍推行，与我们的师范毕业生没有亲自体验这些学习方式是分不开的。因此，我们提出并开展了基于自主、合作、探究学习的师范大学教学改革。这项改革的目标和理念是，实现从"要我学"向"我要学"的转变；从"依赖学"向"独立学"的转变；从"孤立性学习"向"交往性学习"的转变；从"知识性学习"向"问题性学习"的转变。本项改革的主要举措有：指导学生自主学习，培养学生自学能力；尝试小组合作学习，构建学习共同体；实施探究性学习；让学生评课、评教；让学生（小组）讲课。

我们坚信，所有的教育改革、所有的教学质量工程（项目），如果没有落实到课堂上，都是空的，至少是流于形式的。因此我们这项改革从其设计之初，就着眼于解决以下三个问题：

1. 师范大学和中小学脱节，新课程倡导的自主、合作、探究的学习方式未能在中小学课堂普遍推行。教师的教学方式是学生学习方式的"影子"，或者说师范大学教师的教学方式是有"传递性"的，它们像"影子"一样附在师范生身上，如果师范生习惯了讲授型课堂，讲授法就会成为毕业后的法定教学方法。师范生作为大学生，比中小学生具备更高的学习能力基础，从年龄特征和认知基础来看，也更有条件来试行新的学习方式。

2. 当前大学课堂主体的教学模式依然是教师讲学生听，学习的依赖性和随意性严重影响和阻碍了大学生学习能力和综合素质的提升。我们在听课调研中经常看到这样的情形：在课堂上老师讲得生动、有趣，大学生们会抬起头来听听、看看；老师要是讲得比较抽象，讲得不那么精彩、形象，课堂上就会有大半的大学生低着头，脱离课堂忙些其他事情。对此，我们非常揪心，到底学习是谁的责任？谁是课堂真正的主人？我们曾从专业的角度对大学课堂进行分析，发现很多课堂都存在这样的问题：从教师这方面来看，教学很投入，讲得很系统，教得很完整；而从学生这方面来看，学习很不在状态，不主动、不系统、不完整，甚至显得呆板、机械、零散。在很多课上，就算学生在学，也无非三种情况：一是教师讲学生听（记）；二是教师放 PPT 学生看（记）；三是教师问学生答（偶尔）。这种学习方式和学习状态怎么可能有学习质量呢？主体性缺失的学习，不仅导致学习质量和学习意义的普遍失落，而且造成严重的逃避学习、恐惧学习、厌恶学习的现象，这是当今大学教学的突出问题。

3. 教育改革和质量工程项目游离课堂、偏离中心的问题。这几年，国家对大学教学改革给予了前所未有的关注和投入，名目繁多的工程和项目给大学的教学改革和建设带来了难得的机遇和条件，教学名师、特色专业、精品课程、优秀教材、重点实验室、创新实验区等，从某些方面提升了大学的办学水准，但是，所有这一切都只是教学质量的外因，而不是内因。离开了学生的学、主动地学、系统地学、独立地学，任何外因都不会起作用，都不会自动转化为教学质量和学生素质。教学改革必须进入深水区，必须进入课堂，进入教与学本身。改变学生依赖、被动的学习方式和学习状态，激发学生的学习潜力，培养学生的学习责任感，让大学课堂充满学生学习的活力，这是当前大学课堂教学改革的根本方向。

（二）成果解决教学问题的方法

1. 指导学生自主学习，培养学生自学能力。坚持从以下四个方面来指导学生独立阅读教材，把教材读懂、读好：①教材说了什么？②教材的观点对不对？③教材的观点好不好？④对教材的观点和内容，你是否有自己的看法和想法？

2. 尝试小组合作学习，积极构建师范生学习共同体。通过讨论式和协作式在所教班级开展小组合作学习。讨论式，即小组成员围绕问题展开交流、互动、辩论，每个成员对问题发表自己的看法和见解；协作式，即小组成员根据任务性质、特点和内容，经过讨论进行合理分工，小组成员围绕任务分工协作、齐心协力、集思广益。

3. 实施探究性学习。坚持每节课都提出（设计）一个有价值的问题，引导学生围绕着问题进行深度思考。所提的问题坚持做到：第一是思考性。即所提问题是需要经过思考（深度思考）才能获得答案的，而不是只依赖于课本里的现成的知识即可找到问题的答案。第二是开放性。即所提问题的求解方法和所谓结论都是不确定的，特别是答案不具有唯一性，以此鼓励每个学生独立思考、自由发挥、展示个性。

4. 让学生评课。坚持每节课留 5 分钟或者两节课留 10 分钟给学生评课，要求学生从两个角度对教师的课堂教学进行评点。第一，从学会学习的角度评：这节课学会了哪些新知识、新理论、新方法？这些新内容自己是否听懂了、看明白了、想清楚了？如果还存在疑惑或问题及时提出来，教师便现场加以解惑或纠正。第二，从学会教学的角度评：这节课还可以怎么上，对教师上课提建议。对师范生而言，大学课堂不仅是学会学习（学知识）的地方，也是学会教学（学教书）的场所。

5. 让学生（小组）讲课。让学生讲课有两种形式，一种是主题式的，一种是片段式的。主题式的就是完整的一个主题、一章、一节或一课时的内容都由学生来主讲，学生一般是按四人或六人一个小组来组合共同完成主讲任务。片段式的是在教师的授课过程中留一个片段、一个知识点、一个问题、一个案例分析给学生，通常是 5 分钟左右，由学生做相对完整的阐述或点评，这种方式一般是给学生一点时间现场准备，不要求学生课前做准备。

二、成果创新点

（一）构建了与基础教育新课程教学方式相对接的高师教育课程教学体系

教育部《基础教育课程改革纲要》第 17 条明确指出："师范院校和其他承担基础教育师资培养和培训任务的高等学校和培训机构应根据基础教育课程改革的目标与内容，调整培养目标、专业设置、课程结构，改革教学方法。"师范大学课堂教学改革特别是教师教育课程课堂教学改革滞后，严重地阻碍了基础教育新课程的深化推进。本项目以基础教育新课程倡导的自主、合作、探究学习为切入点，全面地推进教师教育课程教学方式的变革，着力培养师范生学习能力特别是自主、合作、探究学习能力，为师范生将来毕业后在中小学推进新课程改革奠定坚实基础。

（二）把学习的权利和责任还给学生，让师范生成为师范大学课堂教学的真正主角

大学课堂现状堪忧，其中最突出的表现就是大学生没有承担起学生的责任，学习的权利和责任意识淡薄。主体性缺失的学习，不仅会导致学习质量和学习意义的普遍失落，而且会造成严重的逃避学习、恐惧学习、厌恶学习现象，这是当今大学教学的突出问题。本项目以"我要学"为导向，把教学过程还原为学习过程，让师范生全方位地参与教学，不仅参与学，也参与教、参与评，感悟教学，形成学习的内在动力，把学习变成自己的事情。

（三）让学生的学习活动和学习质量在课堂上看得见

本项目把教学改革直接聚焦于课堂，聚焦于课堂上的教与学活动本身，通过改进教与学活动，提高教与学活动的有效性，切实提升教学水平和质量。

三、成果推广及应用效果

（一）2007 年开始，教育学院全院教师在课堂教学中开展基于自主、合作、探究学习的课堂教学改革。

（二）《光明日报》2007 年 5 月 6 日以《着力创新教学管理制度》为题对学院在教师教育课程课堂教学改革方面的一系列创新进行了较为全面的报道。其中学生评教制度（满意教师评选制度）为学校其他学院所借鉴、采纳。

（三）该项教师教育课程的课堂教学改革曾经多次在全国师范大学交流会和教育学院院长会议上做过交流介绍。

（四）许多教师将课堂教学改革的做法和经验总结整理成论文，在全国各类学术期刊上发表。

（五）2007 年教师教育课程的课堂教学改革受到教育部本科教学评估专家的积极肯定和高度赞扬。

（六）2013 年 1 月 2 日，《中国教师报》以《教师教育改革新样本》为题系统全面地介绍了这项改革取得的阶段性成果，在全国引起重大反响。

（七）2013 年 4 月，教育学类 A 类刊物《课程·教材·教法》刊登了这项改革的总结性研究成果《基于自主、合作、探究学习的师范大学教师教育课程课堂教学改革》。

数学与应用数学师范类专业分层次人才培养模式的实践与探索

主要完成人：李永青、周哲彦、苏维钢

主要完成单位：数学与信息学院

获奖时间：2014 年（第七届）

获奖等级：省级一等奖

一、成果主要内容

（一）成果介绍

数学师范类专业是福建师范大学的老专业，在省内外具有较高的知名度。1990 年之前，本专业的人才培养模式隶属我国传统的高师教育类型，基本遵循国家统一制定的课程设置和教学大纲，重在培养学生的"三基"，强化基础知识和理论体系。20 世纪 90 年代中后期，社会的发展迫使教育改革摆上议事日程，我们积极参与国家教改子课题、省部级以及校级的各项教学改革项目，并于 1996 年成为我校学分制改革的试点单位，逐步探索出与学分制管理相一致的人才培养方案，注重体现数学、计算机科学以及两者紧密结合的当代发展的特点。

2002 年，以专业人才培养方案为主体的教改项目"适应高科技发展需要的新课程设置及学分制改革"获得省级教学成果二等奖。

但长期以来，高师教育"学术性"与"师范性"问题没有得到很好的解决，特别是在大众化教育的背景下，学生的素质差异加大，兴趣爱好不同，就业市场竞争加大，单一的人才培养模式不能适应学生的个性需求，"分层次、分方向"的人才培养模式改革提上议事日程。2003 年，学院召开的教学工作会议上，就计划在数学专业试办"数学实验班"，制定了实验班的具体培养目标和课程设置，形成了"分层次"教学的初步构想。

2005 年开始，我们在数学与应用数学师范专业 2005、2006 级试办"素质扩展班"，通过学生报名，学院组织面试筛选，把部分学习能力较强的学生组织起来，利用课余时间加强数学专业素质的培养。在两届"素质扩展班"的基础上，2007 年开始实施"分层次、分方向"人才培养模式，设计了相应的本科人才培养方案。数学专业按两个方向培养："方向一"是数学综合型人才培养模式，让对数学研究有兴趣的学生，通过四年学习后能够继续攻读研究生，或将来能够从事数学及与数学相关的研究工作；"方向二"是数学教师培养模块，通过学习、掌握更多的教师专业教育课程与教师教育技能，让学生更能胜任中等学校的数学教学和其他教学、管理工作。

为了进一步推进"分层次、分方向"人才培养模式改革，2007 年，我们申报《数学与计算机师范类专业复合型人才培养创新实验区》省级教学质量工程项目获批，作为实验区建设的主体，学院从 2008 年招生的数学、计算机师范类专业中选拔部分学生组成"数学与计算机双师型人才实验班"，进行师范类复合型人才培养的初步尝试。"双师班"定位于培养能够胜任中等学校数学学科和信息技术学科的教学任务；能够熟练应用信息技术辅助数学学科教学；具备从事学校网络管理、教学软件开发、信息技术竞赛指导等工作的能力。本项目改变了以往数学、计算机师范类分专业的培养模式，建立数学与计算机复合型人才培养新模式；并且充分发挥我院在数学、计算机以及学科教育的科研、教学、人才几方面的优势，培养具备数学、计算机专业基础和教学能力的"双师型"人才，更好地满足中等学校对数学、信息技术等学科师资的综合素质方面的要求。

2009 年，以"分层次、分方向"培养模式为主要特色之一，《数学与应用数学》师范专业获批国家级特色专业建设点。2010 年福建师范大学启动"基础学科拔尖创新人才培养"的试点工作，数学专业是五个试点专业之一。我们从 2010 级开始将原来的"方向一"作为"数学学科拔尖创新人才实验班"，重新制定本专业各个方向的培养方案，更有针对性地实施"分层次"培养。目前，本专业获批为国家级"专业综合改革试点"的专业；"数学学科拔尖创新人才培养"改革项目获批为省教育厅的高校教学改革试点项目。

（二）成果解决教学问题的方法

1. 更新教育理念，创新人才培养模式。以"中学师资培养，服务海峡西岸基础教育"和"数学学科拔尖创新人才培养"为主要任务，坚持"有教无类""因材施教"的教育理念和"研究型的教学相长"的办学理念，进一步更新教师队伍的教育教学观念，整合优化师资队伍，鼓励不同模式的教改实验。

2. 以学科建设为龙头，加强师资队伍建设，构建教育教学的支撑平台。本专业依托数学一级学科博士点、统计学一级学科博士点、数学学科博士后流动站，数学省级重点学科，"基于数学的信息技术研究"服务海西建设重点项目，省级计算机实验教学示范中心，省高校网络安全与密码技术重点实验室，拥有"数学教育"二级学科博士点，"课程与教学论"、教育硕士等硕士学位教育平台，在专业教育、师范教育、交叉学科教育、面向基础教育的师资培训，形成了"发展型、多层次"的完整教育培养体系。

我们从"九五"期间，就实施"博士工程"，鼓励教师到重点大学进修学习，攻读学位；重视高层次人才的引进。我院数学专业逐渐形成一支学术力量雄厚、教学经验丰富、年龄结构较为合理的师资队伍。坚持按照"顶天立地"的建设思路构建专业化的学科教育师资队伍。"顶天"，即是在学科教育研究方面要有水平，在全国有影响力；"立地"，就是要脚踏实地服务于基础教育，服务于师范类本科教学的人才培养。

3. 实施"分层次、分方向"的培养模式，设计人才培养方案。多年来，我们始终坚持"分层次、分方向"的培养模式，在教学改革的实践中逐步制定出一套符合现代教育理念的本科人才培养方案。新的培养方案的结构是：基础课按相同的要求；专业必修课以及限定性选修课则按不同的方向设置不同"层次"

的课程组；任意选修课则不做任何限制。这样的培养方案可为一般地方院校同类专业参考或选用。

根据"厚基础、宽口径"的原则，改变数学、计算机师范类分专业的培养模式，建设数学与计算机复合型人才培养新模式。2008 年，开设"数学与计算机双师型人才实验班"，其核心是强调三个基本素质：（1）数学和计算机专业基础；（2）应用数学、计算机解决实际问题的能力和素质；（3）同时具备从事中学数学、信息技术的教学能力。这样的一种复合型人才能够更好地满足基础教育新课程改革的需要，同时也为学生自身的发展提供更为广阔的平台。培养方案独具特色，可为具有交叉学科平台的同类院校参考。

2010 年开设的"数学学科拔尖创新人才培养实验班"，依托学校的重点教改项目（现为省级试点项目），是我们原有的"方向一"培养模块的进一步深化。其培养方案的特点是按"塔尖"模式的"精英教育"：夯实数学基础，优化专业课程结构，开设讨论班、自学，完成课程设计、科研课题，与研究生学位课程接轨，导师制等，此方案正在实施中。

4. 探索科学的教学管理方法

一是我们采取了学院、系、教学研究室三级模式管理。

二是每门专业基础课程设置主讲教师和助教，坚持教师下班辅导制度，基础课程的作业进行全批全改。

三是学院要求每位教授每学期都给本科生开课，让教学经验丰富的教师承担主干课程的教学，鼓励教授给本科生上专业基础课程。

四是在一、二年级每个班级配备专业教师当班主任，在三、四年级让学生按照自己的兴趣选择专业导师，并制定详细的班主任和专业导师的工作职责。

五是对专业基础课做到集体备课，教考分离，流水改卷。

六是为了教与学的效果能得到良好的反馈，每学期以班级为单位举行"期中师生教学座谈会"；每学期让学生对各任课教师的教学进行考核评价和建议，并给予总结。

七是在教师的培养方面，要求教学经验丰富、教学水平高的教授通过传、帮、带对青年教师进行指导，通过示范教学等形式，提高青年教师的教学能力，每个教研室定时组织教研活动，每个学年都开展一次大学教育观研讨会；结合课程体系和学科建设的需要，鼓励年轻教师和骨干教师到兄弟院校和相关单位进行学习、进修和观摩交流。

八是把中小学的名牌教师邀请进来，与中小学数学教育教研组老师一起探讨研究，给本科生做报告，聘请其中一部分为兼职教师，对微格教学和一些中学数学教育技能和知识的教育教学进行有力的补充。

二、成果创新点

（一）更新教育理念，创新人才培养模式，实施"分层次、分方向"的本科人才培养方案

以"中学师资培养，服务海峡西岸基础教育"和"数学学科拔尖创新人才培养"为主要任务，坚持"有教无类""因材施教"的教育理念和"研究型的教学相长"的办学理念，适应学生个人发展的个性化需求及社会人才需求的多元化，实现学生"学有所用，学有所得"的教学目的。在培养目标上做到多元化，既可到中小学应聘数学和信息学教师，又可以继续升学深造，还可以到相关的行业工作。在培养模式上，采取"分层次""分方向"培养，逐步制定出一套符合现代教育理念的本科人才培养方案。

（二）以学科建设为龙头，努力构建教育教学的支撑平台，学科建设引领本科教学

数学专业的学科建设对本科教学起到相互促进的关系。通过加强学科建设和学术梯队建设，提高教师业务水平，及时把科研成果转化为教学内容。教师科研进课堂、进教材、进实验室、进毕业论文选题，促进创新型、高层次人才和复合型人才的培养。依托校级"数学与应用数学核心课程教学团队"，建设具有鲜明特色的专业核心课程群，实施课程组负责人制，提高学科教育研究水平，提高了本科教学质量。

（三）以学科竞赛和科技创新项目培养学生的创新能力

支持本科生参与科研活动，早进课题、早进实验室、早进团队。坚持以培养学生的科技创新能力为目标，组织学生参加各种科学竞赛和各类课外科技活动（如数学竞赛、数学建模竞赛、数学征文竞赛、ACM 国际大学生程序设计竞赛、挑战杯竞赛等），培养学生的创新意识、创新思维以及创新能力。充分利用教师团队在科学研究方面的平台和优势，吸引本科生参加教师的课题，提高学

生的实际科研能力。通过实施学生课外兴趣小组骨干培养计划，以点带面，加深学生对课堂理论知识的理解，激发学生的创新、创业热情，提高学生理论联系实际的能力和就业竞争力。

（四）实践教学体系和手段的创新

结合数学专业特点和人才培养要求，建立以提高实践创新能力为核心的培养体系。通过增加实践教学比重，改革实践教学内容，改善实践教学条件，创新实践教学模式，要求高水平教师承担实践教学，加强实验室、见习、实习、实训基地和实践教学共享平台建设，积极与科研院所、地方教育局、中小学校、行业、企业等合作共建数学专业校外实践教育基地，建立以课内实践教学环节、社会实践和科研实践为构成模块的相互交叉、相互渗透、相互促进的完整的实践教学体系，培养和提高学生的创新意识与动手能力。

（五）引领基础教育改革，辐射基础教育，服务基础教育

加强对基础教育的研究和实践，按照"顶天立地"的建设思路构建专业化的学科教育师资队伍，在基础教育改革中起到引领示范作用。"顶天"，即是在教育科学研究方面要上水平，在全国有影响力；"立地"，就是要脚踏实地服务于基础教育，服务于本科教学的人才培养。拥有"福建省中学数学学科教学带头人培养基地"，成立"数学教育研究所"，主办《福建中学数学》杂志，建立"福建中数教育"网站，全面负责福建省数学学科高考命题研究工作，招收数学学科教育硕士（全国首批）。

（六）开展对外交流与国际化合作，构建开放式的教育教学平台，培养具有开阔视野的数学专业人才

邀请国内外院士、专家、教授为本科生开设学术报告和专家座谈会，开拓学生的视野，增强对数学专业学习的了解和兴趣。与日本、芬兰、美国、英国，以及中国台湾、香港和澳门地区等国内外知名大学开展人才培养合作交流，开展学生学习交流活动，资助学生和老师到国内外高校进修学习，形成"国际化"和"时代化"的办学特色。

三、成果推广及应用效果

（一）近年来专业建设取得新成果，已经在省内外产生良好影响

1. 获批 4 项国家级教学质量与教学改革工程项目："数学与应用数学"特

色专业建设点、"数学与应用数学"专业综合改革试点单位、教师教育精品资源共享课"中学数学教学设计"、教育部教师队伍建设示范项目"专业和课程改革：推进数学与计算机复合型知识技能的中小学教师培养模式的改革与实践"。

2. 获批 6 项省级教学质量与教学改革工程项目："数学与应用数学"专业综合改革试点单位、"数学与计算机师范类专业复合型人才培养模式创新实验区"、"数学学科拔尖人才培养模式研究与实践"、"近世代数"精品课程、"实分析"精品课程、"高等数学"精品课程。

3. 获批 8 项校级教学质量与教学改革工程项目："数学与应用数学"校级品牌专业、"数学与应用数学"专业综合改革试点单位、"线性代数"精品课程、"数学课程与教学论"精品课程、"特色专业的代数系列课程建设与实践"、"数学课程与教学论课程结构、教学内容和教学方法的综合改革研究与实践"、"数学与应用数学"卓越中学教师培养计划改革试点、"数学与应用数学核心课程教学团队"。

4.《数学教学生成论》获得福建省社会科学奖三等奖、《基于数学课标的高考命题改革研究》获得福建省基础教育课程改革教学研究成果二等奖。

5. 获得 2 项校级教学成果一等奖：《以代数系列课程建设为基础，提高学生科技创新能力》《数学与应用数学师范类专业分层次人才培养模式的实践与探索》。

6. 在 2013 年 25 个理工科专业校内评估中"数学与应用数学"专业获得"优秀"评估结果，受到校外评估专家的一致好评。

（二）学生在各种学科竞赛和各类课外科技活动中获奖

2000 年以来，本专业学生先后获得国际数学建模竞赛一等奖 2 项、二等奖 10 项；ACM 国际大学生程序设计竞赛亚洲区银奖 4 项、铜奖 2 项；全国"挑战杯"大学生课外学术科技作品竞赛三等奖 3 项；全国大学生数学建模竞赛一等奖 4 项、二等奖 24 项；全国研究生数学建模竞赛一等奖 1 项、二等奖 4 项、三等奖 10 项；全国计算机仿真大奖赛一等奖 1 项、二等奖 3 项、三等奖 3 项；全国大学生数学竞赛国家级二等奖一项；"东芝杯·中国理科师范大学师范生教学技能创新大赛"分获三等奖和优秀奖各一项；全国英语竞赛一等奖 2 项；省级以上奖励 100 多项。有 200 多人次获校长嘉奖。2007 年，时任校长李建平教授用"数量多、涉及面广、成绩优秀、含金量高、进步快"概括了我院数学专业学生在科技竞赛方面取得的成绩。

（三）学生的专业水平和就业竞争力不断提高

数学专业每年都有几十位学生以较高的专业基础课程成绩和较强专业素养考取硕士研究生，有的被中科院、北京大学、浙江大学等名校录取，他们具有良好的学习潜力，得到中国科学院数理部多位院士赞誉。例如，首届"方向一"班学生2011年毕业，共有14位学生考上研究生，占该班30%以上，高于"方向二"班学生不足10%的比例。又如：正是基于数学与计算机交叉学科的背景，首届"双师班"学生谢芳芳同学通过北京大学笔试面试（全省唯一），被录取为信息学方向的直博生；张方毅、陈楚被华中师大免试录取为硕士生；章浩伟、陈娜萍被我校录取为"课程与教学论"研究生；王黎玲同学以390分的好成绩考取华南师大数学教育专业研究生；16位同学在福建省师范生招考中成绩优良，被公立学校录用。本专业的学生在福建省师范类招考中均以较高的通过率名列学校师范类专业前茅，毕业生就业率达98%以上。

CTCP一体化的师范生素养与训练体系构建

主要完成人：余文森、宋原、丁革民、李祎、俞如旺、冯直康、林赟、叶玉仙

主要完成单位：教育学院 教师教育学院

获奖时间：2018年（第九届）

获奖等级：省级特等奖

一、成果主要内容

（一）成果介绍

在经历学科和学位点大发展后，福建师范大学提出了立足卓越，培养一流师范生的战略发展理念，于2012年独立设置了融管理、教学、研究"三位一体"的教师教育学院，统筹师范生培养的顶层设计和改革措施，重建教师教育

人才培养体系，强调师范生实践能力培养，注重由教师中心向学生中心的转变，力求将师范生培养成为"上手快、素质高、后劲强"的发展型教师，引领示范福建省基础教育师资培养培训。在实践过程中形成了"课程（Curriculum）、技训（Training）、竞赛（Competition）、实践（Practice）"一体化的师范生素养与训练体系（简称CTCP）。

通过课程（C），倡导"读中学"，侧重提高师范生教育认识，形成正确的教育思想观念；通过技训（T），倡导"练中学"，侧重提高师范生教育技能，掌握教育教学实际本领；以课程和技训为教师教育的两翼共同促进师范生竞赛（C），倡导"赛中学"，实现以赛促学、以赛促练、以赛促用，提升师范生培养的实践性和实战性，通过实践（T），倡导"用中学"，全面提升师范生素养。同时，四者形成内部闭环，有机"融通"，形成了一套行之有效的教师教育新体系，旨在培养师范生扎实的专业基础知识、过硬的教师教育基本技能、较好的信息素养、较强的创新意识及实践能力、敏锐的教育反思与研究能力。

在优化课程体系方面，坚持以师德教育为体，以教学能力和信息技术应用能力为两翼持续改进人才培养方案，构建实践导向、通识与学科融合的教师教育课程新体系，打造以学生学习为中心的课堂教学新模式，全面提升教师教育课程教学质量；

在搭建技训平台方面，对接社会需求、未来工作胜任力和师范生核心素质能力，构建日常化、规范化、系列化的教师技能训练体系，全面提升技能训练的针对性和实效性；

在打造赛事学习新模式方面，开展兼具师范能力、科研能力、国际视野、创新能力的竞赛活动，营造人人参与竞赛的校园氛围，形成以赛促学、以赛促训的文化和机制；

在强化实习实训方面，推进实习实训校内外联动，构建三阶段六层次的教育实习新模式，使实习成为师范生素质和技能全面提升、全面锻炼并接受全面检验的过程。

几年来，师范生的教育素养和技能明显提升，在国家级和省级师范生技能竞赛、"挑战杯"国赛和教师招考面试中表现突出，师范毕业生教育教学素养出色，在中小学的就职表现越来越受到用人单位的认可和赞赏。同时，福建师范大学教师教育改革的做法越来越得到上级主管部门的支持与认可。

（二）成果解决教学问题的方法

1. 优化课程体系，发挥课程与课堂主渠道育人功能

围绕师范生核心能力素质要求，反向设计师范生课程体系，对教育教学进行全方位、全过程的跟踪与评价。着力构造包括教育基本理论板块、课程与教学板块、学科课标解读与教材分析板块、学科教学设计板块在内的一体化的课程板块。精简必修学分，强调实践导向，突出师范特色，将师德教育、美育教育、信息素养等纳入教师教育课程体系；实施参与式教学，真正实现"学生中心"教学的转变，充分发挥学生的主体作用，鼓励学生参与学与教的全过程，参与教师教学评价。

2. 搭建技训平台，助推技能训练日常化、规范化、体系化

一是实体平台建设，建成国内先进的"教师教育综合实训中心"（含"三笔一画"、班级管理、教学设计、微格教学等），建设教师教育基本技能训练类、媒体技术类、模拟教学类、教学研讨类、远程交互类、教育资源开发类等实验室；二是"互联网＋"平台建设，自主开发了"三笔一画"训练与测试系统、师范生"E档案"管理系统、实习管理平台等；三是社团组织平台建设，通过未来卓越教师学会、名师实验班等实现普适与拔尖、理论与实践培养。通过三大平台实现师范生技能训练人人过关、循序渐进、分段落实，实现补差与培优相结合，营造师范氛围和工匠精神，学生个个争当教育能手。

3. 重视竞赛指导，构建赛事学习新模式

竞赛是促进学习的一股力量，发挥竞赛的正向作用，营造积极的竞赛文化。一是推进"班院校省国"五级递进的师范生教学技能竞赛体系和奖励体系建设，坚持竞赛贴近大学阶段学习，强调竞赛人人参与；二是组建公共教育教师与学科教师、大学教师与中小学名师有机结合的竞赛指导团队；三是形成稳定的竞赛工作机制，赛前部署宣传，赛中跟踪指导，赛后总结提炼。

4. 强化实习实训，打造实习育人新模式

实习是综合性、实战性最强的一门课程，是对学生教育素养与技能的最全面的试炼，也是一次最完整的检验。组织开展跨学科联合组队实习，实习过程全程跟踪与"监测"，推进实习实训校内外联动，形成"教育观摩、教育参与、

教育研究"三阶段、"技能考核、实习教育、名师示范与微格集训、基地见习、基地实习、总结研习"六层次的教育实践培养模式。加强与实习基地的合作交流，建立教育实习基地年度研讨会制度。

二、成果创新点

（一）培养平台创新

一是构建 UGIS 协同培养机制，通过"福建河仁基础教育研究院"，将一线教师实质性地纳入教师教育师资队伍，全程化、常态化参与师范生课程教学、技能训练与竞赛、实习实践与论文指导等，构建大学教师 – 师范生 – 教研人员 – 一线名师四方联动共赢的新机制。二是推动与地方政府共建，与漳州、宁德、龙岩等地签订了战略合作框架协议，为地方基础教育事业发展提供智力支持。三是深化与基础教育学校的合作，与基础教育学校建立密切合作关系，目前，已在全省建立了 113 个比较稳定的师范生实习见习基地。四是多平台共享教育资源，探索建立了校地协同职前 – 职后一体化教师教育培养模式。

（二）培养模式创新

成立教师教育学院，对教师教育课程、要素、师资等进行专业化、精细化管理。借由名师实验班、未来卓越教师学会、名师工作坊等打破学科壁垒，形成"跨学科学习共同体"，引导不同学科专业师生相互学习、探讨、启发、补充、丰富教学内容，构建教育课程"教师共同体"，实现公共教育类教师与学科教育类教师在内容上、教学上以及科研上的充分对接，促进教师专业发展。开展多元化的交流活动，加强与国内兄弟院校的校际交流，每年设置交换生名额，体验不同地区与学校的教师教育培养；加强闽台两岸教师教育交流与合作，卓越教师计划赴台研修已成常态，截至 2018 年，已选派 182 人次赴台湾高雄师范大学、东海大学等开展教育研修活动。

（三）将学习方式创新

将"互联网 + 教育"模式引入人才培养的全过程，利用云计算、大数据、人工智能、虚拟现实等技术推进教师教育信息化服务平台建设与应用，推动学习方式和教学方式改革。采用直播、直播互动、校内讨论、实践等形式开设跨校共享课程，扩宽学习渠道；建设和推行师范生"E 档案"管理系统、实习线上管理系统，"三字一话"训练与测试系统自 2013 年上线来累计 1 万多人通过了测试，实现师范生全程科学管理和服务。

三、成果推广及应用效果

（一）师范生教学技能与综合素养明显提升

坚持书写技能测试人人过关，夯实教师基本功，初次测试通过率 2015 届为 70.32%、2016 届为 74.56%、2017 届为 85.15%，呈逐渐递增趋势。2014 年，学校承办福建省首届师范生教学技能大赛，竞赛规则、标准、模式沿用至今。2017 年，在第五届全国师范院校师范生教学技能竞赛中获得一等奖 2 项、二等奖 1 项、三等奖 1 项，在 123 所参赛院校中名列前茅；在福建省第四届师范生教学技能大赛中，34 位选手全部获奖，共获一等奖 8 项、二等奖 14 项、三等奖 12 项，各项指标均远超全省同类院校。师范生综合素质逐年提升，连续四届参与"挑战杯"国赛并获金奖。

（二）毕业生质量高，社会评价好

项目实施以来，福建师大毕业生在教师招考、教师资格考试中表现突出，师范类毕业生初次就业率达 96% 以上，遍布全国各省市教育领域，部分学生进入省内外知名高级中学任教，得到上级主管部门、同类院校和中小学用人单位的高度认可。晋江一中陈燎原校长、福州教育学院四附小林莘校长等评价福建师大毕业生是有温度、有潜质、有高度的优秀教师。

（三）国内外影响良好，切实典型引领示范借鉴作用

教师教育综合实训中心及"三笔一画"训练与测试系统等得到教育部领导、本科教学审核评估专家的充分肯定。师范生素养与训练体系在中国 – 加拿大国际教师教育工作交流会、全国地方师范大学校长联席会议、全国卓越教师项目交流会等各类会议中多次被作为典型经验介绍推广。马来西亚华小教师访问团、江苏师范大学、杭州师范大学、安徽师范大学等国内外高校同人多次前来考察学习。2017 年，在第十四届全国师范大学联席会议上，福建师范大学教师教育改革获全国优秀工作案例。中国教育报、福建日报等曾专栏介绍我校卓越教师培养模式改革创新做法。

（四）打造卓越教师，引领示范基础教育师资培养

以国家级 – 省级 – 校级卓越教师培养项目为抓手，强化师范内涵，巩固师范优势，突显师范特色，在全校范围内营造了浓厚的师范文化氛围：小黑板训练板书能力、同伴互助研读教材、片段教学分组练习等。同时通过组织师范生素质系列竞赛、未来卓越教师学会展示课、第二课堂实践活动、卓越讲堂、中小学名师论坛、跟班名师工作室、基础教育社会实践等方式，加强实践环节，提升师范生核心素质能力，为实质性推动卓越专业建设，引领示范基础教育师资培养做出了应有贡献。

第三篇 综合篇

改革开放四十多年来，学校不断增强办学的综合性，着力构建一流文科、高水平理科和有特色工科的学科体系，办学专业从80年代初的14个（教育、物理、化学、生物、中文、历史、地理、政教、音乐、美术、体育、数学、英语、日语）发展到现在的85个本科专业（招生专业78个），涵盖9个学科门类，实现了从以师范教育为主的单科性院校向"多科性、综合性"院校转变，形成比较完善的综合性大学的学科布局。学校坚持教学科研并重，持续打造和培育教师教育、人文社科、新型工科、汉语国际教育、对台合作办学的新特色，逐渐形成了先进的办学理念、鲜明的办学风格、显著的办学优势，为推动福建省经济社会发展提供了优质的人才资源和强大的智力支撑。

教学改革持续深入。四十多年来，学校根据国家经济社会发展和教育教学改革需要，积极推进人才培养改革创新。20世纪80年代初，学校开始注重文理渗透，逐步推进课程结构改革，减少必修课、增加选修课，压缩教学时数、提升学生自主学习空间；90年代，学校继续完善课程体系，将本科教学课程体系分为通修课、基础课、专业基础课、专业方向课和教育学课等，将通修课与教育学课定为公共必修课程，作为师范教育的专业特色。进入21世纪，学校进一步加强和深化课程建设工作，制订并完善课程建设质量评估指标体系等。近年来，学校多次修订人才培养方案，不断完善课程体系，降低专业总学分，优化学分比例，提高选修学分比重，整合通识教育课，增设创新创业课，推进公共课教学改革，形成了定位合理、尊重个性、分类培养、注重融合的课程教学体系，"高师公共体育课程主副项制模式的研究与实践""以队伍、课程和创新平台建设为核心，全面提升大学物理实验教学质量""主动适应市场经济发展需要、深化政治经济学学科改革"等先后获评国家级教学成果奖二等奖。

90年代以来，学校先后获批4个国家级人才培养基地（含6个本科专业），充分发挥其在推动人才培养改革中的"试验田""排头兵"作用。在数学、物理、化学、生物、英语开展"基础学科拔尖创新人才培养试验计划"；在高分子材料与工程、光电信息科学与工程、计算机科学与技术、化学工程与工艺、生物工程 5 个专业实施"卓越工程师培养计划";在广播电视学、广告学、广播电视编导、播音与主持艺术、法学专业实施卓越新闻传播人才、法律人才培养计划;在教师教育专业中实施"卓越教师人才培养计划",2017 年学校入选教育部"卓越教师培养计划实施院校",这些探索和实践都有力地推动了学校提升研究型、应用型和复合型人才培养,并取得了良好成效,"我国普通高校体育教育专业人才培养的改革、创新与实践"荣获国家级教学成果奖一等奖 1 项;"国家文科基地中文专业人才培养模式探索""夯实四大基础,突出三种能力,全面提升中文人才培养质量""体育教育(国家人才培养基地)本科专业人才培养模式的改革与创新"荣获国家级教学成果奖二等奖,等等。

学校坚持推进教学方法与手段改革,通过项目立项、典型示范、教学观摩等形式推动广大教师改革教学内容、教学方法、教学手段,鼓励教师探索启发式、讨论式、参与式、探究式、案例教学、情景仿真、模拟训练等教学方式方法改革。适应形势发展需要,开展《大学英语》《大学数学》分级分层次教学改革,坚持"教育即生活,生活即教育"的理念,推进思想政治理论课教学方式方法改革,打造"有核心,无边界"的大格局思想政治理论课堂,取得良好实效。"深入中学指导教改,促进高师教学法课的改革——中学物理教学法课面向中学开展五年跟踪实验成果""深化改革,创建土壤地理学系统化教学体系"等项目荣获国家级教学成果奖二等奖,"大格局思想政治理论课协同创新的探索与实践"获评 2018 年省级教学成果奖特等奖并推荐参评国家级教学成果奖。

学校扎实推进实践教学改革和大学生创新创业教育,经过多年探索和总结,逐步建立起一套由实验实训、学科竞赛、毕业论文(设计)、创新创业训练、社会实践"五位一体"的实践教学体系。组织开展"平台 + 活动"教育模式,实施"十百千万"大学生创新创业行动,采取政策倾斜、资金扶持、建导师库、编写教材、奖励学分、举办辅导、开展竞赛系列举措,将创新创业教育贯穿人才培养全过程,不断完善融课堂教学、自主学习、结合实践、指导帮扶、文化引领为一体的创新创业教育体系,学校获评福建省首批深化创新创业教育改革示范校,"'一体两创三应用'新能源工科实践教学体系的构建与实践"项目获评省级教学成果奖特等奖,"大学物理实验教学改革与实践""以实践与创新能力为核心的计算机科学与技术专业人才培养改革""'3+1'应用型卓越法治人才培养实践教学体系的创新与实践"等成果获评省级教学成果奖一等奖。

　　教学建设跨步迈进。四十多年来，学校教学建设取得长足进步。专业建设方面，扩大专业数量，从14个增加到85个，加强专业内涵建设，先后获批专业综合改革试点国家级2个、省级13个，省级服务产业特色专业10个，省级应用型试点专业群3个，省级示范应用型专业群1个，省级创新创业试点专业6个。在全省高校率先开展校内专业评估，效果明显。组织13个专业参加全省专业评估，成绩优良。生物工程、光电信息科学与工程2个专业通过IEET工程教育专业认证；生物工程专业进入CEEAA工程教育专业认证受理名单，实现师范院校零的突破，仅3所师大4个专业进入；大力推进课程建设，从20世纪80年代初不到500门课程扩展到目前近3000门课程；不断提升课程建设信息化水平，获批建设24门国家级精品课程、双语教学示范课程、精品视频公开课、精品资源共享课，61门省级精品课程，从超星尔雅、东西部高校联盟、智慧树网、UOOC联盟引入北大、清华等名校名师在线名课百余门；开设创新创业综合类课程175门；建设校内网上"教学云平台"，开展在线开放课程建设，建成省级校级课程近百门。加入全国地方高校优课联盟并成为副理事长单位，发起成立福建省高校在线教育联盟并成为理事长单位，工作模式获教育部肯定，"福建省高校在线开放课程建设与应用推进机制的研究与实践"成果获评福建省教学成果奖一等奖；加强实验实践教学设施建设，获批国家级实验教学示范中心5个（含虚拟仿真实验教学中心1个）、国家级虚拟仿真实验教学项目1个，省级实验教学示范中心18个（含虚拟仿真实验教学中心2个），位居省属高校前列。全校建有校外实习实践基地222个，其中国家级校外实践教育基地1个、省级7个。建成创芯梦工厂、创客创新坊等活动场所近万平方米，近五年获得大学生创新创业训练计划项目国家级237个、省级362个。加强教材建设，近五年学校共计出版教材95部，其中15部教材获评国家级普通高等教育"十二五"重点规划建设教材，位居省属高校首位，占入选总数近一半。与台湾合编的高中语文教材正式发布，在台湾地区多所高中投入使用、广受好评。

　　开放办学成效明显。学校积极开展国际合作与交流活动，从1978年开始，先后聘请美、澳、俄等国的一百多名文教专家来校任教，200多名专家学者来校做短期讲学，聘请400多位国内外知名专家为学校顾问、名誉教授、客座教授或兼职教授，从1984年开始接受美、日、韩等30多个国家和地区的留学生来校留学。目前学校已与美国、澳大利亚、德国、英国、芬兰、匈牙利、日本等国家和地区的110多所高校、科研机构及联合国教科文组织建立了友好合作关系。大力推动我校学生国际交流学习，通过国家留学基金委的资助优秀本科生国际交流项目和我校参与的中外合作项目，选派优秀学生参与国际交流学习，每年派出本科生及研究生出国（境）学习、交流和研修有1000余人次。学校还划拨专项资金300万元（本科生100万元、研究生200万元），支持优秀学生出国交流学习，实现学生"双校园"的国外学习。学校海外华文教育成绩斐然，积极响应国家汉办要求，向东南亚国家派出汉语教学志愿者，为东南亚和周边国家培训大量的汉语教师；2003年，学校率先承担国家汉办"国际汉语教师中国志愿者项目"的试点任务，向菲律宾派出新中国成立以来首批18位汉语教学志愿者，迄今已向菲律宾、印度尼西亚、泰国、越南等12个国家派出志愿者共计16批882人。与菲律宾红溪礼示大学、印尼阿拉扎大学合作创办2所孔子学院、与美国波士顿文艺复兴特许公立学校合作创办孔子课堂，在海内外产生了良好影响，多次获评"全球先进孔子学院""全球先进孔子课堂"，习近平等国家领导人亲切看望了我校汉语教学志愿者和公派教师。1992年，学校被教育部指定为国家面向东南亚开展对外汉语教学的四大基地之一，2001年被国家汉办确定为支持周边国家汉语教学重点学校，2004年被国家汉办指定为"国际汉语教师中国志愿者计划"培训基地之一。

学校充分发挥"五缘"优势，着力打造两岸教育、科技、文化交流与合作的前沿重镇和重要平台，不断推进闽台联合培养人才工作。2011年以来，与台湾师范大学、世新大学、元智大学、铭传大学、台湾财团法人资讯工业策进会等40多所高校、科研机构和企业建立了实质性合作关系。先后有6个学院13个专业与台湾"中央大学"、台湾师范大学等7所高校开展"闽台交流与合作项目"，实施"3＋1""2＋1＋1"培养模式，多年来已有3000多名学生赴台学习。此外，学校组团300余批670余人次赴台实地考察学习台湾人才培养模式、办学体制、教学管理和学术会议；邀请并接待台湾来访考察团120余个团组1500余人次。

教学质量保障体系不断完善。教学质量是本科教学的生命线，四十多年来，学校不断强化本科教学质量保障体系建设。1981 年，学校首次召开教学经验交流会，并把教学经验文章汇编成册，加以推广，同年制定《学务管理细则》和《教务管理细则》，建立主讲教师审批制度，加强基础课教学管理。1984 年学校制定了《教师教学工作考核与奖励试行办法》，把教师教学工作和各单位定编结合起来，把教学工作量的要求和质的要求结合起来。从 1986 年开始，学校开始进行教学评估工作，并作为加强教学质量管理的一个重要手段，随后多次修订评估指标体系，调整项目权重，改进评估方法，不断发挥教学评估的导向作用。由于重视开展教育评估的理论研究和实践探索，我校成为中国高等教育学会高教评估研究会的理事单位。进入 21 世纪，学校坚持"教学质量是立校之本"的指导思想，提出了"深化本科教学改革，推进教育创新，提升人才培养质量"的发展目标，积极构建全方位、立体化的教学质量监控体系，努力推动学校本科教学质量再上新水平。

近年来，学校坚持并完善本科教学质量监测保障的一系列制度，在落实人才培养中心地位和本科教学基础地位方面，每年下半年召开一次本科教学工作专题性会议，每三年召开一次本科教学工作综合性会议，校长办公会议坚持每学期听取本科教学工作专题报告，每学期第八周组织开展校院两级"领导听课周"活动，学院每年至少召开一次本科教学工作会议，党政联席会议每学期至少两次专题研究本科教学工作，坚持落实教授、副教授为本科生上课制度等。在加强本科教学质量监测方面，实施期初、期中、期末"三段式"常规教学检查，以及临时性教风学风抽查，加大教学事故查处力度，强化考风建设，实行"具体情况周通报""简要情况日报告""违纪作弊行为当天处理"制度，建立健全领导、专家、同行、学生四级评教制度。制定并发布专业建设白皮书和本科教学质量年度报告，建立完善的"本科教学基本状态数据库"，开展专业校内评估工作，坚持每学期向学生家长寄送子女学业成绩单等。在加强教学质量保障队伍建设方面，推进校院两级教学督导工作，实现每学年教学督导对任课教师课堂教学全覆盖，加强学生教学信息员队伍建设。坚持开展"教学名师""本科课堂教学优秀奖""我最喜爱的好老师""精彩一课""教书育人先进个人""中青年教师教学技能比赛"等评选活动，充分激发广大任课教师课堂教学的成就感和积极性。在此基础上，学校以"PDCA循环管理"（Plan计划、Do执行、Check检查、Action处理）方法为依托，建立了"五三二一"本科教学质量保障体系，该体系由"五个系统""三个层次"和"两个观测点""一个回路"构成。"五个系统"：指教学质量组织保障子系统、教学质量标准保障子系统、教学过程检查保障子系统、教学质量信息采集分析和实时反馈子系统、教学质量调整改进子系统；"三个层次"：指学校、学院、系（教研室/课程团队、专业负责人）三级保障层次；"两个观测点"：指教学评价系统中对"教师教学质量"和"学生学习质量"的量化评价；"一个回路"：指教学质量保障体系完整的反馈回路。

站在新时代本科教学改革谱写"奋进之笔"的新起点上，学校将继续坚持全面立德树人根本任务，坚持落实本科教育在人才培养中的基础地位和前沿地位，着力构建一流本科和一流专业，建立健全培养目标协同、教师队伍协同、资源共享协同、管理机制协同的全程协同育人机制，持续推进现代信息技术与教育教学深度融合，大力推动互联网、人工智能、大数据、云计算在教学和管理中的应用，着力建设大学质量文化，将质量要求内化为全校师生的共同价值追求和自觉行为，不断提升本科人才培养能力，进一步推动学校高水平大学建设迈上新台阶。

"民族音乐学及其教育"硕士研究生主干专业课程的教材建设

主要完成人：王耀华、郑锦扬、陈新凤、马达、刘富琳
主要完成单位：音乐学院
获奖时间：2001年（第四届）
获奖等级：国家二等奖

一、成果主要内容

（一）构建省内独创、国内领先的"民族音乐学及其教育"硕士研究生系列主干专业课程——以科学的课程结构确定科学的教材建设目标，促使硕士生

形成较为全面的智能结构。

经过多年的调查研究，结合国内外民族音乐学硕士教育的情况，我们确定了：《民族音乐学》《世界民族音乐概论》《中国传统音乐概论》《中国传统音乐分论》《高师音乐教育学》，这五门课为"民族音乐学及其教育"方向的主干专业课。这个课程结构在福建省是独创的，在国内也是领先的。这一课程结构由于其新颖与合理，引起了国内外同行的关注。它为系列教材建设奠定了科学的与之配套的目标，也对硕士生形成较为全面的民族音乐学智能结构起了很好的作用。

（二）形成科学的课程结构的教学基础——以优质的系列教材保证课程结构目标的实现。

1. 精心选择国外与上述课程紧密相关的、具有先进性的著作进行翻译，作为硕士生专业教材。近年来翻译了日本《民族音乐学》和《民族音乐学理论》。

2. 组织一支高水平的教材编写队伍。

3. 下苦功编好中国传统音乐教材。在中国土地上培养高校民族音乐学（含中国传统音乐）

类课程的教师，他们的中国传统音乐素养是十分重要的。因而，这一系列教材里，《中国传统音乐概论》与《中国传统音乐分论》的教材是最具核心意义的教材。近 30 万字的《中国传统音乐概论》是作者经过长期积累、多方调研，在众多专题研究基础上形成的我国第一部中国传统音乐概论性著作。

《中国传统音乐分论》则是对中国传统音乐做专题研究的成果，以此培养硕士生进行传统音乐专题研究的能力。1995 年 1 月至 1998 年 11 月 30 日出版的教材有：《中国三弦及其音乐》《福建传统音乐》《客家艺能文化》。

（三）关注学科前沿与课程内容体系的先进性——以优秀的研究成果形成或充实硕士生主干专业课教材。

进行世界民族音乐研究与教育是我国音乐学的学科前沿之一，而世界各民族音乐的课程与概论性教材均为国内硕士生教育之所缺。为了弥补这一缺陷，我们从日本引进《民族音乐概论》编著以及音像资料《世界民族音乐大系》，欧洲、美国音乐学家有关世界各民族音乐、乐器的文字资料和音像资料，并对相关文字进行翻译，为《世界民族音乐概论》教材的写作提供了扎实的资料基础。

《中国传统音乐概论》以三大来源、三个时期、三种发展方法来论源说流；以民间音乐、文人音乐、宗教音乐、宫廷音乐来述说构成；并将中国传统音乐分为三大音乐体系，进而阐述了中国音乐体系的 12 个支脉、欧洲音乐体系东西支脉、波斯——阿拉伯音乐体系的 3 个支脉等，对中国传统音乐做出了系统、科学、新颖的论述。《高师音乐教育学》是民族音乐学及其教育领域的第一本系统专著，也是我国该领域硕士生教育的第一本教材。

（四）改革教学方法，形成"四个兼顾"——以优秀的教材教法寻求最佳的教学效果。

1. 师生共同参与的各种教学活动，讲、看、听、议兼顾，较之单一的教师讲授有着更好的效果。这也是信息、传媒与计算机日益发达时代音乐学硕士生教育教学的一种好的选择。

2. 课内课外兼顾。近几年来，我们派出学生 20 余人次往泉州、漳州、三明、福州等地市调查、学习民间音乐，使"民族音乐及其教育"方向的硕士生们获得了较为丰富的实际感受。

3. 民族音乐学是实践性很强的理论学科，因此，这一方向的硕士研究生在学好教材的同时，参与相关的实践活动，并进行相关的研究活动。

4. 在主讲教师讲授主干专业课的同时，广采博纳，吸收国内外高校、研究机构、民间艺人、民族音乐的专业人员对学生做系列或专题讲授，或课外专门辅导，这是丰富教学内容，提高教学质量的好办法。

二、成果创新点

（一）实践效果上

自音乐学硕士点于 1990 年被国务院学位委员会批准为音乐学硕士学位授权点以来，已招收 8 届学生。其中民族音乐硕士生 13 名，已毕业 4 届，毕业生均授以硕士学位。系列教材对系列课程的教学质量起了基础性的保证作用。

1. 历届学生获得了硕士层次专业教育，在民族音乐知识结构和研究能力方面有显著成绩，能胜任民族音乐理论及相关课程的高等教育任务。

2. 毕业硕士中有两人考上民族音乐学博士，三人在美国继续学习。这表明以上系列教材有较高水平。

3. 系列教材对学生的研究能力的培养起了好的作用。1995 年 1 月至 1998 年 11 月，学生在二十几种刊物（国外刊物 3 种）上发表了 35 篇论文。15 人次参加了全国性学术会议，10 人次参加了国际性学术会议。

4. 教材建设提高了教师的学术水平和教学水平。以民族音乐学和中国音乐史学、高师音乐教育学三个方向的教师为基本队伍申报的音乐学（含音乐教育）博士点，1996 年被批准为音乐学博士学位授权点，以这些教师为骨干的音乐学学科被批准为福建省 211 重点学科（1999 年），以音乐学硕士点为依托接受了全国音乐学教育硕士专业学位的牵头组织工作（2000 年）。

（二）理论价值上

这一主干专业课程设计和相应的教材建设中注意了"四个结合"，即理论与实践相结合、宏观与微观相结合、中国与世界相结合、音乐与文化相结合。

1. 理论与实践相结合。使学生掌握民族音乐学系统的学科理论、发展历史、研究方法。通过设立《民族音乐学》课程，翻译出版教材，全面介绍该学科的理论体系，并且用这一理论体系为指导，进行实地调查和相关学术资料的分析研究。

2. 宏观与微观相结合。在民族音乐专业教育及其教材建设和学术研究中，注意把宏观的民族音乐教育与微观的民族音乐教育结合起来，提倡在宏观指导下的微观研究，在微观研究基础上的宏观研究。我们设立了《世界民族音乐概论》《中国传统音乐概论》，并根据各人不同的研究课题，有针对性地讲授《中国传统音乐论》。

3. 中国与世界相结合。针对过去中国音乐学者对世界了解不足的局限，为了使未来的民族音乐学教师和研究人员不再具有这种局限，我们广泛搜集相关资料在国内出版了第一本《世界民族音乐概论》，第一次开出了同名的硕士生课程。

4. 音乐与文化相结合。这是我们在民族音乐学研究、教材编撰与讲授中十分注重的一个重要方法。我们在对世界各民族音乐和中国传统音乐的各个乐类、乐种、乐器、乐曲的分析研究中，都十分注意剖析它们的音乐形态和音乐审美特征，进而努力追寻、探索形成这些特征的文化、政治、经济、历史、地理原因。

与此同时。我们还充分注意高等师范院校培养民族音乐学及其教育硕士生的特点。在以培养高等学校民族音乐理论教学、研究人员为主要目标的教学工作中，努力使学生掌握高等师范院校的音乐教育教学规律。为此，我们在国内首先开设了《高师音乐教育学》的硕士生课程，并组织编撰出版了《高师音乐教育学》这一著作，该书是国内第一部以高师音乐教育为研究对象的著作。

三、成果推广及应用效果

"民族音乐学及其教育"是以培养民族音乐理论类教师为主要目标的高师院校音乐学硕士教育的重要组成部分。上述关于教材建设的思考与实践及其成果——系列教材，不仅可以直接作为有关单位硕士层次的教材，而且还可以把建设这些教材的经验作为新的硕士层次音乐教材建设的借鉴。

（一）"四个结合"原则，形成了较为完整的科学体系，系列教材与课程相配套对培养高质量的民族音乐学人才起了很好的作用。在全国音乐学硕士生培养工作会上，得到了同行的肯定。

（二）本系列教材经多年实践，为许多学校所使用，有较大的影响。如《世界民族音乐概论》出版后多次重版。西北师大、湖南师大等音乐系科将《中国传统音乐概论》作为硕士生、本科生教材使用，中央音乐学院田联韬教授把它列入民族音乐理论专业博士生入学考试必读书目。《高师音乐教育学》被南京师范大学、华南师范大学等多所院校作为硕士生教材与教参。

（三）系列教材中多部著作出版后在学术界引起了良好的反映，先后有书评数篇发表于多种报纸杂志。如对《世界民族音乐概论》一书，《中央音乐学院学报》《人民音乐》曾先后发表肯定性评语。

《音乐研究》《云南艺术学院学报》先后发表对《中国传统音乐概论》的评论，评论认为：该书"结构宏大，材料丰富，观点鲜明，立论新颖，分析入理，语言流畅清晰，既是一部具有较高学术价值的专著，又可适用于音乐院校（包括师范院校音乐系）作为音乐理论的基本教材。""它是中国传统音乐继承发展中的重要一环，也是中国传统音乐学术研究、中国传统音乐学学科建设道路上迈出的关键一步。"

分论教材中的《琉球、中国音乐比较论》《三弦艺术论》出版后得到了国内外学者的赞赏。《三弦艺术论》还被翻译成日文于1998年10月在日本东京第一书房出版。《福建南音初探》《客家艺能文化》等分论，也都有肯定性的评论发表。《民族音乐学》是一部有较高学术水平的民族音乐理论著作，曾获得日本东洋音乐学会的田边秀雄奖。

中国传统音乐理论方向博士、硕士研究生专业课程教材建设（教材）

主要完成人：王耀华、李玫、郑俊晖、王州、陈新凤、蓝雪霏、刘富琳、
修海林、王子初、方宝璋、谷杰、周耘、孙晓辉、廖红宇
主要完成单位：音乐学院
获奖时间：2009 年（第六届）
获奖等级：国家二等奖

一、成果主要内容

（一）成果简介

中国传统音乐历史悠久，品种、曲目丰富，并且留下了丰富的乐学、律学著述。近现代以来，众多有识之士曾对之进行过整理、研究，但尚未形成系统。因此，在对中国传统音乐理论方向博士、硕士研究生进行教学的过程中，每遇开设《中国传统音乐概论》《中国传统律学》《中国传统乐学》《中国音乐考古学》《中国古代音乐美学》《中国传统音乐乐谱学》《中国音乐文献学》等相关专业课程时，既苦于缺乏教师，更苦于缺少系统的教材和教学参考书。这种情况也存在于本科生和其他层次学段的教学中。因此，1996 年，福建师范大学获批音乐学博士学位授权点以来，为解决中国传统音乐理论方向博士、硕士研究生专业课程教材问题，与中国艺术研究院研究生院音乐研究所、中国音乐学院、武汉音乐学院合作，由学科带头人王耀华教授牵头、策划，组织校内外专家、教授和博士研究生合作，撰写、出版了《中国传统音乐学丛书》，从学科理论建设入手，以其研究成果的文本出版物和配套资料，来作为博士、硕士研究生相关课程的参考教材。同时，也为本科生和从事其他层次教学的教师提供教学参

考资料。

专业教材由《中国传统音乐概论》《中国传统律学》《中国传统乐学》《中国古代音乐美学》《中国音乐考古学》《中国音乐文献学》《中国传统音乐乐谱学》等构成。分别对相关分支学科的理论框架、主要理论问题做了较为全面系统的研究，得出了较为符合中国传统音乐特点和特殊规律的结论，对学科理论建设和教材建设起了具有基础性、开拓性的意义，促进了中国传统音乐理论方向博士、硕士研究生培养质量的提高。

（二）成果解决教学问题的方法

本专业教材建设主要运用传统和现代相结合的方法。

所谓"传统"，就是尊重历史、尊重文献、尊重音乐实践，从文献研究和当代人民群众的音乐艺术实践调查研究入手，从理论体系、框架，到术语、用语、遣词造句等，都尊重历代人民的创造，以符合实际、能反映中国传统音乐的特点和规律为追求，力图写出中国人的特色。

所谓"现代"，就是要用当代民族音乐学的方法来对中国传统音乐学理论的各个方面进行研究。强调"文化中的音乐"和"音乐中的文化"，不仅总结中国传统音乐"是什么"，而且研究"为什么"，既看到中国传统音乐与西方音乐的不同点和特殊性，又看到它们之间的相同点和共同性。坚持用历史唯物主义和辩证唯物主义的方法来认识问题和研究问题，反对任何静止的、孤立的、片面的观念、方法和结论。

二、成果创新点

（一）尊重历史，尊重传统，传承前人研究成果，从历史文献、现存音乐成品的梳理、分析、研究入手，试图较为全面系统地构建中国传统音乐理论体系和教材体系，具有开创性意义。

自 20 世纪初以来，近现代意义的学校音乐教育逐渐在中国普及，取得了很大的成绩。但是由于多方面的原因，在对中国传统音乐理论体系的重构方面，相对薄弱。本教材系列在吸收前辈、同人学术研究成果的基础上，试图对中国传统音乐理论的诸多方面进行梳理、整合，使之逐渐系统化、学科化，其中的大部分教材在相关领域形成体系性的理论专著都属于首次，如十几年前出版的《中国传统音乐概论》，近六七年来相继出版的《中国传统音乐乐谱学》《中国音乐考古学》《中国音乐文献学》《中国传统乐学》《中国传统律学》等，都是在各学术领域较早自成体系的成果，这既是一项学术建设工程，又是一项教学建设工程，该丛书所具备的某种程度上的基础性、系统性和学科性，在音乐学术界和音乐教育界具有某种开拓性和创新性。

（二）教材教学方法的创新，采取"研究性教学法"。一方面由教师讲授各相关领域的学科框架、研究方法和主要内容，引导学生思考问题、发现问题；另一方面充分发挥学生主体性，主动积极地查阅相关资料，提出问题，研究问题，不断补充、完善各门教材的学科体系。

（三）教材建设与人才培养相结合。本系列教材的撰稿者，一是约请各相关领域的知名专家，二是有意识地从博士研究生中发现人才，充分发挥他们的专长，提供深入研究、参与教材撰写的机会，使他们在这一撰稿过程中得以提高。如：2002 年全国百篇优秀博士论文奖获得者李玫是《中国传统律学》的作者，2007 届博士毕业生郑俊晖是《中国音乐文献学》的作者，2000 届博士毕业生陈新凤、2006 届博士毕业生王州是《中国传统音乐乐谱学》的撰稿者之一。他们都在学习本教材和参加本教材的撰稿过程中得以提高，成长为某一学术领域的较为优秀的研究者和教师。

三、成果推广及应用效果

（一）推广应用情况

1. 自 1996 年以来，在福建师范大学音乐学院、中国艺术研究院研究生院音乐研究所、中国音乐学院、武汉音乐学院中国传统音乐理论专业博士研究生、硕士研究生教学中，将全部七本教材作为必读教材。

2. 中央音乐学院、上海音乐学院、南京艺术学院音乐学院等专业音乐院校将系列教材中的全部或部分作为博士研究生、硕士研究生的必读教材。

3. 《中国传统音乐概论》《中国传统乐学》被福建师范大学音乐学院、武汉音乐学院、中国音乐学院、杭州师范大学音乐学院、西北师范大学音乐学院、湖南师范大学音乐学院等学校作为本科生选修课教材。

4. 《中国传统音乐概论》《中国传统乐学》被台湾师范大学、台南艺术学院音乐学院、台湾艺术大学、台北艺术大学音乐系作为本科生、硕士生教材。

（二）效果

1. 本教学丛书的学术质量得到了学术界的肯定。本丛书中的部分著作出版后，先后有《音乐研究》《中国音乐》《云南艺术学院学报》等刊物发表肯定性评论。其中许多学术观点获得学术界认可，如：对中国传统音乐的民间音乐、文人音乐、宫廷音乐、宗教音乐四大类分类法，三大音乐体系，律学概念界定，理论律学方法，宫调理论，乐谱理论，考古学方法，音乐文献分类法等。

2. 用本教学丛书作为教材所培养的博士生具有较为扎实的中国传统音乐理论基础，许多已成长为中国传统音乐理论研究、教学的骨干，分别担任全国各高校的教授、博导和各大学音乐学院院长、系主任以及中国传统音乐学会副会长、理事等。其中，李玫还获得全国百篇优秀博士论文奖（2002 年），王静怡获得百篇优秀博士论文提名奖（2005 年）。

3. 本教学丛书中的部分成果获得省级政府奖励，如《中国传统音乐概论》《中国传统音乐乐谱学》分别于 2000 年、2007 年获得第四、七届福建省社会科学优秀成果一、二等奖。

4. 部分成果得到国际音乐学界肯定。《中国传统音乐概论》已由日本冈山大学山本宏子教授翻译成日文，正在校对之中，即将在日本东京第一书房出版；美国伊利诺斯大学的副教授王瑞青博士也正在将此专著翻译为英文，准备在美国出版。

以队伍、课程和创新平台建设为核心，
全面提升大学物理实验教学质量

主要完成人：黄志高、赖恒、赖发春、卢宇、郑志强、郑卫峰、瞿燕、黄树清、陈水源、贾翠红、李山东、林应斌

主要完成单位：物理与能源学院

获奖时间：2009 年（第六届）

获奖等级：国家二等奖

一、成果主要内容

（一）成果简介

该成果可概括为"六个一"工程：

一个明确的培养目标：确立"规范性、先进性、创新性和应用性"的培养目标。

一个新的教学模式：实施"阶段化、单元化、现代化"的新教学模式。

一个新的课程体系：创建"一特色、三阶段、五模块、七课程"新课程体系。

一支高水平的教师队伍：培育一支高水平的、年轻的物理实验教学和科研的队伍。"大学物理实验"教学团队于 2007 年被评为福建省教学团队，黄志高教授获得国家级教学名师奖。团队承担了 26 项教改课题，在高等教育出版社等出版 3 部教材，发表 79 篇教学研究论文，获得 22 项省部级以上教学成果奖、教学名师奖等。

一系列的精品课程：建成了一系列国家级、省级物理实验的精品课程和优秀课程。2007 年《大学物理实验》被评为国家级精品课程；2008 年《近代物理实验》被评为省级精品课程。

一个创新性的实验教学平台：建设了国家级物理学实验教学示范中心。多年来实验中心注重营造创新人才培养的多元化教学环境，开发了网络化的物理实验室，建设了大学物理创新实验室，全面实行开放实验，学生的实践和创新能力不断提高。

主要解决的教学问题是：

为学生提供更优质的教学资源、更广阔的实验时空，营造培养创新人才的多元化教学环境，使他们有更多的机会实践新的实验方法、实验技术和实验内容，从而提高他们的实践能力和创新能力，全面提升教学质量。

（二）成果解决教学问题的方法

1. 培育优秀团队

以教学经验丰富、学术水平高的黄志高、赖恒和赖发春三位教授为核心，组建敬业爱岗、团结协作、乐于奉献的实验教学团队。团队坚持以科研促教学，以老带新，以科研平台为依托，重视青年教师的培养与提高，形成独有的团队文化。特别是把凝聚态物理省级重点学科建在实验教学示范中心，使每个成员都能自觉地参与中心的建设，并充分认识上好每节课的重要性。

2. 建设实验平台

2001 年以来，以中央与地方共建基础课实验室、新校区建设为契机，共筹集建设经费 1250 万元，用于实验平台建设。特别是建设了"纳米材料和纳米结构设计"及"高亮度 LED 及相关先进光电子材料光电性能测试平台"这两个本科生创新实验平台，为学生开设了研究性和设计性实验。

3. 创建新的课程体系，构建多元化的实验教学环境

创建"一特色、三阶段、五模块、七课程"新课程体系，营造创新人才培养的多元化教学环境。着重做好四方面的工作：一是精品课程建设；二是编写高质量的实验教材；三是开发网络化的辅助教学实验室；四是积极开展本科生课外科技活动、实验论坛和实验技能竞赛。

4. 着力开展研究性与开放性实验

几年来，在物理创新实验平台上开发了 40 个创新性实验向本科生开放。开放实验实施四个结合：一是课内与课外实验开放相结合；二是开放实验与设计性、综合性实验相结合；三是开放性实验与课外科技活动相结合；四是开放性实验与科研课题相结合。

二、成果创新点

（一）以"规范性、先进性、创新性和应用性"为培养目标，提出并实践"阶段化、单元化、现代化"的新教学模式，创建"一特色、三阶段、五模块、七课程"新课程体系，探索出一个特色鲜明的教学新模式和课程新体系。

（二）为实施新的教学模式编辑出版了一套大学物理实验系列新教材。该教材打破以往实验教材按一个个实验单一编排的框架，以阶段化、单元化为指导思想来构建新的教材体系，每个物理量测量方法的介绍从简单、经典到复杂、精密，直至国际前沿。特别将"物理实验的设计与研究""物理实验方法""物理实验思想"等内容首次编入实验教材中，这在国内同类物理实验教材的编写中是一种创新，它真正把物理实验当作一门实验的科学。

（三）"以网络化的物理实验室、大学生物理创新实验室及报告会和实验技能竞赛等为平台，营造创新人才培养的多元化教学环境"，其思想与方法代表了

国内外物理实验教学的最新发展方向，在国内具有先进性。

（四）提出并实施"以教改带动师资队伍建设、以学科促进实验教学改革"新思路，建设了一支年轻的、居国内先进水平的物理实验教学团队。

三、成果推广及应用效果

身处省属高校，却在国家级"教学质量与教学改革工程"建设中屡获佳绩，先后获得国家级精品课程、国家级实验教学示范中心、国家级教学名师奖和国家级特色专业，这已成为"在一般高校建设一流教学质量工程"的一种典型，引起了省内外同行专家的广泛关注，有力地促进了该成果的应用和推广。具体体现为：

（一）2004年以来，省内外30多所高校来我校物理学实验教学示范中心参观学习。特别是省内的福建农林大学、集美大学、泉州师范学院、龙岩学院、漳州师范学院、闽江学院、厦门理工学院、福建警察学院和武夷学院等9所高校的物理实验教学同行多次前来取经，把我们的实验教学改革模式、实验教学改革经验借鉴到他们的实验中心建设中。多年来我们还帮助泉州师范学院、龙岩学院、漳州师范学院等9所高校进行物理实验课程和实验中心的规划。同时也为闽江学院、泉州师范学院、福建警察学院等高校开设实验课程，把中心的优质教学资源辐射到省内新办本科院校。值得欣慰的是，2007－2008年福建农林大学、集美大学、泉州师范学院、龙岩学院、厦门理工学院的物理学实验教学中心被评为福建省实验教学示范中心。

（二）主讲教材《大学物理实验》已在高等教育出版社出版发行，第一版已销售一空，准备出版第二版。实验中心编写的三本教材已被福建农林大学、闽江学院、泉州师范学院、闽南科技学院等院校选为教材或指定参考书，得到了广泛的好评。南京大学都有为院士审阅了《大学物理实验》，并为该书作序，认为"它是一套概念清晰、富有特色的教程"。同时，我们多篇的教改论文、教材已被省内外20多位教师引用30多篇次。

（三）1996年首先发起组织召开福建省实验物理研讨会，全面交流物理实验教学改革的经验，促进我省物理实验教学质量的不断提高。至今，该研讨会已召开六届，在每届研讨会上，我们都在大会做一个特邀报告。这些工作促进和引领了福建省实验教学的改革。1998年赖恒教授在天津"面向21世纪实验物理教学展望及教学改革经验交流会"上做大会邀请报告，受到同行专家的重视和肯定，同时所提交的论文被教育部高校物理学与天文学教学指导委员会评为优秀论文。2008 年 4 月黄志高教授受高等教育出版社的邀请在"第四届大学物理课程报告论坛福建省分论坛"做《关于国家级精品课程建设》的特邀报告。2008 年 11 月黄志高教授被邀请在第五届全国高等学校物理实验教学研讨会上做有关物理实验教学改革的特邀报告。

（四）近年来，我校物理学实验教学示范中心参与了福建省中学物理教师新课程培训、省级骨干物理教师和学科带头人培训等工作。同时也接受新办本科院校物理老师、实验技术人员及教育硕士、研究生进入中心实验室工作、学习。据统计，五年来，进入中心实验室实验人数达 420 人，实验人时数达 12000 之多。该中心人员还到多所中学开展实验讲座、实验指导和科技创新实践活动几十次，特别是辅导中学开展自制教具和仿真实验的制作，得到了全省 20 多所学校的欢迎和肯定。另外，我们设计的许多实验仪器教具，如波传播实质演示仪、表面压力演示仪，已广泛应用于中学教学。

（五）自 1986 年以来，物理学实验室就作为中学生物理奥林匹克竞赛的培训基地，培训指导小组根据该教学模式，并充分利用实验室先进的教学设备，先后培训了 3000 多名优秀的中学生。他们中的许多人在国内外竞赛中都取得了优异成绩。据统计，有两人获得国际奥赛金牌（师大附中的陈岩松同学、三明一中的连乔同学），20 多人获得全国一等奖，70 多人获得全国二、三等奖。由于在培训工作中的突出贡献，物理实验室受到省物理学会特别嘉奖。黄志高教授于 1999 年获得"福建省优秀青少年科技辅导员"荣誉称号。显然，该中心的教学改革成果对全省中学物理实验教学的辐射作用是很强的。

培养德才兼备的高质量研究生

主要完成人：陈征、骆焉名、陈惠如、严正、郭铁民
主要完成单位：经济学院
获奖时间：1993 年（第二届）

获奖等级：省一等奖

一、成果主要内容

政治经济学专业从 1979 年开始招收研究生，到 1992 年已招收九届共 57 人，其中 1989 年到 1992 年招收 31 人，由开始的两个专业方向发展到 1992 年的四个方向，1985 年 4 月获硕士学位授予权，并于 1991 年开始招收博士生。多年来，我们按照研究生培养目标，坚持标准，精心培养，取得显著成绩。

二、成果创新点

（一）培养了一批德才兼备高质量研究生

1. 已毕业的研究生，获硕士学位 38 人，其中 1989 年以来 16 人。有 5 人考入中国人民大学、北京大学、中央党校博士生，4 人已获博士学位。

2. 1988 年以来，先后有 8 人被选派赴加拿大、美国、瑞士、澳大利亚等国进修，攻读硕士、博士学位。

3. 毕业的研究生已有 3 人晋升为教授，11 人晋升为副教授。其中已有 8 人成为硕士研究生导师。

4. 毕业的研究生有 8 人担任全国学会、研究会、省级学会、研究会的常务理事、副会长职务。

5. 已毕业的研究生有 11 人提升为厅、局级和系处级领导。

6. 已毕业的研究生有的已经成为拔尖的业务骨干。

7. 科研成果丰硕。据不完全统计，1986 年以来在苏联《政治经济学问题》、南斯拉夫《DELD》杂志、《经济研究》、《学术月刊》等刊物上发表论文 80 余篇。

8. 研究生政治思想表现好。在学期间就有 15 人加入中国共产党。

（二）明确培养目标，坚持培养标准，精心培养

我们培养研究生的做法和主要经验是：

1. 狠抓专业基础，在学位课程教学上加强对马克思主义原著的研究。重视马列主义经典著作的学习和研究。一个是在《资本论》研究上下功夫，时间为一年；一个是全面系统地开设马恩列关于社会主义经济理论原著研究课程，使研究生具有比较扎实的马克思主义理论基础。重视对中国社会主义经济问题的

研究。长期开设中国社会主义经济问题研究这门课程，并定期邀请国内、省内有关著名学者、专家进行专题讲座。

2. 实行"两个结合"（理论与实践，教学与科研），重视实际能力培养。重视调查研究和社会实践。一是选定有代表性的工厂、农村进行点面结合的调查；同时还通过专题调查，要求每个研究生写出调查报告和理论文章，并且出了一批成果，已经撰写编印调查报告论文集 100 多万字。结合教学开展科研活动。由研究生自选题目，积累资料独立研究，并且同毕业论文联系起来，大部分研究生在校期间先后就发表了几十篇有质量的论文。

3. 以马列主义为指导，面向社会主义建设实际，认真指导论文选题和写作。研究生毕业论文质量较高，毕业论文答辩均获通过，受到北大、厦大等兄弟院校教授相当高的评价。

4. 重视思想政治教育和管理工作。研究生进校后即成立班二组的党小组或党支部，进行日常思想教育和建党工作，系里对研究生工作专门配备班导师负责正常的思想教育工作。

5. 按培养标准，严格要求，坚持培养质量。凡已毕业的硕士生均达到培养要求，取得硕士学位。对一名犯错误的研究生予以退学，4 名专业条件达不到要求的作为研究生班毕业。

（三）有一支老中青相结合的、思想水平和业务水平较高的培养研究生导师队伍

1. 政治经济学专业研究生指导组共有 8 人。其中有教授 5 人、副教授 2 人、讲师 1 人，老中青相结合，平均年龄为 46.5 岁，其中 50 岁以下的正教授 2 人，2 名副教授也在 50 岁以下，有 5 人先后到过国外进修、访问或攻读硕士学位，群体力量强，后劲足。

2. 导师科研水平高，产生一批具有较高水平的科研成果，承担国家和省级的重点科研项目。近四年内研究生指导组教师正式出版的专著、译著、教材共 18 部，学术论文 150 多篇，在本学科最高水平的刊物上，发表论文 9 篇，其中国外杂志发表了 3 篇，正式出版 20 万字以上的专著、译著，教材 9 部共 300 多万字。导师科研成果中获国家级奖励 2 项，省级奖励 4 项。获中国图书奖和省级图书奖各一项。现承担国家科研项目一项、省"八五"社科项目四项、省教

委科研项目六项、省科委科研项目一项。

3. 学术带头人陈征教授享誉国内外：（1）陈征教授现为硕士生导师和博士生导师。已培养了19名硕士研究生，现在带有硕士、博士生各一名。（2）他任中国"资本论"研究会副会长，全国高师"资本论"研究会会长，美国世界名人传记中心顾问等。（3）他独著《资本论解说》144万字，合著7部共140万字主要著作，教材13部共407万字，在《经济研究》等刊物上独立发表论文56篇。获得国家级奖励2项，省部级奖励3项。1987年被省人民政府确立为有突出贡献的专家；1991年获国务院特别津贴；1992年1月被省委省政府确立为首批优秀专家。（4）他主持过福建省社科"六五""七五"规划重点项目研究，均已完成。目前正在主持国家和省社科"八五"规划重点项目"《资本论》与改革开放研究"。

4. 把培养研究生同师资队伍和学科建设结合起来。几年来，先后选留了14名优秀毕业生充实师资队伍，已成为骨干。

三、成果推广及应用效果

结合研究生教学，加强教材建设。如上所述，陈征教授所著《资本论解说》及其他主编的、合著的著作已成为研究生的主要教材和学习辅导材料。在社会主义经济理论研究教学中，撰写了《马克思主义关于社会主义经济著作研究》和《社会主义经济理论发展史》等书稿，还组织研究生参加八种教材，辅导材料的编写出版。

吸收10名留系研究生参加《资本论》与社会主义经济和社会主义经济理论研究两个学术梯队，这两个梯队在1989、1990年两次被评为校重点学术梯队。

学科建设成绩卓著。1991年政治经济学课程被评为省重点课程；1992年政治经济学学科被评为全省重点学科。

集中优势教学资源　提升人才培养质量

——文学院教授团队本科教学管理模式探索

主要完成人：谭学纯、陈庆元

主要完成单位：文学院

获奖时间：2005 年（第五届）

获奖等级：省一等奖

一、成果主要内容

本成果为体现福建师范大学文学院教学管理理念、已见成效的一项集体成果。

（一）成果设计背景

大学生从入学起，就很景仰教授，但是有相当多的学生，直到本科毕业，还不认识本院（系）的教授，有的教授也因为指导硕士生、博士生，加上自己科研工作繁忙，疏于给本科生上课。因此，在本科教学最需要夯实基础的阶段，最具优势教学资源的教授常常"缺席"。

教育部和省教育厅一直强调教授上本科基础课，体现了教育管理部门对高职称教师为本科生授课情况的重视，文学院（中文系）几届领导班子也都很重视教授上本科教学第一线。随着文学院的学科发展和教授队伍的扩大，目前已有 36 名教授，占全院 94 位在岗教师总数的 38.3%。这是一份宝贵的教学资源，为了最大化地发挥教授的教学和科研优势，学院开辟多种渠道，确保教授坚持本科教学，并形成明确的教学管理理念：最大化地利用教授团队这一优势教学资源，深化教学改革，提升中文人才培养质量。目前 36 名教授全部担任本科生长短线课程教学。

（二）成果特色

"教授团队在本科教学第一线"有梯度地系列化分布，全院在职的全体教授，根据不同层次的教学对象，多渠道地进入本科教学岗位。

1. 教授团队在本科基础课教学第一线

2000 年秋季以来，教授担任本科教学 303 人次，课程 230 门次，授课总门数 184 门。具体包括：

长线课程：教授整学期担任本科教学。本院汉语言文学（师范类）教学计划所列基础课现代汉语、古代汉语、文学概论、文学作品导读、写作 5 门，教学计划所列专业基础课中国现当代文学、中国古代文学、比较文学与世界文学、语言学概论、逻辑学、美学、文学创作论、书法、马列文论 9 门，总共 14 门课程，其中 10 门课程由教授主讲，有的课程还有多位教授主讲。

汉语言文学（国家文科基地）教学计划所列基础课和专业基础课共 16 门，整学期由教授主讲的课程多于汉语言文学（师范类）。

短线课程：基地班 4 年级"学术动态"系列讲座，全院 36 名教授轮番在第一线，每教授 1 讲。基地班 3 年级"科研论文阅读与写作"，学院组织 12 名教授主讲，已坚持数年。

让新生在入学第一学期感受名教授风采。2003 级新生入学第一节专业课，学院特意安排全国著名学者、省级名师孙绍振教授上课。此外，2001、2002、2004 各年级新生入学，基本上都保证孙绍振教授在第一学期上讲台，让新生上课之初即与名师面对面。

2. 教授团队在本科选修课教学第一线

面向 21 世纪的高校教学改革，应关注国外高校教育形势。目前国际上一些著名大学开设的必修课，有的实际上是选修制，如美国麻省理工学院开设人文、艺术、社会科学必修课近 100 门，规定学生选修其中 8 门即可。该校每年开设的选修课也有数百门，学生自由选课的空间很大。国内一些大学也在不同程度地压缩必修课学分，增加选修课学分。增加选修课，已是国内外本科教育改革的一个趋势。文学院适应这一趋势，2000 年秋季以来，教授开设的选修课共 58 门。从本学期起，推行两轮选修课制（学分折半计算）。这样，教授开选修课的门数，在理论上可以翻 1 倍。

3. 教授团队在本科成人教育教学第一线

2000 年以来，文学院在中文自考本科、函授本科教学中，主讲基础课和选修课的教授 29 位，授课超过 30 门次。每届自考、函授生的毕业论文，文学院均派出教授团队悉心指导。

4. 教授团队在本科远程教育教学第一线

2001年福建师范大学远程教育学院开始招生，目前已招收汉语言文学专业（专升本）学生4届6000多人，文学院选派12位教师担任专业课教学，其中9位教授，5位博士生导师。主讲教授占主讲教师总数的75%。目前这支以教授为主的教师队伍已连续3年在远程教育学院担任专业课教学。

5. 教授团队在中小学语文骨干教师、学科带头人研修/培训班教学指导第一线

2001年以来，文学院先后承担初中语文骨干教师国家级培训班、中学语文骨干教师省级培训班（共3期）、福建省中小学语文学科带头人培训班（共2期）、青海省中小学语文教师高级研修班，本院共有28位教授担任一线教学和课题导师。

二、成果创新点

（一）有序化的管理思路

教授团队是宝贵的资源，也是容易零散化的资源，为此，学院确立了有序化的管理思路，充分考虑教授的学术专长、教学风格与教授在本科教学中的角色定位，什么样的教学对象，配备什么样的教授，哪些教授更适于上基础课，哪些教授更适于上选修课，学院尽量做到统筹安排，以确保最大化地利用优势教学资源的管理思路进入有序运作。

（二）层级性的多向展开

本项成果的特色是教授团队的本科教学有梯度、系列化，体现梯度、系列化的创新设计，即让全院现有的全体教授，根据不同层次的教学对象，多渠道地进入本科教学岗位。并且根据不同层次教学对象在知识谱系方面的要求，进行差异化的处理。

（三）辐射性的互动效应

教授团队的本科教学，以在校本科生为中心，辐射成人教育、远程教育、民办二级学院中文学科教育，目前正进入师生互动、教师之间的互动、教学和科研互动的良性循环。

三、成果推广及应用效果

（一）以教授团队拉动教学质量整体提升

教授全线介入本科教学，重在把教授的治学经验，用于学习方法的引导，培养学生自主性学习能力。以课堂教学的"少讲"，指导学生课外"多学"和"多做"，缓解学生日益扩大的知识需求与教学时间有限的矛盾，拉动教学质量的整体提升。本成果对 2001 年我院获得国家级优秀教学成果二等奖、福建省优秀教学成果二等奖、2003 年我院 1 门精品课程获得省级立项，2004 年我院 2 门硕士课程被评为省优质课程，都起了积极的推动作用。

（二）以教授团队促进教学资源优化组合

文学院现有的教授队伍，为我们最大化地利用优势教学资源，提供了人员方面的保证。教授们丰富的研究成果，有利于教学内容适时更新。

以教授为主要阵容的选修课系列，有利于课程体系改革和课程结构调整。文学院课程结构调整的总体思路是：减少课时和学分，增加课程门数。前者减少学生的学习负担，后者增加学生的知识积累。新实行的学期两轮选修课制，是落实上述课程结构调整思路的举措之一。两轮选修课制，有利于教师提取教学内容中最精华的部分，给学生提供高浓度的知识养分。

（三）以教授团队搭建多层次人才培养平台

教授面对的本科教学对象，层次不一，教学时间长短不一。为优化教学效果，学院鼓励教授调整课程设计，讲求针对性，注重以前沿理论引导教学内容改革和科研实践，追求先进性与现实性的统一，优势教学与因材施教、因人施教的统一，搭建多层次人才培养平台。

（四）以教授团队深化文学院教学改革

文学院目前已经形成从本科生教育到博士后研究完整的人才培养体系，因此有条件从本院本科生在硕士生、博士生学习阶段的特点，反观我们本科生培养质量，同时也有助于避免本科生和研究生培养的脱节，为日后构建"本—硕—博"连读的人才培养模式，进行先期探索。教授全线介入本科教学，有利于把受过良好基础训练的本科生放到我院纵向的人才培养链条中，进行跟踪观察，把来自不同层次的本科生，放到我们的"本—硕—博"教育框架中来考察，从而把教学改革引向纵深。

（五）以教授团队引领文学院学科建设

全院现有 36 名教授，有的是全国知名学者，有的在各自的研究领域处于前沿位置，这一态势，有利于教师把自己最新的研究成果和本学科最前沿的动态及时转化为教学内容。教授是这方面的主力军，他们既在本科教学第一线，也在研究生教学指导第一线。学院在硕士生入学第一学期，开设"学术前沿"系列讲座，选派 12 位教授主讲。此举已实行 2 年，并将继续实行。2005 年暑假，学院召集全体教授，召开"一级学科建设研讨会"，与会教授人人发言，就如何搞好一级学科建设奉献良策，此举也将继续实行。

目前，福建师范大学文学院正构建以一级学科为依托，以博士点为支撑，以教授为优势资源，以青年博士为学术梯队的学科阵容，扩大本成果的学科建设效应。同时，作为率先在福建省推行"教授团队在本科教学第一线"的教学单位，本成果完成单位的尝试也许可以为兄弟院校更成功地运作提供一些先期探索的经验。

以实践与创新能力为核心的计算机科学与技术专业人才培养改革

主要完成人：郭躬德、严宣辉、陈黎飞、杨守辉
主要完成单位：数学与信息学院
获奖时间：2014 年（第七届）
获奖等级：省一等奖

一、成果主要内容

（一）成果简介

近年来，福建师范大学计算机科学与技术专业建立以学生创新能力和实践能力培养为核心的培养理念，以"宽基础、重应用、精方向"为指导思想，注重学生的可持续、协调发展和个性化需求，在培养模式、培养方法上形成自己的特色和优势，2013 年本专业在学校进行的专业评估中获得优秀的成绩（共 21个理工专业参加评估，有 9 个专业获得优秀）。

本专业目前承担"福建省本科高校专业综合改革试点""计算机科学与技术"省级特色专业、省级"计算机专业人才培养模式创新实验区"、省级"数学与计算机师范类专业复合型人才培养模式创新实验区"等教改项目。2012 年获得 2 项教育部计算机专业职教师资培养项目:《全国重点建设职教师资培养培训基地专业点建设》项目——"计算机网络技术专业"和"职教师资培养标准、培养方案、核心课程和特色教材开发"(总经费 350 万元);2013 年获《全国重点建设职教师资培养培训基地专业点建设》项目——计算机应用技术专业(经费 200 万元)。拥有计算机科学与技术一级学科硕士点、软件工程一级学科硕士点、通信与信息系统二级学科硕士学位点、省级"计算机实验教学示范中心"、福建省重点实验室:"网络安全与密码技术实验室",计算机科学与技术省重点学科。2012 年新获批"多媒体内容挖掘与监控关键技术"和"异构网络安全通信技术研究"两个福建省高校科技创新团队。

本专业积极推进教学改革和课程体系建设,确立鲜明的办学理念和特色,在计算机专业人才培养上取得了优秀的成绩,大大提高了学生的就业竞争力,为海西建设输送了大量的计算机专业人才。教学改革成果主要体现在以下几点:

1. 建立以突出实践与创新能力培养为核心的计算机专业人才培养体系,推进人才培养模式的改革。

2. 通过学科建设引领本科教学,加强学科和教学梯队建设,不断提高师资水平。

3. 以计算机实验教学中心为平台,开展全方位的校企合作,实施实验课程单列和工程实践训练项目,提高学生的实践能力。

4. 组织和资助学生参加学科竞赛与科技创新活动,以学科竞赛和科技创新活动促进学生的创新能力的提高。

5. 建立中外合作交流的平台,引进先进的教学理念,组织、资助师生到省外、国外知名高校学习交流,开拓师生的国际视野。

(二)主要解决的教学问题

1. 人才培养理念的转变

(1)建立以科学发展观为指导思想的人才培养理念。创新人才培养体系、改革培养模式,在本专业人才培养中践行科学发展观,强调以学生为本,把学生未来发展的可持续性、全面性和协调性作为指导思想。在培养过程中重视学生综合素质的提高，使学生走上社会后具有良好的发展后劲，能够可持续发展。

（2）教学理念的改变。教学思想从偏重理论教学转变为理论与实践并重；教学方法从以知识传授型向培养创新实践能力型转变；教学主体从以教师为中心向以学生为中心转变；教学模式从传统课堂教学为主向课内、课外、实验、工程项目实训相结合的模式转变。

（3）采用分层次、分方向的人才培养模式。适应学生个人发展的个性化需求及社会人才需求的多元化，设立"计算机科学"和"计算机工程应用"两个培养方向，分别适应于培养创新型和应用型人才。在培养方案和课程体系中强调理论与实践相结合，教学稳定性与计算机技术的发展性相结合，突出"厚基础、重应用、精方向"的指导思想。

（4）培养学生的计算思维能力。计算思维能力是计算机专业能力培养的核心内容，以能行性、构造性、模拟性为特征的计算思维方式在现代科学的形成过程中逐步清晰，随着计算机技术的出现及其广泛应用，更进一步强化了计算思维的意义和作用。本专业将计算思维能力培养作为人才培养改革的切入点，改革教学手段和教学方法，强调与培养计算思维能力有关的数据结构和算法实现。

（5）以提高创新能力为核心的培养体系建设。理论基础与实际应用并重，突出学生创新能力的培养。通过学科建设引领本科教学、大学生课外科技项目、科技竞赛、导师制等措施，着力培养学生的创新意识和创新能力。

（6）通过校企合作培养学生实践能力。通过校企合作，将企业的技术应用能力和项目开发经验与学校师资力量相结合，培养学生的实践能力、应用能力与项目开发能力。一方面建设完善的校内实践教学基地，另一方面加强校外实习和实训基地的建设，为培养学生的实践与创新能力提供良好的软硬件条件。

2. 培养模式与课程体系的改革

在设计课程体系和教学计划时，本专业以 IEEE – CS&ACM 提出的 CC2004 和中国教育部计算机科学与技术专业指导委员会提出的 CCC2006 课程体系为指导，制定适合本专业的人才培养方案。以"厚基础、重应用、精方向"为指导思想设计课程结构，强调理论与实践相结合，教学稳定性与计算机技术的发展性相结合。

表1-1列出了福建师范大学计算机科学与技术本科专业培养方案结构。

表1-1 计算机科学与技术本科专业培养方案结构

学科理论基础			
计算机硬件与系统结构基础			
程序设计与算法基础			
方向特色课程组			
软件技术方向课程组	网络与信息安全方向课程组		嵌入式系统开发方向课程组
实践与创新能力培养			
工程实践训练课程组	课外科技创新活动	与计算机学科相关的竞赛活动	就业实训和实习
公共课程和其余计算机科学知识单元			

（1）分方向培养。以本地域人才需求为导向，构建创新人才个性化培养方案，采用分类培养的方式，设立"计算机科学"和"计算机工程应用"两个培养方向。"计算机科学方向"是以培养科学创新型人才为目标，学生就业以升学考研和IT企业的研发岗位为主；"计算机工程应用方向"以培养工程应用型人才为目标，就业方向以IT企业和其他单位的IT应用岗位为主。

（2）采用"模块化方式"设置课程组。将专业课程分为专业基础课程组和专业方向及特色课程组。专业方向选修课程中开设"软件技术""网络与信息安全""嵌入式系统开发"三个课程组，学生可以按今后的发展方向和兴趣选择其中一个课程组作为主修方向。为了加强学生工程实践能力的培养，特别在培养方案中新增了一个"工程实践"课程组，共设置了5个工程实践训练项目。

（3）实践教学。在教学计划安排中，对一些重要的必修课程进行实验课程单列，分学期开设了8门单列的实验课程。这些实验类课程独立设课，按周学时分别计算学分，要求学生必须单独通过实验课程的考核。通过实验课程单列的方法，使得学生和教师充分认识到实验教学的重要性，促进了学生的动手能力和创新能力的提高。在三年级下半学期，通过校企合作的实训平台，采用请进来和送出去两种方法，通过学院实验教学中心的实训部和在企业合作建设的实训基地对学生进行项目开发实训。

3. 学生创新能力的培养

（1）以学科竞赛、课外科技创新活动引领学生创新能力培养。创造条件，积极组织、资助学生参加学科竞赛，依托实验中心，建立大学学生课外科技创新平台、ACM大学生程序设计大赛训练平台、机器人实验创新平台、嵌入式开发创新平台等。目前已在ACM大学生程序设计大赛、计算机仿真大赛、数学建模大赛和全国大学生人工智能大赛上获得了许多好成绩，得到大量高级别的奖项。

（2）建立导师制。每名本专业三、四年级的学生都安排一位导师，导师在专业学习和科技创新方面对学生进行指导。鼓励教师结合自己的科研课题，指导学生进行科技创新活动。教师能以自身的创新意识、创新思维以及创新能力去感染、带动大学生创新能力的形成和发展，营造以大学生为中心的生动活泼的学习局面，从而激发他们的创新激情。

（3）积极组织课外科技活动。通过大学生创新实验平台的建设，以及学校、省级大学生创新实验项目的申请立项等手段，培养学生的创新意识和创新能力，加大对大学生课外科技创新活动的经费投入和政策支持力度，积极组织学生参加各类大学生课外活动，获得多项校、省级大学生科技创新项目。

4. 学生实践应用能力的培养

本专业强调学生实践应用能力的培养，取得很好的效果。在教学计划安排中，对一些重要的必修课程进行实验课程单列、在培养过程中实施"工程实践训练"项目。与多家IT企业合作建立实践教学基地，广泛开展定向式培养、工程实践训练、毕业实习实训、双师型师资队伍建设等合作。

本专业在办学过程中通过深化校企合作、产学研结合的创新型改革，与有一定资质的企业建立战略教育合作关系，建立实践教学基地，广泛开展定向式培养、工程实践训练、毕业实习实训、双师型师资队伍建设等合作。

目前，通过校企合作的方式，与19家IT企业建立了合作关系，组建项目开发联合实验室、项目实训联合实验室、定向式人才实训室和实习、实训基地。对二、三年级学生每学期都聘请企业工程师进行免费项目开发培训。

为提高计算机科学与技术专业学生工程实践能力，在培养过程中实施"工程实践训练"项目。第一学期与福州大学机电工程实践中心合作开展金工实习。在培养方案中共安排 5 个工程实践项目，本专业的一到三年级学生每个学期都要参加工程实践训练，取得相应学分。

5. 开拓视野

目前，数学与计算机科学学院与芬兰 Novia 应用科技大学、香港浸会大学、台湾彰化师范大学和日本京都情报大学院大学联合开展交换生活动，并不断拓展加大合作的范围和深度，进行互派师资、研究生联合培养、学术交流、教师进修等方面开展更深层次的合作。

本专业在办学过程中利用海西地缘、人缘优势，加强与台湾和香港地区高校的合作，进行教育和文化交流，借鉴其先进的办学经验，增进两岸民间的交流和理解。台湾地区在信息技术领域处于世界领先水平，加强与台湾高新技术企业的合作，将先进技术和工程经验引入学生培养中，并积极开展科研项目和研发项目的合作，特别是在具有发展前景的新兴技术方面重点开展合作。

目前，我们已与两家台湾地区企业签署协议，将在物联网技术和嵌入式系统方面开展科研项目合作，成立联合实验室，并把合作范围延伸到学生培养中。

（三）成果解决教学问题的方法

一是建设以实践与创新能力培养为核心的培养体系

1. 以实践与创新能力培养为核心。突出"工程性""国际性""创新性"特色，与国内外知名高校、企业进行人才培养合作交流。

2. 分层次、分方向培养。以本地域人才需求为导向，构建创新人才个性化培养方案，采用分类培养的方式，设立"计算机科学"和"计算机工程应用"两个培养方向。"计算机科学方向"是以培养科学创新型人才为目标，学生就业以升学考研和 IT 企业的研发岗位为主；"计算机工程应用方向"以培养工程应用型人才为目标，就业方向以 IT 企业和其他单位的 IT 应用岗位为主。

3. 采用"模块化方式"设置课程组。课程体系以"厚基础、宽口径"为指导思想，强调理论与实践相结合，教学稳定性与计算机技术的发展性相结合。将专业课程分为专业基础课程组和专业方向及特色课程组。专业方向选修课程中开设"软件技术""网络与信息安全""嵌入式系统开发"三个课程组，学生可以按今后的发展方向和兴趣选择其中的一个课程组作为主修方向，适应学生未来发展方向和个性化需求。

二是改革实践教学方法

1. 校企合作。通过深化校企合作、产学研结合的创新型改革，与有一定资质的企业建立战略教育合作关系，建立实践教学基地，广泛开展定向式培养、工程实践训练、毕业实习实训、双师型师资队伍建设等合作。与19家IT企业建立了合作关系，建立项目开发联合实验室，项目实训联合实验室，定向式人才实训室和实习、实训基地，开展多种形式的人才培养合作。

目前，计算机科学与技术专业与福建新大陆软件工程公司、福建新大陆电脑工程公司、富生软件、思博网络、哈飞动漫福建富士通、维胜科技、伊时代、福建新大陆、中兴3G、厦门万策、信永国际、东方锐智等知名IT企业建立多个联合实验室、实训和实习基地。

2. 免费项目培训。对二、三年级学生每学期都聘请企业工程师进行免费项目开发培训，提高了学生的实践能力与创新能力。

3. 实践教学体系建设。在实践教学模式方面，推进教学模式从传统课堂教学为主向课内、课外、实验、工程项目实训相结合的模式转变。根据计算机专业工科性质的特点，高度重视实践教学环节，制定了合理的实践教学课程体系。新的课程体系强调理论与实践相结合，教学稳定性与计算机技术的发展性相结合，突出"厚基础、宽口径"的指导思想。

4. 实验课程单列。对一些重要的必修课程进行实验课程单列，分学期开设了8门单列的实验课程。这些实验类课程独立设课，按周学时分别计算学分，要求学生必须单独通过实验课程的考核。通过实验课程单列的方法，使得学生和教师充分认识到实验教学的重要性，促进了学生的动手能力和创新能力的提高。

5. 改进实践教学方法。改进教学方法，从以知识传授型向培养创新实践能力型转变，教学主体从以教师为中心向以学生为中心转变。结合上述课程体系的改革和建设，使学生和教师充分认识到实验教学的重要性，促进学生的动手能力和创新能力的提高。通过校企合作大大拓宽实践教学内容，使得实践教学内容与科研、工程、社会应用实践更加紧密地联系在一起，已初步形成良性互动的实践教学方法。

6. 实践教学队伍建设。整合师资队伍，并从福建省计算机企业中聘请兼职教师，建立了一支具有丰富实践经验和项目开发经验的校外师资队伍，包括外聘课程主讲教师、项目开发导师、校外实习实训基地指导教师，他们带来了计算机新技术、项目开发经验，很大程度上提高了中心的实践教学指导力量。

7. 在培养方案中实施工程实践项目

为提高计算机科学与技术专业学生工程实践能力，在培养过程中实施"工程实践训练"项目。在本专业共8个学期的学习期间，安排5个工程实践项目，每个学生要参加其中2—3个项目的实训，并取得要求的学分数。

在"工程实践项目"建设与实施过程中，具体的思路是"以项目开发形式"进行以上5个项目的建设，给予一定的建设经费，并制定具体的实施措施加以落实。每个工程实践项目成立项目建设小组，负责设计每个实践项目的具体方案，并在两年以内组织实施培训方案。每个项目指定1—2名负责人，由适合的老师担任。成立"工程实训"工作部，由各实训项目负责人组成，并指定一人担任工作部负责人，全面负责"计算机科学与技术"专业的工程实践训练工作。

三是通过课外科技创新活动和学科竞赛促进学生创新能力的培养

1. 建立导师制，每名本专业的学生都安排一位导师，导师在专业学习和科技创新方面对学生进行指导。鼓励教师结合自己的科研课题，指导学生进行科技创新活动。教师能以自身的创新意识、创新思维以及创新能力去感染、带动大学生创新能力的形成和发展，营造以大学生为中心的生动活泼的学习局面，从而激发他们的创新激情。

2. 以学科竞赛、课外科技创新活动引领学生创新能力培养。创造条件，积极组织、支助学生参加学科竞赛，依托实验中心，建立大学学生课外科技创新平台、ACM大学生程序设计大赛训练平台、机器人实验创新平台、嵌入式开发创新平台等。目前已在ACM大学生程序设计大赛、计算机仿真大赛、数学建模大赛和全国大学生人工智能大赛上获得了许多好成绩，荣获多项高级别的奖项。

3. 积极组织课外科技活动，通过大学生创新实验平台的建设，以及学校、省级大学生创新实验项目的申请立项等手段，培养学生的创新意识和创新能力，加大对大学生课外科技创新活动的经费投入和政策支持力度，积极组织学生参加各类大学生课外活动，获得 21 项校、省级大学生科技创新项目。

四是充分利用各种资源，提高教学效果

配置了多种课堂教学的多媒体课件和数字视频教学资料；有较为先进的多媒体教室和良好的教学设施及环境。教师积极使用现代化多媒体手段进行辅助教学，及时把本专业发展的最新信息和计算机技术发展的最新成果引入课堂。

学院自主开发了程序设计训练系统平台（http：//ACM. fjnu. edu. cn），该系统的主要特点是：1. B/S 模式，全天候运行，系统稳定，系统已积累 1000 多道练习题，学生在实验室或在其他地点、在实验课或在课余时间均可通过互联网远程登录，把程序提交系统评测；2. 练习题均为程序设计题，而不是随处可见的客观题（对程序设计而言，客观题只能使学习者死记硬背词法语法，不会编程，不会创造），因此，该系统是学生提高实际能力的优秀平台；3. 系统中的许多练习题为本教学梯队人员开发的原创题目。

图 2.1　学院程序设计训练系统平台截图

五是加强师资队伍建设

计算机科学与技术专业长期以来实施"人才战略"工程，不断加大师资队伍建设的力度。本专业采用"培养、引进、聘用"的方针，坚持引进人才与自己培养提高并重的师资队伍建设方向。

1. 人才引进

重视人才引进工作，从外校引进了学科发展和专业建设急需人才组建学科梯队。2008 年以来，本专业引进博士 6 人，其中 1 人晋升为教授，2 人晋升为副教授。

2. 师资培养

加大对在职教师的培养力度，学院长期以来鼓励和支持教师在职攻读博士学位，出台了多项优惠政策，使得本专业具有博士学位的专任教师的比例逐年提高。2008 年以来，本专业教师在职攻读已获得博士学位 6 人，目前正在攻读博士学位 6 人。

3. 青年教师培养

一直以来，从战略的高度认识青年教师培养的重要性与前瞻性，把青年教师的培养工作作为学院的一项重要工作来抓，制定了《数学与计算机科学学院青年教师培养若干措施》。采取了以下几项措施来促进青年老师培养工作：

（1）建立指导教师制度，帮助青年教师提高教学水平。

（2）加强教学上的考核，在教学上把好"进人关"。

（3）依托教务系统的教学质量评价体系，利用经济和行政手段激励和督促教师加大教学投入，提高自身教学水平。

4. 实行"一年助教制度"

本专业有 7 名教师成为福建师范大学优秀青年骨干教师培养对象，他们是：许力、陈志德、黄添强、陈荔聪、林崧、叶阿勇、张仕。

通过良好的师资培养制度，计算机科学与技术专业教师队伍结构不断优化，素质不断提高，发展趋势良好。近年来计算机科学与技术专业教师平均年龄稳定在 38 岁，形成了以中青年教师为主、年龄分布合理的梯队。

七是教学团队建设

建设"计算机程序与算法设计""网络与信息安全"两个教学团队，开展教学改革，建设课程与教学资源共享项目。

二、成果创新点

（一）以科学发展观为指导思想的人才培养模式改革

1. 践行科学发展观，强调以学生为本，把学生未来发展的可持续性、全面性和协调性作为指导思想，创新人才培养体系、改革培养模式。

2. 采用分层次、分方向的人才培养模式，适应学生个人发展的个性化需求及社会人才需求的多元化。

3. 以提高实践创新能力为核心的培养体系建设，以本地域人才需求为导向，设定合理的培养目标；采用分类培养的方式，理论基础与实际应用并重，突出实践创新能力的培养。

（二）实践教学手段体系的创新

改革实践教学内容和手段，对学生开展工程实践项目训练（我们的特色是与企业合作、全免费），通过工程实践项目培养学生实践能力和创新能力。加强校企合作实验室、实习与实训基地的建设，构建一个良好的学生实践软硬件支撑平台。

（三）以学科竞赛和科技创新项目培养学生的创新能力

组织学生参加各类学科竞赛和科技创新项目，培养学生的创新意识、创新思维以及创新能力，使毕业生具备良好的创新精神和创新能力。

（四）对外交流与合作

与国内知名大学及芬兰 Novia 应用科技大学、香港浸会大学、台湾彰化师范大学和日本京都情报大学院大学等开展人才培养合作交流，资助学生和老师到国内外高校进修学习，开展学生交流活动，开成"国际化"和"时代化"的办学特色。

（五）学科建设引领本科教学

计算机专业的学科建设对本科教学起到相互促进的关系，通过加强学科建设，提高教师业务水平，培养良好的教风学风，建立学科和教学的团队和梯队，实施课程组负责人制。

三、成果推广及应用效果

（一）近年来的专业建设成果

1. 获得三个省级教改项目："计算机科学与技术"省级特色专业、省级"计算机人才培养模式创新实验区"、"福建省本科高校专业综合改革试点"项目。

2. 2010 年 11 月省级计算机实验教学示范中心通过验收。

3. 2012 年计算机科学与技术被评为省重点学科。获批"多媒体内容挖掘与监控关键技术""异构网络安全通信技术研究"两个福建省高校科技创新团队。

4. 获校级教学成果奖 2 项、校级精品课程立项 4 项、省级精品课程 2 门。

5. 学生校级、省级科技项目立项 21 项。

（二）提高学生就业竞争力

本专业通过深化培养模式、课程体系结构和教学方法的改革，培养符合社会需要的计算机专业人才，5 年来保持平均 95% 左右的就业率，2012 届的就业率为 96.91%，获得我校就业率增长第三名的奖励。本专业毕业的就业质量不断提高，到福建星网锐捷、福建网龙、中国电信、福建富士通、新大陆集团等知名 IT 企业就业的毕业生比例不断增大（如：近两年每年都有十几名学生被福建星网锐捷公司录用为正式员工）。

（三）校企合作实践基地与实验室的建设与应用

与省内外 19 家 IT 企业建立了合作关系，探索出 4 种有效的校企合作模式，合作建立联合实验室和校外大学生实践基地，大大提高了本专业学生创新型、工程型人才培养的能力，其培养效果已在近年本专业本科毕业生的就业质量上得到体现。

（四）校企项目合作

与企业开展项目合作，四年来，与福建盛辉物流、新大陆电脑股份有限公司等单位签署了合作协议，获得 8 项较大规模的横向课题。

（五）学生在各类学科竞赛获奖

积极组织学生参加 ACM 国际大学生程序设计大赛、数学建模、计算仿真大赛、全国大学生人工智能大赛等，获得多项高级别奖项，获得校长的专门嘉奖。

积极组织课外科技活动，通过大学生创新实验平台的建设，以及学校、省级大学生创新实验项目的申请立项等手段，培养学生的创新意识和创新能力，加大对大学生课外科技创新活动的经费投入和政策支持力度，积极组织学生参加各类大学生课外活动，获得多项本科生课外科技计划、省级大学生创新性实验计划项目。

地方高校地理学研究生培养质量保障体系建设探索

主要完成人：陈松林、谢锦升、林芳、李守中、陈兴伟、伍世代、朱宇、杨玉盛

主要完成单位：地理科学学院

获奖时间：2014 年（第七届）

获奖等级：省一等奖

一、成果主要内容

（一）成果简介

作为福建省最早设立地理学硕士点的高校（1986 年），也是全国地方高校中最早设立地理学博士学位授权点的高校（1993 年），承担着为国家自主创新和服务地方建设培养地理学高层次创新人才的双重使命。围绕地方高校如何提高地理学研究生培养质量这一中心任务，我院通过几代人的努力和探索，研究生培养质量逐步提高。在此基础上，近 10 年来以学科交叉与协同创新作为地方高校提升地理学研究生培养质量的切入点，探索并构建了平台－团队－学科－制度"四位一体"的地理学研究生培养质量保障体系，我院地理学在教育部学位与研究生教育发展中心 2012 年学科评估中获本学科第 9 名。经专家鉴定，成果达到国内先进水平。主要成果概述如下：

1. 建立了平台－团队－学科－制度"四位一体"的地理学研究生培养质量保障体系，增强了研究生培养的支撑能力。

通过地理学与生态学深度的学科交叉，两个学科相互促进，建成了两个一级学科博士学位授权点，并均进入省重点学科；平台建设稳步发展，从福建省重点实验室发展到福建省高校优势学科创新平台、教育部重点实验室，目前成为国家重点实验室培育基地；团队和导师队伍创新能力不断提高，"湿润亚热带山地生态地理过程创新团队"入选教育部创新团队，近 3 年承担 973 课题、国家基金重点项目、国家科技支撑项目等 60 多项国家级项目，发表 SCI 论文 70 多篇，为保障研究生培养质量打下了坚实的基础。

2. 提升了研究生科研创新与服务地方经济建设的能力。

优化课程体系，依托创新平台突出实验地理学特色，强化实验分析、野外观测和社会调查，有效地提高了研究生的科研动手能力和综合素质。通过与省民政厅、国土厅、林业厅等部门和企业开展协同创新，引领研究生面向社会经济发展主战场，近 3 年参与完成横向课题 200 多项，平均每年经费 2000 余万元；建设福建省陆地灾害监测与评估工程技术研究中心，校企合作共建"海西地理国情动态监测与应急保障研究中心"、福建省自然地理学、生态学 2 个研究生教育创新基地，与美国、加拿大、澳大利亚等国家的高校以及国内的台湾大学、台湾师范大学、台北市立大学、彰化师范大学等建立研究生联合培养机制。研究生基础创新和应用创新能力显著提高，一些毕业生如朱连奇、曹文志、何绍福、谢跟踪等已成为高校基础研究的骨干，石建平、赵怡本、杨新洪、郑建闽等已成为政府部门的中坚力量。

3. 激发了研究生科研创新活力。

实行导师和研究生"双向选择制"，按研究兴趣实施基础理论研究和应用研究分类培养。定期开展学术讲座、教授和研究生学术沙龙、举办学术会议和研究生科讨会等，如近3年举办或承办国际与全国性学术会议13场，各类学术讲座242场。研究生在与众多学术名师面对面交流中，拓宽了学术视野，提升了科研兴趣。制定研究生科研创新基金条例和优秀科研成果奖励条例，激发了研究生创新活力，一些研究生如盛浩、林李月等已经在国际主流 SCI 期刊如 Global Change Biology（I 区）等发表论文或获得省部级科研奖励。

（二）主要解决的教学问题

提升研究生培养质量是一个系统工程。本成果根据地理学学科特点，构建了平台 - 团队 - 学科 - 制度"四位一体"的地理学研究生人才培养质量保障体系，提高了研究生创新人才培养的软硬件能力，有效解决了地方高校地理学研究生培养过程中普遍存在的导师队伍偏弱、学科与平台支撑能力不足、生源质量不高、管理制度不完善等瓶颈问题。

（三）成果解决教学问题的方法

以提升地理学研究生培养质量为中心，以学科交叉与协同创新为切入点，通过搭建科研平台，培育创新团队，整合学科资源，创新管理制度，构建了平台 - 团队 - 学科 - 制度"四位一体"的地理学研究生人才培养质量保障体系。

1. 搭建先进的创新平台，为基础科学研究和应用型人才培养提供基础条件

根据地理学研究对室内实验和野外观测的需要，以及地方高校培养基础科学研究人才和应用型人才的需求，多渠道筹集资金，先后建成了湿润亚热带生态 - 地理过程教育部重点实验室，湿润亚热带山地生态国家重点实验室培育基地，海西资源利用与环境保育福建省高校优势学科创新平台，福建省陆地灾害监测与评估工程技术研究中心，常绿阔叶林、侵蚀退化地、河口湿地 3 个野外

站。同时，积极开展与民政厅、国土厅、林业厅等政府部门以及与"厦门精图""永林集团""金森公司"企业等合作建设了一系列"产、学、研"协同创新基地，先后建成了"海西地理国情动态监测与应急保障研究中心"协同创新平台，自然地理学、生态学2个福建省研究生教育创新基地。这些平台为复合型高端人才和研究生个性化培养提供了良好的硬件条件。

2. 组建与培育科研创新团队，提升导师队伍水平

立足湿润亚热带区域特色和学科优势，组建了湿润亚热带山地生态地理过程创新团队，森林碳氮循环研究团队，亚热带河口生物地球化学过程、地貌过程与环境演变研究团队，大气－陆面－水文过程研究团队，陆地灾害监测与评估研究团队，人口与城乡发展研究团队，生态文明研究团队，城市与区域规划研究团队等九支创新团队。实施《引进高层次专业人才暂行办法》《鼓励优秀中青年教师海外进修计划》《新世纪优秀人才资助计划》和《旗山青年学者资助计划》，引进了海西创新创业人才、闽江学者等领军人才5人，以及一批从"985"高校、中科院毕业的优秀青年骨干，每年选送5~6名优秀青年骨干到国内外著名高校与研究院所访学深造与合作研究，科研团队创新能力显著提升，"湿润亚热带山地生态地理过程"团队入选教育部创新团队，带动了导师队伍水平的提高。

3. 发挥学科交叉优势，夯实研究生科研创新的学科基础

依托我院自然地理、生态学、资源科学、人文地理和地理信息系统等多学科优势，发挥地理学区域尺度分析和生态学实验研究的特点，重点围绕生态地理过程、陆地灾害监测与评估、人口迁移与城镇化、全球变化及区域响应、人类活动对环境变化的影响等学科交叉领域开展创新性探索，拓展了地理学研究的新领域，地理学与生态学的发展相互促进，均发展成为一级学科博士点和省级重点学科，同时自然资源学、水土保持、城市与区域规划成为二级学科博士学位授权点，为研究生开展科研创新提供了坚实的学科基础。

4. 完善研究生管理制度，创新人才培养机制

针对地方高校地理学研究生培养管理过程中存在的问题，不断完善研究生管理制度，形成长效机制。①制订实行了导师和研究生"双向选择制"，按研究兴趣实施基础理论研究和应用研究分类培养。②优化课程体系，依托创新平台，

突出实验地理学特色，强化实验分析、野外观测和社会调查能力培养。③制订研究生学术交流制度，纳入研究生学分考核体系。近3年举办或承办"环境与人口的相互作用：中国的经历及其国际对比"国际会议、海峡两岸资源与环境高层论坛、中国地理学会2013年华东地区学术年会等国际国内学术会议13场，各类学术讲座152场，引导研究生走近名师，了解学科前沿，拓展学术视野，提升科研兴趣。④制订《研究生科研创新基金条例》《研究生优秀科研成果奖励条例》，资助研究生根据兴趣自主选题，激发研究生创新活力。⑤与其他高校和科研机构建立研究生联合培养机制。如与美国、加拿大、澳大利亚等国家的高校联合培养了余立、杨丽萍、王健、杨智杰等博/硕士研究生。与台湾大学、台湾师范大学、台北市立大学、彰化师范大学等高校以科研合作和平台共享形式培养研究生。⑥建立了研究生培养质量全程监控制度，特别是严把毕业论文质量关，所有毕业论文均送省外专家盲审。

二、成果创新点

（一）平台－团队－学科－制度"四位一体"建设，形成完善的地方高校地理学研究生培养质量保障体系

适应现代地理学发展需求，确立研究生科研创新能力培养的中心地位；以重点实验室、工程研究中心、野外站、研究生教育创新基地、协同创新平台建设等为基础，为研究生开展科技创新和技能训练提供必要条件；以团队建设为主体，提高研究生导师队伍自身创新能力；以地理学、生态学省重点学科建设为抓手，学科交叉为引导；以制度建设为保证，激发导师和研究生创新潜力。

（二）以兴趣为导向，建立研究生科研创新的激励机制

确立研究生及导师的创新主体地位，制订研究生与导师的双向选择制度；优化培养方案，按研究兴趣实施基础和应用研究分类培养；建立研究生科研创新基金条例与奖励制度，把创新能力评价作为奖学金评选的重要依据，激发研究生科研创新活力。

（三）发挥地理学和生态学学科优势，以学科交叉与协同创新为切入点，提升学科建设水平和地理学研究生培养质量

依托我院自然地理、生态学、资源科学、人文地理和地理信息系统等多学科优势，通过组建跨学科科研团队、建设跨学科研究平台、强化实验地理学教

学与实践、鼓励导师和研究生围绕生态地理过程以及自然地理与人文地理等学科交叉领域开展基础理论创新研究和面向区域经济社会发展开展应用创新研究，同时通过校企合作共建协同创新平台以及研究生教育创新基地，校所合作、国际合作等模式联合培养研究生等措施，使研究生具备了宽广的学术视野、宏观区域分析和微观实验技能的能力、自然和人文科学的研究素养以及良好的创新精神和团队协作精神，提高了学科建设水平及研究生基础创新和应用创新能力。

三、成果推广及应用效果

该项目经过多年的探索与实践，建立了较完善的地理学研究生培养质量保障体系，取得显著成效。

（一）研究生培养质量跃升全国本学科的前列

在 2012 年教育部学位与研究生教育发展中心组织开展的学科评估中，我院位居全国地理学科第 9 名（前 8 名的高校分别是：北京师范大学，北京大学，华东师范大学，武汉大学，兰州大学，南京大学，南京师范大学，中山大学）。

（二）科研团队与导师队伍科研创新能力显著提高

"湿润亚热带山地生态地理过程"创新团队入选教育部创新团队，2013 年以优秀成绩通过验收；近 3 年承担了国家基金重点项目 1 项，国家基金重大国际合作项目 1 项，973 项目课题 1 项，国家科技支撑计划课题 1 项，973 前期课题 2 项，国家自然科学面上和青年基金项目 54 项，平均每年基础理论研究经费1000 多万元；承担了环保部组织的福建省生态环境十年变化遥感调查与评估项目，福建省生态环境调查与生态功能区划、福建省主体功能区划、福建省林地保护利用规划、长汀县生态文明示范工程试点规划等 260 多项横向课题，平均每年经费近 2000 万元。

（三）多学科交叉促进了科研平台的壮大

从 2003 年只有一个亚热带资源与环境省级重点实验室，发展到目前拥有国家重点实验室培育基地、教育部重点实验室、福建省工程技术研究中心、2 个福建省研究生教育创新实践基地（自然地理学、生态学）、3 个野外站、1 个校企协同创新平台、1 个福建省高校优势学科创新平台。这些先进的平台为研究生科研创新实践和技能实训提供了基础条件。

（四）研究生的科研创新水平显著提高

研究生在高级别刊物发表的论文和奖励明显增多。在 JCR 分区 I、II 区的 SCI 刊物如 Global change biology、RSER、Ambio、Chemosphere 以及地理学报、地理科学、地理研究、生态学报等国内权威期刊发表一系列研究论文。博士生林李月的论文获得福建省第九届社会科学优秀成果二等奖；以刘梅冰的硕士学位论文为基础的成果获得福建省科学技术三等奖；每年有二十余位研究生在国际和全国性学术会议上做学术报告。由于研究生在学期间受过系统的科研训练，在实验技能、野外工作能力、遥感和地理信息系统等现代技术方面优势明显，一批硕士研究生如李名勇、郭艳军、王超、何圣嘉、贾慧、江军、胡凡根、李小飞等考入中科院以及南京大学、浙江大学、华东师范大学、厦门大学等 985 重点高校攻读博士，受到招生单位青睐。一批博士毕业生如朱连奇、曹文志、何绍福、谢跟踪、盛浩、姚成胜等已成为高校基础研究的骨干。

（五）研究生服务经济建设的能力得到显著提升

通过与政府部门、企业开展协同创新，近 3 年完成横向课题 200 多项，平均每年科研经费 2000 余万元；通过与政府部门、企业合作，优势互补，建设福建省陆地灾害监测与评估工程技术研究中心，"海西地理国情动态监测与应急保障研究中心"，2 个福建省研究生教育创新基地；实行"两段式"培养和"双导师"制。这些措施为提高研究生应用创新能力提供了保障。研究生林火钱进入研究生教育创新基地实习，参与精图公司的研发项目，表现突出，毕业后被公司录用。许多毕业生如石建平、赵怡本、杨新洪、郑建闽等已成为政府部门的中坚力量。

（六）通过学科交叉开创地理学研究生创新人才培养的新途径

发挥我院多学科的优势，通过学科交叉与融合，促进各学科的建设和发展。在地理学一级学科博士点、省重点学科的基础上，生态学 2011 年成为一级学科博士点，2012 年成为省重点学科；同时生态学技术手段的引入，也促进了地理学向微观领域深入，拓展了地理学研究的新领域，地理学一级学科博士点自主设立了自然资源学、水土保持、城市与区域规划二级学科博士学位授权点，带动了地理学科的建设与发展。研究生在学科交叉中掌握了更广博的知识、更丰富的技能，拓展了研究领域，取得了创新性成果。

（七）在全国同行起到很好的示范作用

通过主办全国高校自然地理学青年骨干教师培训班、中国地理学会学术年会（华东区）、中国自然资源学会学术年会、海峡两岸资源与环境高层论坛等，向来自全国各地的高校教师介绍我院研究生培养质量保障体系项目的成果和实践，并到研究生野外科研基地现场考察，得到各高校教师的一致好评，扩大了我院研究生培养教学成果在全国的影响，起到很好的示范推广效果。中山大学、南京师范大学、广西师范大学、南通大学、台湾大学、台湾师范大学、台北市立等许多高校组织学院领导和相关教师到我院交流访问，交流研究生培养经验，并对该成果给予高度评价。

体育学研究生"五位一体"人才培养模式的改革与实践

主要完成人：方千华、王家宏、陈佩杰、张涵劲、陈海春、范毅方、吴燕丹、魏德样

主要完成单位：体育科学学院

获奖时间：2018 年（省第九届）

获奖等级：省特等奖

一、成果主要内容

（一）成果简介

福建师范大学体育学一级学科博士学位授权点，在人才培养实践中积累了丰富经验，本科教育领域先后获得国家教学成果奖一等奖和二等奖；学科建设成效显著，在 2017 年教育部第四轮学科评估中进入 A 档，位列全国第四位。

本成果以提升培养质量、加强内涵建设为目标，依托国家社科基金重点项目、全国教育科学基金规划项目等 6 项教学改革课题，联合苏州大学、上海体育学院研究力量，对我校体育学研究生教育进行了为期十年的改革与实践，构建了"五位一体"人才培养模式，形成了鲜明的人才培养特色，具有一定的先进性和典型性，在全国体育学领域具有重要影响。

基于整体发展思维，"五位一体"人才培养模式强调基础平台建设与研究生

培养相融合，充分发挥重点学科平台、教学基础平台、科研基础平台、社会服务平台、联合培养平台等优势，以五大平台促进研究生培养核心要素的优化，创新体育学研究生培养模式，达到提升培养质量目标。具体包括五个方面内容：（1）依托重点学科平台，形成导师资源协同机制，建立个性化指导模式；（2）强化教学基础平台，形成本硕资源共享体制，促进本科硕士教育有效衔接；（3）基于科研基础平台，形成多元科研发展路径，提升研究生科研创新能力；（4）建设社会服务平台，形成三类专业优势服务品牌，提升研究生创新创业能力；（5）构建联合培养平台，形成高校区域行业联合方式，推进多样协同培养创新。

经过十年的改革与实践，"五位一体"人才培养模式较好地解决了研究生指导模式单一、本科硕士教育脱节、科研创新能力不强、创新创业能力较弱、培养方式创新不足等五大问题。基于解决五大问题的先进经验融入《体育学学位授予和人才培养一级学科简介》《体育学博士、硕士学位基本要求》和《体育学博士、硕士学位授权点申请基本条件》等国务院学位委员会文件中，在全国推广与应用，对于规范全国体育学研究生培养基本标准、加强体育学学位授权点建设具有重要作用。同时，本成果培养优秀创新人才成效显著，已形成具有影响力的理论成果，《光明日报》《中国教育报》《福建日报》等主流媒体对相关内容进行了宣传报道，取得良好的社会效益。

（二）成果解决教学问题的方法

"五位一体"人才培养模式强调基础平台建设与研究生培养深度融合，优化培养核心要素，解决教学问题的主要方法如下：

1. 依托重点学科平台，形成导师资源协同机制，采取有效的个性化指导模式，解决了过去研究生指导模式单一的问题。我校博导团队汇聚了全国体育学领域"长江学者奖励计划"50%特聘教授、66.7%青年学者，高水平导师组因材施教，实施博士个性化指导模式；多元导师团队实施优秀运动员个性化指导模式，组建了奥运冠军徐云丽、邓薇、林清峰等六支指导团队，实施"一人一方案"的个性化指导。

2. 强化教学基础平台，形成本硕资源共享体制，有效利用优质教育资源，促进本硕教育衔接。我校体育学人才培养改革与实践走在全国前列，基于教学基础平台优势，形成本硕资源共享体制，积极探索本硕共享导师平台开辟研究生优质生源新路径、建设本硕共享教学平台开发研究生优质课程资源、利用国家级教学团队构建本硕一体化的教学发展模式，有效解决了本科与硕士教育脱节问题。

3. 基于科研基础平台，形成多元科研发展路径，提升研究生科研创新能力。我校体育学科具有良好科研基础，在多个研究领域处于全国领先地位。结合高水平的科学研究，注重科研成果转化为教材，出版教材32部，尤其是自主开发的体育方法类教材，长期作为研究生基础课程，在提升科研创新能力方面取得显著效果，并在全国推广。此外，利用平台和项目，开发科研创新课程，在提升研究生科研能力方面，取得良好效果，为研究生完成高质量学位论文打下坚实基础。

4. 建设社会服务平台，形成三类专业优势服务品牌，提升研究生创新创业能力。我校体育学科重视社会服务平台建设，结合专业优势，建设有服务基础教育的高考标准化平台、服务残疾人特殊体育需求的教学科研实践平台、服务大众健康的运动康复科技平台，形成品牌化的社会服务，取得了良好的社会效益，为研究生开展创新创业实践提供了广阔平台与实战机会。

5. 构建联合培养平台，形成高校区域行业联合方式，推进多样协同培养创新。在三十多年研究生培养过程中，我校体育学科积极探索创新培养模式，大力推进高校之间、高校与科研院所、行业之间的深度融合，形成博士院校联合培养方式、闽台区域联合培养方式、体育行业合作培养方式，构建多样协同创新方式，推进高层次体育人才培养的创新。

二、成果创新点

（一）成果的整体性和理论性

本成果以整体发展思维，创造性地提出"五位一体"人才培养模式，有效解决了过去学科、教学、科研与人才培养的脱节问题，结合五大平台建设，优化研究生培养核心要素，创新培养模式，在优秀人才培养方面取得突破，达到提升培养质量目标。

本成果基于课题研究，按照"边研究边总结"原则，在指导模式、课程建设、教材建设、社会服务、培养方式等方面不断研究与探索，形成了体育学研究生培养理论与实践体系，推进理论创新，填补了体育学研究生教育理论研究的空白。

（二）成果的引领性和导向性

本成果的先进经验首次融入国家人才培养政策文件中，提出了"新标准、新条件、新方案"，引领全国体育学研究生教育改革导向，对于规范全国体育学研究生培养基本标准和加强学位点建设具有重要作用。

本成果体现在《体育学博士、硕士学位基本要求》中，提出了符合体育学研究生培养基本规范的新标准；在《体育学博士、硕士学位授权点申请基本条件》中，提出了适应体育学研究生培养基本要求的新条件；在《全国体育学研究生课程建设报告》中，提出了满足体育学研究生培养课程需要的新方案。

（三）成果的先进性和典型性

本成果在研究生教育改革上先试先行，在实践中提出了新做法和新思路，在人才培养质量上取得突破，具有一定先进性和典型性，即实施个性化指导模式，构建导师资源协同机制，整合国内外优秀导师力量；推进优秀科研成果教材化，形成方法类主导系列教材，作为全国体育学研究生通识教材进行推广应用；建设三大社会服务品牌，在体育高考、残疾人体育、大众健康等领域有效提升研究生创新创业能力；试行闽台体育学研究生培养合作，发挥双方导师、科研、教材等资源，培养闽台优秀博士、硕士研究生。

三、成果推广及应用效果

（一）创新人才培养成效显著。在改革与实践中，我校体育学研究生培养质量得到同行认可，获全国优秀博士学位论文1篇、提名奖2篇。30多所高校吸收了该培养模式经验，合作完成单位苏州大学和上海体育学院在全国优博论文也取得突破，体育学领域75%的全国优博论文集中于三所完成单位。基于个性化方案培养了孙杨、吴敏霞、徐云丽等5位奥运冠军研究生。

（二）教改理论成果取得突破。2项体育学研究生教改理论成果获得省部级科研成果奖一等奖，首次实现了体育学科在教育部人文社科成果奖一等奖的突破；研究报告《体育学硕士研究生培养理论与实践研究》被教育部体卫艺司采纳；基于6项国家级教改课题，出版教改专著9部、教改论文136篇，已被引用3523次，部分成果在国内外重要学术会议报告中受到学界极大的关注。

（三）研究生教育文件全国颁布实施。以国家课题研究方式推进教学改革，本成果将"五位一体"人才培养模式的先进经验首次融入文件中，牵头研制了体育学《学位授予和人才培养一级学科简介》《博士、硕士学位基本要求》和《博士硕士学位授权点申请基本条件》等3份文件，并在实践中应用，对提升研究生培养质量和加强学位建设具有重要作用。

（四）课程建设报告全国应用推广。《全国体育学研究生课程建设报告》收集了63个培养单位的校级课程建设报告，有2950位研究生和785位导师参与接受问卷调查和访谈，并在全国范围进行大规模的参与讨论与征求意见，所提出的课程建设新方案为各院校体育学研究生课程改革提供参考。

（五）研究生系列教材全国发行使用。我校出版体育学研究生相关教材32部，得到较好的反响。其中黄汉升教授主编的《体育科研方法导论》和《体育教学训练理论与方法》，列入全国体育学研究生通识教材，目前已被全国30多所院校选用。苏州大学和上海体育学院借鉴"五位一体"人才培养经验，推进高水平科研成果教材化，分别出版研究生教材19部和56部。

在国务院学位委员会体育学学科评议组工作会议上，多次专门讨论了该培养模式的创新经验，并在全国体育学博导论坛、硕导培训班上进行8次专题报告，得到专家们的高度认可。《光明日报》《中国教育报》《福建日报》专版报道我校体育学研究生教育的改革与实践相关内容。在成果鉴定会上，专家组一致认为"该成果具有较高水平，引领我国体育学研究生教育改革，对于提升我国体育学研究生培养质量，具有先进性和示范性，值得全国性推广应用"。

第四篇　应用服务篇

借得大江千斛水，研为翰墨颂世恩。百载春秋，薪火相传，滋兰树蕙，桃李芬芳，改革开放以来，学校因时而进、因势而新，聚焦国家和福建的重大实践问题，做大做强做优教师教育品牌，加强产教协同育人，深入推进对外合作办学，努力造就一大批堪当大任、敢于创新、勇于实践的高素质专业人才，为我省经济社会发展提供智力支持和人才支撑，不断提升学校对外合作办学水平，取得了一系列重要成效。

一、服务基础教育，凸显品牌底色

四十年来，学校继承发扬师范教育传统，始终走在服务八闽基础教育的最前方，始终保持着教师教育特色，始终承担着培养高素质师资的重任，积极为社会主义建设和改革开放事业发展贡献力量。学校坚持教师教育"做优做强"思路，不断完善高层次教师教育培养体系，打造我省高质量教师培养的重要摇篮。在全省各中学校长、特级教师和其他教学骨干中，有60%毕业于我校；全省中学教坛新秀，大约一半为我校毕业生；福建省三届杰出人民教师中，有三分之一毕业于我校。主动参与国培示范性项目，国培中西部项目，福建省高中正职校长培训班，福建省中小学学科教学带头人培训班，福建省基础教育教学骨干、名师、名校长培训任务和乡村校长省级培训，乡村教师省级培训项目等，在实践中形成了专业教育、学科讲座、观摩活动相互融合的特色基础教育师资培训体系，累计培训5000多人，为福建基础教育孕育了一大批教学名师。与中国教育科学研究院、国台办海峡两岸出版交流中心联合主办"海峡两岸教育发展论坛"，与台湾师范大学联合主办"海峡幼儿教育教师论坛"，与高雄师范大学、台湾东海大学合作，先后组织百余名优秀名师实验班学员赴台湾开展短期教育研修。学校与福州、漳州、宁德、龙岩等设区市和平潭综合实验区签订战略合作框架协议，加强教育与人才培养合作，通过选派专家学者参与教育发展规划、开展各类教育培训、定向培养输送紧缺学科教师、组织师范生进行支教活动等方式，为地方教育事业发展提供智力、技术支持，形成促进中小学名师专业成长的福建经验，为全国师范院校服务地方基础教育创造了可参考的范本。

21世纪初，学校被授予教育部福建师范大学教育课程研究中心，服务基础教育开始步入"快车道"。依托教育部基础教育课程研究中心等平台，学校进一步加大基础教育服务力度，扩大服务范围，积极参与《福建省高中课程标准修订》和高考命题研究，积极参与大田县、厦门市、泉州市、福州市等省内地市区域性基础教育教学改革，探索出"学习型课堂"和"学习共同体"教学模式，在全国范围内产生了广泛积极影响，特别是福建省大田、建瓯等地实施的"先学后教"教学模式改革先后得到刘延东副总理批示，并由教育部推广，受到各方高度评价。

2014年，学校入选国家级卓越中学教师培养计划改革项目（全省唯一），服务基础教育开始迈向"超车道"。教师教育培养模式改革取得重要进展，通过整合各方资源，锻造精英式人才培养模式，开展"名师实验班"实践，纵向上构建了贯通由幼教到中教的培养体系，横向上打通由职前到职后的教育体系，形成了"课程（Curriculum）、技训（Training）、竞赛（Competition）、实践（Practice）"一体化师范生素养与训练的新体系（简称CTCP），致力于将师范生培养成为"上手快、素质高、后劲强"的学习型、发展型教师；打造UGIS协同培养机制，通过"福建河仁基础教育研究院"，将一线教师实质性地纳入教师教育师资队伍，全程化、常态化参与师范生课程教学、技能训练与竞赛、实习实践与论文指导等，构建大学教师—师范生—教研人员——线名师四方联动共赢的新机制；强化并推动与地方政府共建，与漳州、宁德、龙岩等地签订了战略合作框架协议，为地方基础教育事业发展提供智力支持；进一步深化与基础教育学校的合作，与基础教育学校建立密切合作关系，已在全省建立了113个比较稳定的师范生实习见习基地。近年来，师范生的教育素养和技能明显提升，在国家级和省级师范生技能竞赛、"挑战杯"国赛和教师招考面试中表现突出，师范毕业生教育教学素养出色，在中小学的就职表现越来越受到用人单位的认可和赞赏。

二、服务社会发展，增强办学特色

四十年来，学校牢固树立本科教学主动为社会服务的意识，紧密围绕国家、福建经济社会发展需求，主动融入区域创新体系建设，全方位开展社会服务，不断提高社会服务的广度、深度、准度和效度。学校坚持"围绕产业办专业，办好专业促产业"的思路，重点发展地方经济社会发展急需的应用型学科专业，形成了以重点和优势专业为支撑的应用型学科专业群架构，近年新增了新能源科学与工程、应用心理学、行政管理、西班牙语、服装与服饰设计、物联网工程、统计学、通信工程、化学工程与工艺、复合材料与工程、食品科学与工程等专业，以满足我省新能源开发、信息技术、新材料、政法、数字福建等经济社会重点发展领域的专门人才需求。

深入推进产学研用结合，加快科技成果转化，不断探索"工学交替、产教融合"的人才培养模式。依托产学研合作平台，打造双师型队伍，按照行业、企业对人才培养的要求展开教学，努力缩短人才发挥作用的"适应期"。如新能源科学与工程专业，借助"2011 协同创新中心"，与厦门大学通过校校协同把新技术、新方法和新理念融入人才培养模式改革、实践平台和队伍建设之中，实现高端引领。2010 年以来，该专业被教育部批准为中外合作办学项目、港澳台地区合作办学项目，获评省高校服务产业特色专业，获得 1 个省创新创业改革试点专业、2 门省精品资源共享课、1 个省工程实践教学基地、2 项省教改项目；主编 4 本教材、参编 2 本教材，教改成果在中国教育报理论版等报纸杂志发表；学生中有 231 人次获奖，其中国家级奖项 46 项，省级奖 60 项，获得全国"挑战杯"大学生创业计划竞赛金奖 2 项、银奖 1 项、铜奖 1 项。发表论文 200 多篇，获得授权专利 26 项，软件著作权 13 项。先后有 30 多所省内外高校到我校参观学习，实践模式已被 25 所高校借鉴；已经为全国 77 所高校提供了咨询服务，为 43 所高校开了 200 多场专业讲座，有 1400 多套新能源设备在全国推广使用。

推进协同创新，实现共赢发展。学校积极强化校地、校企、校际合作，深化合作领域与内涵，形成互惠共赢的发展格局，获批建设全国中国特色社会主义政治经济学研究中心（全国仅 7 个），拥有国家级重点实验室培育基地、国家地方联合工程研究中心、国家级"2011"协同创新中心（核心协同单位之一）3 个，教育部重点实验室、工程研究中心、人文社科重点研究基地等部省级科研平台 74 个。与北京、上海、天津、重庆、河北、山西、辽宁、吉林、黑龙江、江苏、浙江、安徽、江西、山东、河南、湖北、湖南、广东、广西、四川、贵州、云南、新疆和陕西等省份高校或科研院以及香港、台湾、澳门地区开展广泛性科研合作与成果转化。积极响应政府闽宁教育合作协议，推动两省区本科高校结对合作，全力支持宁夏师范学院发展，在人才队伍、学科建设、科学研究、学生培养、学术交流等方面与宁师开展深入合作。围绕福建建设21世纪海上丝绸之路核心区、自由贸易试验区、国家生态文明试验区等生动实践，积极开展产学研用合作，多途径促进教学与科技成果转化及产业化。打造一批富有区域和学校特色的新型智库，聚焦重大现实问题，积极参与决策咨询，充分发挥智囊团、思想库作用，数以百计的建言献策信息得到省领导批示。

三、服务海外教育，拓宽教育视野

四十年来，学校充分发挥区域优势，不断深化对外交流合作，创新合作办学模式，不断提高合作办学层次，主动服务海外教育，拓宽教育视野。学校从1984年开始接受美、日、韩等30多个国家和地区的留学生来校学习汉语，1992年学校被国家教委指定为面向东南亚开展对外汉语教学基地，2001年被国家汉办确定为"支持周边国家汉语教学重点学校"，2004年成为福建省唯一入选国家汉办"国际汉语教师中国志愿者计划"志愿者培训学校，2006年被国家汉办确定为福建省"汉语作为外语教学能力考试"考点学校，2009年被获批福建省首批海外华文教育基地和"汉语国际教育"专业硕士学位点，2010年在省属高校中率先成为中国政府奖学金生接收院校，2012年首个本科层次的中日合作办学项目获得教育部批准，2013年获批教育部"来华留学示范基地"和外交部、教育部"中国—东盟教育培训中心"。长期以来，学校致力于中华文化宣传和汉语国际推广，在汉语国际教育和海外华文教育方面的成绩得到了国家汉办和省外办、省侨办的高度肯定。2003年在全国高校首创汉语教学志愿者项目和本土化汉语师资培养项目，为东南亚和周边国家培训了大量的汉语教师。10余年来，已累计向菲律宾、泰国、越南、印尼、美国、新加坡、韩国和柬埔寨等派出汉语教师志愿者16批882人（次），为菲律宾、越南和印尼等培养本土化汉语师资381人。学校在菲律宾、印尼和美国分别建立了2所孔子学院和1所孔子课堂，其中菲律宾红溪礼示大学孔子学院于2011年、2013年、2017年三次被评为"全球先进孔子学院"；印尼阿拉扎大学孔子学院于2014年被评为"全球先进孔子学院"，习近平等中央领导访问印尼期间与阿拉扎大学孔子学院学生亲切交流；美国波士顿文艺复兴特许公立学校孔子课堂 2013 年被评为"全球先进孔子课堂"，孔子课堂学员还在白宫为奥巴马总统表演汉语节目；两所孔子学院中方院长先后获评先进个人。2012 年，来自塔吉克斯坦的留学生米娜以出色的表现，在 CCTV 第五届"汉语桥"在华留学生汉语大赛总决赛中摘取唯一的金奖，并荣获"汉语之星"称号。

近年来，学校充分发挥地处 21 世纪海上丝绸之路核心区区位优势，秉承开发办学，积极开展对外交流与合作。目前已与美国、英国、澳大利亚等近三十个国家和地区的 130 多所高校、科研机构及联合国教科文组织建立了友好合作关系，获批中外合作办学项目 3 项，国家留学基金委"优本"项目 8 项，校际学生双向派出的联合培养项目 35 项。近 5 年来，随着学校办学水平的提升，美国、英国、日本等国家和地区的 230 多个教育机构 4000 多人次应邀来访。

站在新时代新起点上，学校将进一步推进教师教育人才培养改革，不断增强教师教育的品牌优势，进一步构建和完善校校、校地、校企合作的协同育人机制，不断增强应用服务能力；进一步推进对外合作办学，着力提升开放办学水平，不断开创学校本科教学建设与改革的辉煌。

充分发挥电教作用，促进教学质量提高

主要完成人：宋解、程思岳、陈亦余
主要完成单位：现代教育技术中心
获奖时间：1989 年（第一届）
获奖等级：国家二等奖

一、成果主要内容

福建师范大学电教中心于 1978 年组建，一开始就明确提出"努力运用现代化的教育手段，为提高教学质量服务"的指导思想。以宋解、程思岳、陈亦余同志为主的全体工作人员以对教学高度负责的态度不断进行理论探索，总结实践经验，经历艰苦奋斗，终于在短短的 10 年里形成了一支在省内外具有一流水平的电教队伍，制作了大量高质量的电视教材。电教设备和软件的应用日益深入到教学中去，深受广大师生的欢迎，现已成为教学过程中的重要手段。

福建师大电教中心还是福建省高校电化教育中心和福建省高校电化教育研究会的依托单位，多年来负责编辑出版《电教之窗》和《福建高校电教》等刊物，并举办了多次学习班、研讨会，为福建电教事业的发展做了大量的工作。

10年来，福建师大电教中心在为教学服务的过程中，逐步建立起一支素质较好的电视教材制作队伍。大家努力学习电视教材制作理论，刻苦钻研电视制作技术，不断提高自己的艺术修养，摄取广泛的学科知识。在工作态度上能吃大苦，耐大功，一心扑在电教事业上，不仅为本校教学服务，还为国家卫星电视教育制作大量的电视教材，在本省和全国都有较大影响。

二、成果创新点

1985年，福建师大电教中心以自己高水平的制作能力，被选定为我国第一批制作卫星电视教材的单位之一，为卫星电视教学制作了《文学概论》90讲。

1986年，电教中心制作的《园丁，从这里培育》，由于取材新颖，制作质量高，受到一致好评，被中国教育电视台选为首播式的第一节目。

1988年10月，在北京举办的我国首次卫星教材招标会上，福建师大电教中心制作的《外国文学》样片获得了学科组的最高分。被聘为卫星电视教材《外国文学》课欧美部分的制作单位。

1988年12月，福建省首届高校电教成果评比会共评出5部优秀电视教材，其中福建师大电教中心制作的4部教学片荣获一、二、三、五名。

1989年5月，首届全国电化教育成果评奖中，我省获奖的3部电视教材全是福建师大电教中心制作的，它们分别是《毒蛇》《文昌鱼》《青鱼胚胎发育》。

从以上这些成果可反映出福建师大电教中心的电视教材制作水平已进入国家级的先进行列。

三、成果推广及应用效果

10年来，福建师大电教中心制作了电视教材341部（集），供本校教学使用或送校际交流。其中有141部（集）被中央电教馆买去并出版，向全国发行，还被中国教育电视台买去，通过卫星向全国播放。这些电视教材受到省内外专家、学者的好评，认为教材的科学性、教学性、艺术性和技术性都较好，在教学中能解决用传统教学手段较难解决的重点和难点问题。对教学质量的提高起了很大的促进作用，现在，福建师大电教中心所拍摄的大部分电视教材已成为许多高校上课必看的内容。

除了制作大量电视教材外，福建师大电教中心还配合教学改革、科研活动等制作了大量的电视资料片。例如，5 年来，电教中心为本校物理系的"中学物理教学改革五年跟踪实验"录制了大量的资料，并编辑成了《中学物理教学方法改革系列片》，共 5 集。该项教学法实验已获得省优秀教学成果一等奖、全国优秀教学成果奖。另外，福建师大电教中心还受省科委的委托，用 2 年的时间为国家级自然保护区——闽西"梅花山自然保护区"的综合考察摄制了科学考察电视片。

几年来，电教中心还配合学校的教学活动、课外文体活动和社会活动等摄制了 100 多片电视专题和新闻，在省、市电视台播出。

福建师大电教中心除了制作大量电视教材之外，还密切配合校内教学，播放了大量教学录像。全校 16 个学科和校各机关部门均采用过电视手段进行课堂教学和各种宣传教育工作。某些学科或专业的教学已离不开电视手段辅助教学，如中国革命史、德育、生物、地理、化学、中文等。其中有的学科采用电视教材的课时占总学时的一半。据统计，近几年电教中心每天平均播放电视教学录像 5 小时，每学期平均 69350 小时。同时，电教中心工作人员还主动到各系了解教师对电教应用的意见和建议，并就资料收集、应用方式、教学效果等进行深入调查，不断改进工作。

电教中心定期与各高校进行资料交流，每年都要从外单位翻录数百盒录像带。还向兄弟院校推出 200 多小时的录像教材，充分发挥了电视教材的作用。

在电教设备的更新、维护、维修方面，电教中心负责硬件技术工作的同志做了大量的工作。他们积极为课堂教学制作了大量的电教设备，并对有关人员进行了技术培训。

总之，福建师大电教中心为发展电教事业，提高教学质量做了大量的工作。在取得成绩的基础上，他们决心将电教工作搞得更好，向教学的深度和广度发展。

深化改革，创建土壤地理学系统化教学体系

主要完成人：朱鹤健、郭成达、陈珍皋、陈健飞、陈松林

主要完成单位：地理科学学院

获奖时间：1997 年（第三届）

获奖等级：国家二等奖

一、成果主要内容

土壤地理学是地理系的专业基础课，我们针对教育对象的特点和培养跨世纪人才的需要，不断探索教学改革的新途径。从现代化着眼，研究分析本学科的发展趋势，改革教学内容，建立教材新体系；以系统论观点，把各教学环节组成有机整体，以提高教学质量为目的，对各教学环节按不同方式进行改革，力求系统，全面推进。经十余年实践，创建了系统化教学新体系，提高了教学质量。

二、成果创新点及应用效果

（一）引进学科新成就，改革教学内容，建立教材新体系是提高教学水平的基本条件

六七十年代以来，土壤地理学有了重大的发展，特别是土壤诊断学分类的崛起，标志着学科发展达到了新的水平，并成为当今世界土壤分类的主流。然而，新中国成立以来，我国土壤地理学仍属发生学分类体系，教材也不例外。遵循"教育要面向世界、面向未来、面向现代化"的指导思想，要提高教学质量，培养合格的跨世纪人才，首先必须改革教学内容，引进学科发展的新成就，建立新的教材体系。鉴于土壤诊断学分类与发生学分类正处交替时期，而且估计这个交替过程在我国可能要比发达国家需要更长时间，在新教材改革中，一方面要充分反映本学科的最新研究成果，以土壤诊断学分类和从土壤属性入手认识土壤作为主线索，另一方面又不能割断历史，应对发生学分类也做必要的介绍，以照顾我国长期使用发生分类的实际情况，同时可反映土壤地理学的发

展过程。另外，土壤地理学又不同于土壤学，前者必须突出地理性，在建立必要的土壤学基本理论的基础上，其重点放在土壤分类、类型、分布和土壤资源利用与保护上。这样，我们改革后新编的《土壤地理学》教材体系既顺应学科发展的总趋势，与国际同类教材接轨，又承前启后。教学实践表明，采用新教材，学生提高了知识水平，对本学科最新研究成果有了更多的了解，特别是通过对发生学分类和诊断学分类的比较，他们认识到前者是从生物气候等外界环境条件来识别土壤；而后者则是从土壤本身的属性来识别土壤，更符合科学的认识论。从而使学生对诊断学分类科学性有了正确的认识，加深了对诊断学分类的理解。

（二）强化实践教学是理论联系实际的重要措施

土壤地理学是一门理论性和实践性都很强的学科，因此我们在历年的教学中始终都把理论联系实际，加强对学生能力培养作为一个重要教学环节。强化实践教学，首先必须有一个良好的实践教学基地，十几年来，我们一方面以武夷山作为长期稳定的野外实习基地，另一方面也加强对实验室的建设，不断改善实验室条件，建立了较先进的土壤地理实验室、土壤资源室和地理信息系统实验室，为实践教学提供了良好的条件；其次必须形成一套理论联系实际的实践教学规范。

我们采用的土壤野外调查、室内分析和论文写作三结合的教学方法，符合认识论的观点。学生首先应用已学过的知识（前人实践结果）进行野外土壤调查，然后根据野外调查的资料和土壤室内分析的数据进行论文写作，达到了从实践到理论；又经过实践，最后上升到新的理论的认识论全过程。教学实践表明，学生通过实习，一方面把课堂教学与实践紧密结合起来，印证、巩固、充实和提高了课堂所学的理论知识，并掌握了土壤调查研究的基本方法；另一方面通过论文写作，提高了学生分析问题和解决问题的能力。

（三）教学与科研相结合是提高教学质量的必要手段

教学与科研相结合，包含两层含义，一是教师进行科学研究，以科研促进教学，以教学带动科研。多年来，我们教师一方面积极进行科学研究，把科研成果充实到教材内容中心，进一步深化教学内容，提高教学水平；另一方面，又根据教学的需要，进行科学研究。比如我们对本省土壤进行了研究，并把研究结果充实到教学中，使教学与本省实际紧密结合起来。二是吸收学生参加教师的科研工作，培养学生的科研能力、师范生是否需要具备科学研究能力？从教育必须面向未来、必须从中小学起培养学生科研意识的教育思想出发，师范生的培养目标必须是既能从事教学工作，又能进行科学研究。实践证明，学生参加教师的科研工作，是培养学生科研能力行之有效的方法，特别是参加教师的一些对国民经济建设有重大作用的课题研究工作，既能提高学生的科研能力，又使学生能为经济建设服务做出贡献。

从整体改革的思想出发，进行教学改革，在不断完善教学环节的同时，还必须把各教学环节——课堂教学、实习、实验、科研、课外实践乃至考试等有机联系起来，形成系统化的教学体系。才能全面提高学生的知识水平、科学素养和实践能力。

（四）加强师资队伍建设，提高教师水平是搞好教改的有力保证

十几年来，我们在致力于教学改革的同时，还十分重视对教师队伍的建设。除加强对教师政治素质的培养，树立良好的职业道德和敬业精神外，还在提高教师业务水平上狠下功夫。在当今世界科技发展日新月异的形势下，如何加速教师的知识更新，了解学科发展前沿动态和掌握学科发展的最新成就，是提高教学水平的关键所在。因此，我们在大力开展科学研究的同时，又通过积极参加国内外学术交流，与国内外同行保持密切联系；通过派遣教师出国留学深造或培养在职博士生以及经常性开展各种教研活动等，不断提高教师的业务水平，掌握本学科发展的最新成就，并付诸教学实践。目前已形成了一支在职称结构和年龄结构上均较合理的师资队伍。有国内知名专家、博士生导师朱鹤健教授为学术带头人，全体教师团结协作，敬业奉献，为教学改革创造了良好的条件。

主动适应市场经济发展需要、深化政治经济学学科改革

主要完成人：陈征、李建平、郭铁民、黄家骅、吴有根

主要完成单位：经济学院

获奖时间：1997 年（第三届）

获奖等级：国家二等奖

一、成果主要内容

福建师范大学政治经济学学科多年来主动适应我国经济改革的实际，特别是适应正在建立的社会主义市场经济发展的需要，深化改革，已取得显著成绩。本学科既坚持和发展原有的《资本论》研究这一优势方向，又积极研究市场经济中的新情况、新问题，拓宽研究方向，使老学科焕发生机和活力；在学科建设中把教学与科研紧密结合起来，既产生了一批高质量的科研成果，又充实和更新了教学内容，提高了教学质量，培养出一大批德才兼备的经济学专业人才，建立了一支结构合理的高水平的师资队伍。通过改革，本学科的教学和科研都达到了国内的领先水平，1995 年被评为福建省"211"重点建设学科。

二、成果创新点

（一）主动适应市场经济发展需要，使老学科焕发生机和活力

政治经济学是一门比较古老的基础学科。早在 1979 年，本学科就已形成"资本论和社会主义经济""社会主义经济理论研究"两个方向，开始招收硕士研究生。由于教学、科研工作突出，在国内经济学界产生较大影响。特别是在《资本论》教学与研究方面，成果优异，据专家鉴定，已达到国内先进水平（有人鉴定为"领先水平"）。九十年代初以来，政治经济学遇到了来自两方面的挑战：一是随着改革的深入，特别是党的十四大把建立社会主义市场经济体制作为经济体制改革的目标以后，出现的许多新情况新问题需要从理论上作出新的说明；二是这期间西方经济学被大量译介进来，不少人盲目尊崇，甚至认为"《资本论》已经过时了"。面对这一情况，本学科坚持马克思主义政治经济学不动摇，继续坚持《资本论》和社会主义经济这一主要研究方向，坚持《资本论》研究这一在国内外都有较大影响和特色的主要内容。不仅在本科生中继续开设"《资本论》选读"的课程，而且在政治经济学专业的研究生中系统讲授三卷《资本论》，培养学生用马克思主义的立场、观点和方法去分析、解决问题。本学科的这一特色和优势受到了同行的充分肯定。另一方面，本学科主动适应市场经济发展的需要，把《资本论》作为研究市场经济的重要理论基础，并从实际出发，拓宽了学科的研究方向，增加了农村合作经济、城市土地经济、

《资本论》与当代资本主义经济、经济信息研究等四个新的方向，在改革基础学科，充实新的教学和科研内容方面实现新的突破。

（二）教学与科研密切结合，相互促进，使学科水平迅速提高

本学科破除师范院校长期以来形成的重教学、轻科研的传统观念，认为没有高水平的科研就没有高质量的教学，自觉地把教学和科研紧密结合起来，取得了教学与科研的双丰收，其做法是：

1. 结合教学内容搞科研，再把科研成果运用于教学中，充实新的教学内容，使教学达到一个新的更高的水平。

首先从《资本论》与社会主义市场经济研究的方向看，原来对资本论基本原理的教学与研究就有雄厚的基础。学术带头人陈征教授根据他20余年来讲授《资本论》的讲稿和教学经验，撰写了《资本论解说》一书，作为研究生教材，出版后受到学术界的普遍重视，认为是我国系统而全面解说资本论全三卷的第一部著作，获得了国家级的全国高等院校优秀教材奖。同时，他还主编和出版了资本论研究丛书七册、资本论教学研究资料五本和资本论选读辅导教材，为本科生、博士、硕士研究生提供了系列而完整的资本论教材。博士生导师陈征教授和博士生导师李建平教授共同努力，深入研究社会主义市场经济中的一系列问题，撰写了数十篇有关资本论社会主义市场经济的文章，根据资本论中的专题分别进行讲授，并在此基础上，集体编写了《(资本论) 在社会主义市场经济中的运用和发展》一书，作为研究生的主要教材。这样，使本学科增加了新的教学内容，提高了教学质量，产生了一大批高质量的科研成果，培养了一大批有一定水平的研究生，使资本论和社会主义市场经济研究，成为本学科的主要方向，使本学科进入全国的先进行列。

从农村合作经济研究方向看，在学术带头人郭铁民教授的努力下，运用资本论原理，研究我国当前农业中大量的经济问题。他在调查研究的基础上，和林善浪讲师合作发表了系列论文，撰写了《股份合作经济研究》一书，作为研究生的辅导教材。该书运用资本论原理，研究农业合作经济的现状、产权关系、组织结构、分配制度、运行机制及演变方向等，大大提高了对我国当前农村经济的认识，丰富了农业经济的教学内容。

从城市土地经济的方向看，陈征教授和李建逢副教授共同努力，运用资本

论中的农业地租理论，研究社会主义城市地租、土地市场、土地价格等一系列问题，撰写了 20 余篇文章。先后在《中国社会科学》等刊物发表，并撰写出版了《社会主义城市地租研究》，还将上述内容充实到教学内容中，进行专题的课堂讲授，该书也成为研究生学习和研究社会主义市场经济的重要参考教材。

从当代资本主义经济的方向看，严正教授和黄家骅副教授等深入研究当前科学技术发展的新趋势，当代资本主义的新特点、新规律、新情况和新问题，充实到"资本论和当代资本主义经济"课程中。黄家骅副教授编写出版了《市场均衡与非均衡》一书，成为学生研究当代资本主义的主要教材。陈朝阳、林善浪合编的《世界经济》教材，除校内本科生采用外，也广泛地被外校使用。

2. 重视政治经济学科研和教学手段的现代化

在黄家骅副教授的主持下，建立了我国目前高校尚为数不多的"经济科学实验室"。该室拥有电脑 50 台并都已与国内外网络联网，利用多媒体技术，通过声、图、字、形和符号的信息演示方式，为经济理论的教学提供模拟环境，包括商业 MIS 模拟银行、模拟市场营销学等系统的运行，同时可对《邓小平文选》《资本论》进行检索，这为师生提供了经济活动的模拟演练环境。

（三）在学科改革中，形成学术带头人强、结构合理，发展潜力大的师资队伍

目前，本学科共有教授 7 人，副教授 6 人，讲师 7 人，助教 11 人。老中青相结合，平均年龄 33.5 岁。其中 2 名教授在 50 岁以下，3 名副教授在 40 岁以下。5 人在职攻读博士学位，学术梯队结构合理，后继有人。

学科带头人陈征教授，是我国著名经济学家，长期从事《资本论》和社会主义经济的教学与研究，开设《资本论》与社会主义市场经济博士学位课程。独著《资本论解说》144 万字，在《中国社会科学》《经济研究》等国内外刊物独立发表论文百余篇，特别是近几年从事城市土地经济研究，连续在《中国社会科学》《当代经济研究》等国内主要刊物发表系列论文，在学术界影响很大。先后承担国家、省"六五"至"九五"社科重点科研项目，获得国家级奖励 2 项，省部级奖励 3 项；他先后赴美国、澳大利亚、中国香港访问讲学，被评为我省有突出贡献的专家和首批优秀专家，享受国务院特殊津贴。1995 年被评为全国劳动模范。

另一学科带头人，博士生导师李建平教授（50 岁），现任福建师大副校长，中国《资本论》研究会常务理事。专门研究《资本论》和经济改革方法论，开设《资本论》方法论、各国社会主义市场经济体制比较、经济改革方法论等课程。出版专著 10 多部，发表论文 40 多篇。论著多次获得省部级奖。1988—1989 年赴西德留学一年，1994 年赴英国访问，1993 年享受政府津贴。他的事迹被收入美国传记中心的《世界名人录》。

又一学科带头人郭铁民教授（52 岁），现任经济法律学院院长，全国高师《资本论》研究会副会长，中国《资本论》研究会理事兼副秘书长，福建经济学会副会长。专门研究合作经济问题，论著多次获省部级奖。1988—1989 年在苏联留学一年。1986 年以来出版专著、译著、教材（包括合作编写）共 13 部，在《中国社会科学》等国内外刊物发表论文 60 多篇。开设《资本论》、中国社会主义市场经济等课程。吴有根教授（48 岁），政治经济学教研室主任，省经济学会副秘书长，专门研究社会主义经济理论和金融证券，著译有《股票投资诀窍》《营销用语辞典》等，并开设宏观经济学和微观经济学、市场营销、中国社会主义市场经济专题等课程。1992 年 5 月他应邀赴加拿大进行合作研究。

多年来，尽管工作需要，部分同志工作调动，但由于注意培养和起用一批中青年骨干，学科师资队伍始终保持很强的实力。在培养后备人才上，本学科创出了独特的路子，即：打好专业基础→加强外语培训→选派出国深造→回国挑起重担。几年来已有一大批中青年出国进修访问，他们中的一部分人正成为新一代的学术带头人。

三、成果推广及应用效果

学科改革产生的可喜成果与显著社会效益：

1. 本学科培养了一批德才兼备的高质量的博士、硕士研究生。本学科从 1979 年开始招收研究生，迄今已招 13 届硕士生 104 人，招收博士生 12 人。由于我们重视教书育人，培养的研究生既有坚实的马克思主义理论基础和比较丰富的经济知识，又有正确的政治思想品德和政策水平，因而在工作岗位上都能适应各行业的需要，深受用人单位欢迎。在已毕业的研究生中，有 20 多人担任厅局级和处级领导职务，有 30 多人晋升高级职称，其中正教授 10 多人。有 10 多人考入中国人大、北大、中央党校及国外的博士生，有多人出国进修访问。

2. 通过深化教学改革，促进科研。近几年来，出版一批有较高水平的科研成果，在学术界产生良好的影响。本学科共出版专著、译著、教材 40 多部，在《中国社会科学》《经济研究》等国内外刊物发表论文 400 余篇；承担国家社科基金课题、国家教委"八五""九五"社科重点课题和省"八五""九五"社科重点课题十项，承担省教委、省科委有关科研究课题 12 项，共获科研经费 20 余万元。本学科科研成果 23 项获奖。其中，省部级以上奖 11 项。由中国经济出版社出版的《40 位经济学家关于推进国有企业改革的多角度思考》一书，收了陈征教授撰写的《国有企业加强管理的关键》一文。该书学术层次高，作者都是我国当前著名的经济学家。

3. 对省委、省政府的重大经济决策积极提供论证和咨询，或者直接与地方、企业挂钩，为振兴我省经济献计献策。据不完全统计，本学科成员对省委、省政府重大经济决策以及地方企业的经济发展提供论证和咨询有 50 多次。比如，参与省十年发展规划，省国民经济和社会发展"九五"和 2010 年规划的论证和咨询；参与省福耀玻璃和省福联纺等单位股票发行可行性论证；参与马尾开发区和有关外资引进项目的论证，等等。本学科成员多人在省委、省政府及有关部门决策咨询机构兼职。

总之，由于把教学与科研密切相结合，并建立起一支高水平的师资队伍，已取得一批高质量的科研成果，培养了一批德才兼备的经济学专业人才。1992 年本学科被确定为省重点建设学科，1993 年国务院学位委员会又批准为博士点，1995 年又被评为省 211 重点学科。现正努力建设，力争达到国家级 211 重点学科的要求。

福建省中小学"指导——自主学习"教改实验

主要完成人：余文森、王永、陈国平、刘冬岩、纪秀卿、黄国才

主要完成单位：教师教育学院

获奖时间：2014 年（第七届）

获奖等级：国家二等奖

一、成果主要内容

（一）成果简介及主要解决的教学问题

启动于 1995 年的福建省中小学"指导——自主学习"教改实验，从初中数学学科开始，很快横向迁移到其他学科，并纵向延伸到小学阶段和高中阶段。全省先后有二百多所中小学参与这项实验研究。这一研究分别于 1997 年、2002年、2007 年三次被列为全国教育科学规划项目，其中 2007 年被列为"十一五"规划教育部重点课题（批准号：DHA070162）。

"指导——自主学习"是教师指导和学生自主学习的统一。其本意是通过教师指导去实现学生的自主学习，教师由"讲"转向"导"，学生由他主学习转向自主学习，这是"指导——自主学习"教改区别于传统教学的基本特征。

教师由"讲"转向"导"，切实在指导、引导上下功夫，导的内容主要包括：导法：引导学生掌握学习课文（课本）内容的方法；导路：引导学生厘清教材的思路；导疑：引导学生学会质疑问难；导思：引导学生学会思考，分析和解决问题。

学生由他主学习转向自主学习，关键在于形成和掌握以下三种能力：阅读能力，即"自能读书"（叶圣陶）的能力；思考能力，即提问能力，善于提出和解决问题；反思能力，即自我管理能力，善于自我规划和组织、安排学习。

这项实验研究更深远的意义在于革新课堂教学，我们的思路是把自主学习引进教学过程，把课堂教学建立在自主学习的基础上，从而使教学结构和教学活动发生根本性的变革，这种变革引发出崭新的教学功能，即最大限度地促进学生发展的功能。这种新的教学结构和活动的特点是：教师指导学生进行自主性的超前学习，让学生充分发挥自学潜能，解决各自的现有发展区的问题；师生展开互动性的教学活动，让课堂充分焕发生命活力，解决最近发展区的问题。这样，两种发展水平互相更替，教学与发展就形成了良性循环的机制。

实践证明，这项教改对激发学生学习潜能，培养学生独立学习能力，提高课堂教学实效和水平具有显著效果。这项教改实验还总结了很多有价值的先进经验和理论，具有较强的推广性、可复制性。

这项实验在 2008 - 2012 年间取得突出成果，2013 年获得了全国教育科学规划办的免检资格。目前这项改革实验和研究正在深化发展中。

（二）成果解决教学问题的方法

1. 怎样培养学生的自主学习能力

培养学生的自主学习能力是我们教改的切入点、关键点、核心点，根据我们实验的经验，自主学习能力的培养一般要经历以下三个阶段：

第一阶段，教读阶段。这是实验的导入阶段，是由传统教学转向自主教学的起始阶段。它的特点是：教师教读，学生仿读。教师教学生逐字、逐句地阅读，把课本读通、读懂。读通，即阅读后了解教材内容的概貌，厘清教材内容的逻辑思路；读懂，即阅读后弄清教材每个术语、每个符号、每个公式、每句话的含义，理解例题解证的各个步骤或证明的各个环节。这一阶段的主要任务是让学生学会阅读，形成阅读习惯。

第二阶段，引读阶段。在这一阶段，教师的作用由讲转为引，教师着力于引导，而不是直接讲解。教师引导主要是通过设置阅读思考题来进行的，让学生带着疑问去阅读，这样不仅可以引导学生在重点、关键地方多分析、多思考，而且还可以帮助学生把握教材的重点，顺利通过难点。教师设置的问题要有启发性、概括性和针对性，能充分体现教材的重点和难点。它一般可分为由浅入深的三个层次：字面理解层次的问题、解释层次的问题、批判或创造层次的问题。这一阶段的着眼点是培养学生的阅读理解和思考分析问题的能力。

第三阶段，自读阶段。这一阶段是"从扶到放""从教到学"的落脚点，学生可以基本上独立地进行学习了。它的标志是学生已经具备一定的阅读能力，已经能够进行独立阅读了，而且更重要的是学生已经学会自己质疑问难，学会自己提问题。

学生正是带着自己的问题进入课堂的深化教学。这个阶段的学习就是真正意义上的自主学习了（一般需要一个月至半个学期的时间）。

2. 怎样提高课堂教学的水平和实效性

（1）提高课堂教学水平的思路和做法

通过引导和要求学生进行独立充分的超前学习，达成以下目标：①读懂教材基本的内容并完成相应的作业；②解决自己能够解决的各种问题并提出自己还存在的疑难。这个环节解决学生现有发展区的问题。

根据学生独立超前学习存在和提出的问题进行互动性教学，达成以下目标：

①对教材（知识）获得提高性和深刻性的认识；②解决未知和未决的问题并生成有意义的新问题。这个环节解决学生最近发展区的问题。

这样的教学就能引领、促进学生的发展，从而具有发展的功能。

（2）提高课堂教学实效性的思路和做法

把教建立在学的基础上，根据学生独立学习存在和提出的问题进行有针对性的教学，让学生因为教师的教学而使问题得到切实的解决，真正学有所得，这是有效教学的法宝。没有针对性的教学就是一般化的教学，一般化的教学是无效和低效的教学。针对性的教学使教师越教越少（精），学生越学越多（会学），从而实现教师"少教"学生"多学"的理想效果。

二、成果创新点

1. 提出了课堂发展性教学理论（理论创新）

这一理论的核心内涵有两点：第一把教学分为相对独立的"先学"和"后教"两部分，对应于维果茨基的两个发展区，即先学立足于解决现有发展区的问题，后教旨在解决最近发展区的问题。我们研究的基本结论是：只有建立在学生独立学习（先学）基础上的课堂教学（后教），才有可能走在发展的前面，并推动发展，从而不断地创造最近发展区，并把最近发展区转化为新的现有发展区。这一理论把维果茨基的心理学理论教学化、实践化，这也是一种创新。全国维果茨基研究会对我们的研究给予了高度肯定。第二创建以学为基础、以教为导向、以发展为目的的发展性课堂教学新体系。以学为基础，这是重建教学关系的逻辑起点。学习成为课堂教学的中心，学生成为课堂的主角，课堂成为基于学生的学习、展示学生的学习、补充学生的学习、深化学生的学习的真正的学堂。以教为导向，这是保证教学方向和体现价值引领的需要，也是提高教学深度和教学质量的需要。以发展为目的，这是课堂教学的根本目的和归宿，任何课堂教学都要致力于让学生在新课程三维目标上有收获、有变化、有提高、有进步，使学生生动活泼地得到发展。

2. 构建了先学后教、简明便捷、低耗有效的课堂教学新型样式（实践创新）

如何把理论创新转化为实践创新，我们构建了易于操作、特征鲜明的实践模式：

（1）先学环节，教师指导学生进行自主性的超前学习，让学生充分发挥自己的潜能，独立开展阅读、思考乃至作业活动，自行解决能够解决的问题并提出不会的未解决的问题。

（2）后教环节，围绕学生先学中提出的、发现的、存在的问题，师生展开有针对性地教学活动，让学生的问题得到切实的解决，真正学有所得。针对性是有效教学的法宝，只有针对性的教学才能实现由教向学的转化，最终实现教师少教，学生多学，实现并完成"教是为了不教"。

（3）练习环节，课堂练习一方面能使学生将刚刚理解的知识加以应用，在应用中加深对新知识的理解；另一方面能及时暴露学生对新知识理解应用的不足。实践证明，练习和反馈是有效课堂教学的重要环节，是提高课堂教学质量的保证。

3. 形成了有效培养学生自主学习能力的理论和经验

（1）从"方法"角度讲：引导学生学会有目的地读；学会有思考地读；学会有兴致地读；学会动手式地读。

（2）从"学科"角度讲：引导学生掌握学科的基本语言；掌握学科的基本思路；掌握学科的基本结构。

（3）从"过程"角度讲：要经历教读、引读、自读三个阶段。

（4）从"能力"角度讲：要注重培养学生阅读能力、思考能力、反思能力三种能力。

三、成果推广及应用效果

福建省中小学"指导——自主学习"教改实验，1995 年从初中数学学科开始（当初称为"中学数学自主学习实验研究"），并很快推广到高中数学以及中学其他学科，1997 年 9 月起我们把实验研究的重心逐步转移到小学。这期间，两位主持人余文森和王永走遍八闽大地 50 多所中小学，宣传推广"指导——自主学习"的个案、经验和理论。2000 年后，两位主持人还先后应邀到北京、江苏、江西等地介绍课题研究的成果。

2002 年，这一课题研究纳入朱慕菊司长主持的国家重点课题"基础教育课程改革实验研究"的分课题，我们结合新课程学习方式转变的要求，继续在中小学推行"指导——自主学习"的实验研究。2007 年，本课题再次被列为全国教育科学规划"十二五"规划教育部重点课题，从2008年开始福建省60多所中小学参与进行深化和提升的实验研究，湖北、浙江、广东、山西等省也有部分中小学慕名主动要求参与这一课题研究。2008年至2013年，我们的研究取得了系列突出的成果，形成了一批有创新意义的理论和实践成果，《中国教育报》于2012年11月至12月分四期连载介绍课题研究成果，成果之一《论有效教学的三条"铁律"》发表于《中国教育学刊》（2008年第11期），之后被《新华文摘》（2009年第5期）全文转载。北京市教委曾两次组织中小学校长前来我们的课题实验学校参观调研，江苏、浙江、青海等省的教育行政和教研部门也多次前来参观调研。10多年来，两位主持人应邀到全国各地做经验介绍和专题讲座累计达上百场。

"指导——自主学习"教改实验最突出的效果就是学生学习能力特别是独立学习能力的变化和提高。

根据我们的纵向和横向对比研究，在小学中高年级坚持一个学年的实验，学生的阅读教材能力、提出问题能力和交流表达能力三项基本能力就会有比较明显的提高，较之于非实验班，变化是显著的。在我们的课题实验学校里，不止一次地发生这样的事例：非实验教师到实验班上课被学生"请"下台去。学生告诉老师："您讲的我们都会了。"有个实验班的老师去参加县教育局组织的"送培下乡"，同学科的校长去"代课"，也发生了同样的情形，校长不相信，就让学生来讲课，结果学生非常有序地分工协作，把教科书的内容给讲好了，校长很吃惊，当场出了一些题考查学生，结果发现班上绝大多数学生都学会了。学生的学习潜力给了校长信心，决定在全校全面推广。

在不少实验学校，上公开课，老师们都喜欢教实验班，因为实验班学生的表达和提问能力能够让课堂出彩。学生学习能力提高具体表现在：

第一，在阅读教材能力上表现为：在没有教师教得情况下自己能够读懂的内容越来越多，即学生主要依靠自己阅读而不是教师讲解来获得教材知识；表现在课堂上：教师教得越来越少，学生学得越来越多，即实现了"少教多学"。

第二，在提出问题能力上表现为：学生不仅能提出自己不知道、不懂得、不明白的问题（是什么的问题），而且还会提出为什么和反思性的问题，更重要的是还能提出不同的看法、见解和意见，学生不唯书、不唯师，敢于和善于质疑、批判和超越书本和教师，这就是质疑创新能力。

第三，在交流表达能力上表现为：学生能够把自己已经掌握和理解的知识内容以及自己的个人见解和想法清晰地表达出来；学会倾听和理解同伴的发言，并能够对小组讨论进行总结和归纳；同时学生敢于并善于发言并进行辩论，这也是我们实验班课堂教学充满活力的体现。的确，这些学习能力未必能够体现在考试分数中，但是对学生整体素质的提升和可持续学习能力的提高却有着不可取代的奠基作用。

福建省厦门市湖里区"先学后教，反馈纠正"教改、宁德市福安一中的"导学研讨，训练拓展"教改、大田县的"先学后教，高效课堂"教改，都是受我们"指导——自主学习"教改实验的启发或者是在我们的实验基础上发展起来的，他们在实验过程中都接受我们的理论或实践指导。实际上，我们的实验已经传播到全国很多地方和学校。由于课题取得了突出的成果，"十二五"规划课题结题获得了免检资格。

坚持改革，努力提高基础课《高等代数》的教学质量

主要完成人：陈昭木、黄洛生、郑金荣
主要完成单位：数学与信息学院
获奖时间：1989 年（第一届）
获奖等级：省一等奖

福建师大数学系代数教研室在陈昭木教授主持下，坚持改革，努力提高基础课《高等代数》的教学质量，效果显著。

一、培养良好的学风

近年来，由于社会上不良倾向的影响，学生不同程度地存在着"厌学"的思想，若不加以解决，就难以调动他们的学习积极性。《高等代数》是数学专业低年级的基础课程，培养良好的学风显得尤为重要。因此，该室通过座谈会等方式，介绍老前辈的治学态度和勤奋精神，激发学生的学习热情，组织学习方

法介绍会、交谈会，使学生了解《高等代数》的学习方法，养成良好的学习习惯；注意循序渐进的教学原则，追踪学生的学习思想动态，发现不良苗头，及时诱导教育。同时，该室有 8 位同志任过班导师，帮助学生克服学习上的障碍。

二、抓好教学各个环节

该室把提高课堂教学效果作为教学改革的重点，在讲课中注意做到：讲清问题的来龙去脉，使学生的感知更丰富、具体、生动；重点突出，主线分明，以代数内容结构的严谨美、推理论证的清晰美吸引学生；采用启发式教学，寓培养学生能力于分析问题和解决问题的过程之中；组织课堂讨论，鼓励学生各抒己见，独立思考，培养严谨的治学态度和创造性地解决问题的能力。

加强课外辅导。具体做法是：督促检查学生对所学知识的掌握，严格掌握基本要求，了解学生对课堂教学的信息反馈，通过面批作业等方式，帮助学生解决学习中遇到的困难；创造与学生一起质疑讨论的条件，在培养学生找出正确答案的符合思维的同时，培养学生的想象、创造、启发、猜测等诸方面的发散思维。

三、因材施教

近年来，新生程度参差不齐，能力差别较大。针对这种情况，他们从实际出发，因材施教。对于学习有困难的学生，他们采取"扶贫"措施：一是面上"扶贫"，即对基础较差的学生集中定期辅导，补缺补漏；二是点上"扶贫"，即对学习能力特别差的学生，从主讲教师到辅导教师包干"扶贫"，负责到底。对于学有余力的学生，引导他们挖掘自己的能力，变接受学习为发现学习。一是组织"高代"兴趣小组，指导学生进行科研活动。做法是：先由教师做示范报告，然后让学生根据个人兴趣自选题目，收集整理材料，写出科研报告，教师根据其质量评出分数作为期末考试成绩的追加分。二是组织超前学习活动。让学生自学下学期教材内容，考试优良者，可作为该科成绩，下学期准予免考。实践证明，这些活动对于培养学生创造能力，提高学生的自学能力是行之有效的。

四、积极编写教材

为了满足学生的要求和教学的需要，该室积极鼓励教师编写教材，包括适合于课堂教学的基本教材，适合于综合复习的提高性教材和辅导性教材。

　　陈昭木教授主编的《高等代数》教材，层次分明，难易相济，注意阐述"高代"中常用的方法，解决了学生做习题难的问题。黄洛生副教授的《高等代数的基本原理与解题方法》一书，沟通了"高代"链部分内容之间的联系，总结出一套带有规律性的解题方法。此外，《高代复习提纲与思考题》《高代学习指导书》等书各具特色，深受学生的欢迎。近几年来，他们还建立《高等代数》题库，收集了几千道习题并做了初步的分类。这一系列教学改革措施，大大促进了《高等代数》课的教学质量。

交际法英语教学实践与研究

　　主要完成人：宋顺龄
　　主要完成单位：外国语学院
　　获奖时间：1989 年（第一届）
　　获奖等级：省一等奖

　　福建师大外语系主任宋顺龄副教授从 1979 年开始，对当时通用的英语教科书与教学方法提出异议，认为以语法、翻译为重点入手的教材及教学方法不能培养出把英语作为交际工具的学生。因此他提出并推行："首先培养学生听说能力，继而掌握全面听、说、读、写技能的交际法教学"。

　　宋顺龄副教授的"交际法教学"，首先是把听懂外台英语节目广播作为基础课听音教学中必不可少的一个环节，把听懂外台英语节目广播作为基础阶段水平测试的一个内容。1982 年，他的《大学本科应开设提高学生交际技能的大众媒介课》英文论文，总结与探讨了在课堂上利用报纸、杂志、广播、电视等大众媒介手段来提高学生的语言实践能力以及交际英语教学的几个原则问题。1984 年后，宋顺龄副教授连续发表了《自我听力训练》《听音教学的探讨设计与程序》《英语专业的教改必须从一年级入手》《特别英语广播与外语教学的改革开放》等多篇交际英语教学研究与实践的论文和译文，"从英语教学的整体思想""三十年英语教学走出的路程"等方面，总结了交际英语教学的实践。

几年来，宋顺龄副教授在以交际法为主的新教学法的研究方面取得了较大的进展。在教学中他有步骤地进行了改革。他根据学生的具体情况，选择能激发学生学习兴趣的教材、教学参考书。教学中力求用最新、最有用的语音资料。在结合课堂教学实际进行试验的基础上，宋顺龄副教授编写了一批新教材，撰写了一系列论文。他编写的教材《交际英语》与《外报外刊选读》就是根据他提出的"交际法教学"的原则，为培养中高级英语综合技能而编写的教科书。《交际英语》这本教材内容广泛，包括英语在中国的作用，交际英语的教与学，环境保护，个人与社会，健康、妇女、业余活动，少数民族等。这本教材题材生动，密切结合学生生活和思想实际，培养了学生听、说、读、写的综合技能，特别是强调通过听、说来提高读、写能力，以及通过讨论培养用英语进行思维、组织表达等较为高级的交际技能。同时，这本教材还具有较强的趣味性、知识性、实用性。

宋顺龄副教授在教学中的大胆试验与改革，取得了较好的教学效果；他的"交际法英语教学"的实践与研究得到了师生的支持和肯定，外语系推广了他的"交际法教学"，有效地提高了教学质量。学生反映老师采用这种教学法，学后有用，进步较快，尤其是毕业后分配在涉外部门工作的学生，反映更好。

宋顺龄副教授的改革实践、研究成果得到国内外专家的好评。1984 年，他的论文《利用具有人情味的新闻报道开展课堂交际活动》在美国《英语教学论坛报》上发表，该报编辑称赞说："你的描述性的序言，辅之题为'值得引以为训的悲剧'的报道，及随后的诸项练习，将使您的文章对《论坛》杂志在全世界的读者都极为有用"。1988 年，这篇论文获得了福建省社科成果三等奖。

英国教师简·唐顿女士在课堂教学中试用了宋顺龄副教授编写的教材，实践证明效果良好。英中友协副主席班扬先生评价他的"交际法英语教学"是："本人目睹宋先生教学中所取得的一些效果，又拜读了他关于这方面研究工作的文章，我肯定地认为，他掌握了正确的方向。他提出的并身体力行的教学方法，可在正常本科教学中应用，并能取得巨大成效。"

面向基础教育新课程的高师公共教育学科教学改革与教材建设

主要完成人：余文森、叶一舵、连榕、谌启标、黄爱玲
主要完成单位：教育学院
获奖时间：2005 年（第五届）
获奖等级：省一等奖

本成果是五年前我们所承担的教育部师范司《面向二十一世纪师范院校公共教育学科课程内容体系创新研究》项目的延伸、拓展和深化。成果的背景和依据是国家新一轮基础教育课程改革，基础教育新课程对师范院校的教育学科特别是公共教育学科提出了全新的挑战，也提供了发展和重建的良好平台。我们紧紧抓住这一历史性机遇，组织和动员全体公共教育学科教师对公共课教育学和心理学课程进行全方位的改革。

一、成果主要内容

1. 深入中小学开展基础教育课程改革和心理健康教育活动，建立理论联系实际的研究基地，确立面向中学实际的改革方向，提高教学的针对性和实效性。

以余文森教授为带头人的公共教育学教师，自 2001 年国家新一轮基础教育课程改革实验以来，坚持深入课改实验区，听课、评课、调研，开展专题研究，先后承担教育部基础教育课程改革重大项目 3 项，在我校实习学校和其他中小学共一百多所学校开展课题实验研究，取得系列教改成果，在全国产生了影响，得到教育部基础教育司的肯定，被作为典型经验在全国大会上交流。

以叶一舵教授为学科带头人的公共心理学教师，长期深入中小学，开展中学生心理健康教育活动，在全省建立了数十个心理健康教育实验基地，做了大量积极有益的实际工作。

经过多年的努力，我们已经建立了教育学科的实践基地，实践基地成为我们理论联系实际的桥梁，我们形成了任课教师定期前往基地学习、研究的制度。正是实践性，有效提高了公共教育学科课程教学的针对性和实效性。

2. 结合学科教学内容开展专题研究，把教学建立在学术研究的基础上，提高教学的水平和学术含金量。

大学教学的一个核心特征是学术性，高水平的大学教学无不建立在教师自身的学术研究上。为此，我们围绕公共教育学科教学内容的重点、难点以及基础教育课程改革和中学生心理健康教育的实际需要，组织教师开展专题研究。

五年来，我们项目组的十一位老师共计发表了一百多篇相关论文，其中十多篇发表在国家权威刊物 A 类和 B 类上，同时出版了多部相关著作。这些论著极大地更新、丰富、充实了教学内容，更为重要的是，研究的参与，有助于引导和促进学生成为未来的科研型的中小学教师。

积极尝试课程（培养）目标和教学（培养）模式的改革，注重培养学生的专业精神以及自主学习的态度和能力。

培养目标和培养模式是教育教学改革的两个核心主题，就一门课程而言，改革的起点在于重建课程的培养目标，我们基于对传统公共教育学科课程目标的反思，提出公共教育学科不仅要传授教育学科的基本理论知识，更要致力于培养师范生的专业意识、专业精神、专业品格，引导学生形成正确的教育思想观念。

改革的关键在于变革课程的培养模式，我们在有限的学科教学课时内，尝试各种新的教学模式：基础性理论内容，坚持以引导学生自主学习为主；实践性强的内容，尝试案例教学法；重要的理论观点，引导学生交流讨论。为了及时反映当前中学课改实际，我们把反映实验区的教育电视和光盘引进课堂或邀请一线老师为学生做报告，有些教师还克服很多困难，把学生分期分批带到中学见习，深受学生欢迎。

3. 组织编写高质量的公共教育学科教材，从教学"源头"上推进教学创新。

教材毕竟是教学的基本依据，编写教材的过程也是一次十分重要的学习、研究和提高的过程。

我们基于对基础教育课程改革的实际现状的调查研究，以及对高师公共教育学和心理学课程现行教材和教学的反思，组织编写了《新课程背景下的公共教育学教程》和《新课程背景下的公共心理学教程》两本新教材，新教材具有以下特征：第一，时代性；第二，基础性；第三，实践性；第四，创新性。两本教材都由教育部高等教育出版社正式出版，全国发行，2004 年 9 月被列入四川省首届中小学教师读书节推荐书目（精读）。

4. 全方位推进公共教育学科的课程建设，尝试建立公共教育学科课程新体系。

在课程设置上，除了传统的两门公共课教育学和心理学外，增设了系列专题选修课（公选课）：高中新课程专题系列讲座，中学生心理健康教育专题系列讲座，环境教育专题系列讲座，优秀教师成长专题研究系列讲座，等等。为了提高系列专题的教学质量，我们编写和出版了配套的教材和著作，从而使公共教育学科课程形成一个系列，建成了主干课与扩展课、必修课与选修课、完整课程与专题报告相结合的公共教育学科课程新体系。

二、成果创新点

1. 建立了实践、教学、科研一体化的教学新体系

实践性是高师公共教育学科的本质属性，理论教学密切联系实际，才能让教师和学生感受到教育学科的力量和价值。教学与科研相结合，坚持科研来自教学、服务教学、促进教学，使两者形成良性循环，提升教学的水平。

2. 编写了反映基础教育新课程理念的教材新体系

新教材的编写力求反映和体现以下特征：第一，时代性，反映新理念、新思想、新成果，使教材充满时代气息，体现时代特色；第二，基础性，精选教育学和心理学的基础知识和基本理论；第三，实践性，注重实践品质和人文关怀；第四，创新性，冲破传统的框架模式，在结构上尝试一种全新的思维。这是全国面向新课程最新版本的公共教育学科教材。

3. 构建了必修课和选修课相结合的课程新体系

在课程结构上，突破了传统公共课教育学和心理学的局限，在改革、完善传统公共课教育学和心理学两门必修课的同时，引入了反映基础教育课程改革进展和中学生心理健康教育实际等专题性选修课程，使教师教育课程得以拓宽、丰富和深化。

4. 形成了心理学和教育学相结合的学科新体系

坚持心理学和教育学相结合，以心理学知识为基础，以教育学知识为中心。

在心理学教学中突出教育学的方向性和导向性，在教育学教学中强调心理学知识的基础性，使两门课程分工不分家。

5. 实现了教师素质和学生素质全面提高的培养目标新体系

注重教师素质提高是课程建设和教学改革的一个出发点，是本项成果的一个特色，经过几年的努力，公共教育学科教师的课程意识、实践意识、科研能力、教学水平有比较明显的提高，有些教师已经成长为知名的专家教授。学生素质提高是课程建设和教学改革的归宿，学生素质提高不仅仅是教育学科理论知识和基本技能的掌握，更重要的是师范专业精神和教育理念的确立，这是更为核心和内在的培养目标。

三、成果推广及应用效果

1. 面向新课程开展的中小学教学改革经验和专题研究成果。2002 年 1 月在全国新课程教学工作会议上做专题介绍；2004 年 12 月在全国中小学教学经验交流会上做专题发言。北京市教委等全国多家单位组团前来我们实验基地参观、学习经验。

2. 公共教育学科教学改革和课程建设经验及成果在 2004 年 4 月全省教育学科教师新课程高级研修班上做专题介绍，被福建省教育厅师资管理处作为典型经验在全省推广。

3. 新编的《新课程背景下的公共教育学教程》和《新课程背景下的公共心理学教程》两本教材由教育部高等教育出版社出版，面向全国发行，2004 年 9 月在四川省第一届教师读书节会上被推荐为教师精品读本。9 月 10 日《中国教育报》把两本教材作为优秀教师读物推荐给教师。

全国已有数所师范大学邀请我们前去讲学，介绍《新课程背景下高师公共教育学科教学改革和教材建设》项目的经验。

汉语史系列课程的传承与创新

主要完成人：马重奇、林志强、徐启庭、王进安、陈鸿、李春晓
主要完成单位：文学院

获奖时间：2009 年（第六届）

获奖等级：省一等奖

一、成果主要内容

（一）成果简介及主要解决的教学问题

1. 成果简介：

（1）本成果课程体系完善，既涵盖《文字学》《音韵学》《训诂学》及基础课《古代汉语》，又开设了一系列与汉语史研究密切相关的课程，层次多，范围广，系统性强。

（2）继承创新并重，特色明显。本系列课程属于传统学科，继承优秀传统语言文化是其重要特色。同时，本系列课程能够站在学术前沿，积极吸纳最新科研成果，在继承中有创新，在创新中有发展。

（3）课程质量较高，教改成果突出。《古代汉语》是校级重点课程；"汉语言文字学"被评为"省级精品课程"；《汉语史》和《汉字学》列入省优硕士学位课程建设；《汉字源流》已列入教育部"十一五"规划教材；曾获福建师大优秀教学成果一等奖；已出版教辅教材多种，发表教改论文 7 篇。

2. 主要解决的教学问题：

（1）转变教育理念，继承创新并重，符合传统基础课程在新时期的定位。

（2）调整课程体系和结构，完善教材建设，使之适合多层次的教学需要。

（3）改革教学方法，既注重传统方法的继承，又重视现代技术的运用。

（4）加强师资队伍建设，形成合理的学术梯队，富有活力和创造力。

总之，本系列课程能够针对目前高校汉语史系列课程教学中存在的问题，提出有效的解决方法，实施效果显著，具有创新性和应用推广效果。

（二）成果解决教学问题的方法

1. 本成果通过转变教学理念，继承创新并重，凸显教学特色。因为汉语史属于传统学科，继承优秀传统语言文化是其重要特色。同时，本系列课程又要适应新时期的要求，要站在学术前沿，吸纳最新成果，做到在继承中有创新，在创新中有发展，使得本系列课程既凸显传统学科内涵，又具备适应现代社会的特色。

2. 本成果通过课程体系改革，完善教材建设，适应不同层次的教学需求。本系列课程既涵盖了传统"小学"所应有的《文字学》《音韵学》《训诂学》以及基础课《古代汉语》，又开设了一系列相关课程，如《汉语语音史》《汉字源流》《出土文献与语言研究》《中国古代风俗文化论》等，基础课、学位课、必修课、选修课俱全，层次多，范围广，系统性强。

3. 本成果通过改革教学方法，加强教改研究和项目建设，实施"质量工程"，提高教学质量。通过建设，取得了一系列成果，如发表了 7 篇教改论文，《汉语史》和《汉字学》列入省优硕士学位课程建设，"汉语言文字学"被评为"省级精品课程"，《汉字源流》已列入教育部"十一五"国家级规划教材，本成果已获福建省优秀教学成果奖一等奖等。

4. 加强师资培养力度，形成结构合理的学术梯队，富有活力和创造力。通过把青年教师送出去攻读博士学位或从事博士后研究等方式加强师资队伍的培养力度，要求青年教师跟从名校名师学习研究，形成富有发展潜力的教师队伍，能够站在学术前沿做好教学工作。

二、成果创新点

（一）注重历史传承。传承性是传统语言学课程的必然特点，重视传统语言学知识的传授，是进行科学创新和高素质人才培养的基本前提。本系列课程中有成体系的文字学、音韵学、训诂学等基本内容，可以潜移默化地影响青年学生对传统国学的认知和体验，提高他们的基本素质，为科学创新打下坚实基础。

（二）强调科学创新。创新性是本系列课程能够扣紧时代脉搏与时俱进的根本动力。本系列课程积极吸纳最新科研成果融入课堂教学，运用现代技术丰富教学手段，使得本系列课程既富有传统内涵，又充满时代精神。

（三）传世文献和出土材料并重。本系列课程或偏于传世文献的梳理，或偏于出土材料的利用，或两者相结合，发现新学问，解决新问题，使得课程充满挑战性，极大地激发学生的求知欲望，提升他们发现问题和解决问题的能力。

（四）凸显区位优势和地域特色。本系列课程有许多内容富有闽派语言学特色，如音韵与方言，向来就是闽派语言学的强项，特色明显。

三、成果推广及应用效果

汉语史的研究范围是，运用语言学的理论和方法，研究古代汉语和现代汉语在文字、词汇、语法、音韵、修辞等各个方面的状况、演变线索及其相互影响，探索汉语汉字发展的内在规律，同时研究古代和现代汉民族共同语与方言、古代汉语和现代汉语与其他民族语言的相互影响。

本系列课程体系完整，应用面广。主要应用于全日制本科教学、函授和自学考试教学，硕士研究生教学和博士研究生教学，包括本科基础课、必修课和选修课，研究生学位课、专业必修课和选修课等，取得了很好的教学效果。其成果将为检验和充实普通语言学理论做出新的贡献，并为应用语言学提供理论基础和材料基础。同时对于揭示汉民族的思维特点、理解中华文化的传统及社会进步的过程具有重要作用。

总之，本成果经过多年建设，有关项目达到国内先进水平，并取得较大的人才培养效益，具有较大的应用推广价值。

留学生汉语综合能力培养和提高的"三位一体"模式

主要完成人：林新年、陈晟、蔡明宏、蔡建丰、黄彬、张莹莹、林琳琳

主要完成单位：海外教育学院

获奖时间：2014 年（第七届）

获奖等级：省一等奖

一、成果主要内容

（一）成果简介及主要解决的教学问题

2012 年 8 月 31 日，来自塔吉克斯坦的留学生米娜在由中央电视台与国家汉办/孔子学院总部联合主办的第五届"汉语桥"在华留学生汉语大赛中，从全国近百所高校、近万名参赛的留学生中脱颖而出，获得唯一金奖"汉语之星"。时任中央政治局委员、国务委员刘延东同志亲自为米娜颁奖，福建省委常委、教工委书记陈桦同志做出批示："米娜的获奖既是福建师范大学的骄傲，也是整个福建省的骄傲，是对福建师范大学对外汉语教学和国际交流工作的重大肯定，是百年学府深厚文化积淀和人才培养质量的重要展示。"米娜的获奖是海外教育学院 2009 年以来实行留学生汉语综合能力"三位一体"培养模式的突出成果。

在米娜获奖之前，海外教育学院采用"三位一体"的培养模式使留学生的整体教学质量明显提高，近年来在"经典朗读·中华诵""留动中国"等省级和全国比赛中屡获佳绩。

在"三位一体"的培养模式中，"三位"是指留学生的三种基本能力，即"汉语听说读写能力、汉文化理解和运用能力、中华传统才艺表现能力"；"一体"是指这三种基本能力实际上是相互关联、相辅相成的，须加以系统整合，融会贯通，达到全面提高留学生汉语交际水平的目标。

在留学生的汉语教学中，汉语水平和交际能力并不仅仅表现在留学生是否能听说汉语，是否能读写汉语，更重要的是能否借助汉语这个工具去逐步理解历史悠久、博大精深的汉文化。中华传统才艺是人类的宝贵文化遗产，凝结着中华民族的智慧和高超的技能，了解和学习汉文化及中华传统才艺，往往也是留学生学习汉语的一个重要动机。我们通过"三位一体"的培养模式，使留学生在比较自如地使用汉语的同时，能够理解汉语所蕴含的深厚的文化内涵，能够学习和掌握他们所喜爱的中华传统才艺。

传统对外汉语教学强调的是汉语知识和能力，中华文化和传统才艺的传授相对薄弱，三者之间也没有进行有机的整合。我们认为，如果对留学生仅仅进行汉语的听说读写的教学，将语言学习变成抽象符号的使用和规则的机械记忆，课堂教学一定是枯燥无味和效率低下的，但是不具备基本的汉语言能力，学习汉文化及中华才艺则是无源之水。实施"三位一体"的教学模式，就是认识到留学生三种基本能力的内在联系，"模块化培养"不是分离这三种能力，而是在不同的教学阶段，突出其中一种能力的培养，另外两种能力作为辅助的手段，三种能力在整个教学过程中始终相辅相成，逐步整合，形成"一体"，即汉语水平、汉文化知识和才艺能力的全面提高。

（二）成果解决教学问题的方法

以目前国家汉办实行的新 HSK 等级水平划分标准，留学生的汉语水平大致可以区分为初、中、高三个层次，我们在实施"三位一体"的教学模式中，对不同的层次的留学生，我们上述三种能力的侧重点不同。

1. 初级阶段。以培养汉语的听说能力为主，引入常见的表现汉文化特征明显的中国民俗如节日习俗和传统的才艺如太极拳、中国结等。

2. 中级阶段。在培养汉语的阅读和基本的写作能力的同时，融入反映汉民族历史典故和成语、歇后语，在汉字教学过程中，讲解中国书法、篆刻等中华传统才艺。

3. 高级阶段。进一步强化阅读和写作能力，阅读由趣味性的小故事往小说、散文、随笔和科学文献延伸，写作由简单的事件叙述转变为问题的提出和分析。反映中国传统文化及才艺的中国戏曲、民歌等在课堂和课外的活动中逐步呈现，甚至引入反映中国当代生活的相声、小品等。

不同的语言具有不同的语音、词汇和语法系统。汉语的声调、词的多义性、虚词的灵活使用，汉字繁简不一的笔画、口语与书面语的差异等，往往是留学生在学习汉语里感觉头疼的问题。这些问题虽然有的是语言问题，有的是文化问题，但在许多情况下，语言与文化总是交织在一起，难以截然分开。我们在解决语言问题时，尽可能将文化现象结合起来，有形、有趣的文化现象和生动活泼的中华才艺与抽象、枯燥的语言问题相结合，能够较大地提高教学效率和保持留学生的学习积极性。从我院毕业的留学生，具有较高的汉语能力和交际能力，对汉文化和中华才艺有深入的了解和掌握，为参加留学生汉语水平和能力的各种大赛打下良好的基础。

"三位一体"的教学模式能够较好地提高留学生的学习积极性、保持浓厚的学习兴趣，有效地提高学习效率，在国家汉办举办的 HSK 考试中，HSK 中高级水平考试的过关率明显提高。除了在汉语言本科教学采用这个教学模式外，我们还将"三位一体"教学模式应用于半年期的外国本土化师资培训班和夏令营、冬令营，同样得到了来华进修的外国教师的好评。

二、成果创新点

"三位一体"培养模式与传统的汉语教学方法的区别主要有以下两个方面：

（一）采取团队教学的方法实施"三位一体"的模式，留学生的汉语知识和能力具体可以区分为"汉语听说读写能力、汉文化理解和运用能力、中华传统才艺表现能力"；这三种能力的培养主要通过语言教学、文化知识和才艺学习三类课程完成，在传统的留学生汉语教学中，上述三个方面的课程实际上是由不同学科背景的教师各自开课，彼此间并没有就留学生的母语背景、学习能力和学习策略等方面进行充分的沟通。我们具体实施"三位一体"的教学模式时，组成了"留学生汉语专项技能指导团队",团队成员由不同学科背景,不同课型的教师组成,把对留学生三种能力的培养融合成有机整体进行教学,例如在语言教学的基础上,在文化和才艺的教学内容中,有意识地引入和应用所学的字、词、句,让学生不断重现已有的语言知识,尽可能使有效输入和输出达到最大值。留学生学习的时效性和有效性的提高,不仅能够长久地保持学生的学习兴趣,提高他们的自信心,而且能够较大地促进汉语水平的提高。团队教师定期开会,分析教学对象的学习情况,针对普遍性问题研究解决对策,调整教学方式和内容。

(二)借鉴"支架式"教学理论,制定不同阶段可行的学习要求和目标,促使留学生的汉语知识和能力稳步发展。在第二语言教学上,不同的国家针对不同母语背景的人在习得第二语言时,采用的是不同的教学理论,例如"沉浸式"教学法、"语言比较"教学法等,我们的团队借鉴国外在语言教育上的支架理论,"支架"原意是建筑行业使用的"脚手架",这里用来比喻对学生解决问题和建构意义起辅助作用的概念框架。通过其支撑作用,学生的认知发展不断从实际水平提升到潜在水平。教师在课堂上通过范例、问题、建议、工具、图表等支架手段,启发留学生发挥学习的主动性。同时,由于团队成员学科主攻方向不同,他们的专业擅长能够在团队合理搭配,确保指导目标明确,针对性强,效果明显。在学生现有的水平上制定合理的目标使学生的水平能够得到最大限度的发挥。

三、成果推广及应用效果

(一)"三位一体"教学模式效果显著

第二语言的习得并不是仅仅解决语言问题,语言不仅仅是一个交际工具,更重要的是它承载着该民族的思维方式、社会价值观和历史传统。学习和掌握一种语言,实际上是学习掌握该语言的民族的思维方式、社会价值观和历史传统。"三位一体"的教学模式是把语言、文化和传统才艺融为一体,成为一个有血有肉的有机整体,学生不会陷入机械枯燥的语言习得过程,使得他们有兴趣学,而且学有成效。自从 2009 年实施"三位一体"教学模式以来,2010 年,我们培养的留学生获得"中华诵·经典诵读大赛"全省二等奖、三等奖;2011年,我们再次获得"中华诵·经典诵读大赛"全国一等奖、三等奖和福建省特等奖，2012 年，更是获得 CCTV 第五届"汉语桥"大赛第一名，荣获"汉语之星"称号。

（二）团队教学方式值得推广

在实施"三位一体"教学模式时，我们成立了"留学生汉语专项技能指导团队"，该团队秉承国外在语言教育上的支架理论，定位明确，即在学生现有的水平上制定合理的目标使学生的水平能够得到最大限度的发挥；团队成员学科主攻方向不同，她们的专业擅长能够在团队合理搭配，确保指导目标明确，针对性强，效果明显。这种结合教师个人的智慧和集体的力量，团结协作的精神、团队组合方式对于今后相应的其他竞赛有相当重要的借鉴作用，值得进一步推广。

福建师范大学海外教育学院开展留学生教育已经有近 30 年的历史，已经培养了欧美及东南亚地区 30 多个国家近 7000 名的留学生，特别是近年来，随着中国国力和国际影响力的提升，来华留学的外国学生越来越多，海外教育学院的各项事业也在快速发展，仅在 2013 年，福建师范大学成为外交部和教育部设立的"中国－东盟教育培训基地"、教育部的"来华留学示范基地"。我们将更加努力完成汉语国际推广的光荣使命。

探索研究型教学模式　培养经济学创新人才
——基于国家经济学基地的实践

主要完成人：李建建、黎元生、蔡秀玲、陈晓枫、王盛
主要完成单位：经济学院
获奖时间：2014 年（第七届）
获奖等级：省一等奖

一、成果主要内容

（一）成果简介及主要解决的教学问题

福建师范大学国家经济学基础人才培养基地是全国高校仅有 13 个基地之

一。1998 年自基地成立以来，我们按照"目标明确，改革领先，成果突出，师资优化，设备先进，教学优秀，质量一流"的要求，着力培养马克思主义经济学创新人才。近年来，基地根据新时期高等教育发展的新变化，积极创新教育理念，组建高水平的研究型教学团队，以探索研究型教育模式为重点，依托本科教学工程建设项目，适时调整和优化课程结构，推动教育教学方式改革；以完善创新人才培养机制为中心，大力开展研究性实践教学，不断提升基地办学实力和人才培养质量，形成了具有时代特征、符合校情实际的经济学基地人才模式和运行体系。通过多年教学和人才培养的实践，使基地毕业生成为能够坚持以马克思主义为指导，经济学基础理论功底深厚，了解中国国情，具有国际视野，具有强烈的创新意识和应用实践能力的理论经济学专门人才和拔尖创新人才。

近年来，我校国家经济学基地专业建设与综合改革，着力回答和解决了以下两大问题。

1. 明确了新时期国家经济学基地建设的定位和人才培养的目标导向。当前我国高等教育进入了大众化教育时代，研究生和本科生扩招在一定程度上冲淡了基地的影响力，基地学生就业机会增多也抑制了他们考研和从事学术研究的内在动力，马克思主义经济学在高校经济学教学中有所削弱，国家经济学基地面临着被"边缘化、空心化和一般化"的危险。大众化教育时代的经济学本科教育，既要培养应用型人才，又要培养研究型人才，尤其是要培养马克思主义经济学创新人才。我们坚持认为，国家经济学基地是高等教育大众化时代大学实施经济学人才精英教育的重要品牌，是培养马克思主义经济学教学和科研基础人才的重要载体，是我国高校经济学本科专业建设和教育教学改革的先锋队，也是国内外马克思主义经济学者开展学术交流的重要平台。

2. 探索形成新时期国家经济学基地的人才培养模式和运行体系。根据国家经济学基地的定位和人才培养的目标导向，马克思主义经济学创新人才培养的关键在于学生创新意识、创新思维和创新能力的训练。这就需要打破以知识传授为主的传统教学模式，采取知识传授与学术探索相结合，师生互动，教学相长，并以调动学生自主学习、激发学生求知欲和创新性为主要目标的研究教学模式。我们认为，研究型教学模式是适应新时期要求的基地教学和人才培养模式，它要求教学工作不仅仅是授学生以"鱼"，更核心的任务是授学生以"渔"，教师要积极营造良好的教学情景，激发学生的问题意识、探究意识和创新意识，掌握和熟练运用研究与探讨经济学问题的思想方法和学习方法。为此，需要组建一支师德高尚、业务精良、结构合理、充满活力，并坚持马克思主义的研究型教学团队；需要构建适应新时代、符合国际化趋势的研究型教学的课程体系；需要探索基于互联网时代、符合90后学生特点的教育教学方式；需要建立既注重知识承传又注重学生创新能力提升的人才培养体系；等等。本教学成果就是基于福建师范大学国家经济学基地人才培养的实践，系统探索研究型教学模式及其运行体系。

（二）成果解决教学问题的方法

1. 以高水平教学名师为核心，领衔组建研究型教学团队。我们注重发挥各级教学名师的引领带动作用，领衔组建若干个研究型教学团队，其中既有省级理论经济学教学团队，又有学院资助设立的5个核心课程的教学团队。定期组织教学名师开展本科优秀教学观摩课，以教学团队为单元，开展集体教研、集体备课，发挥老教师的"传、帮、带"作用，提升中青年教师的教育教学能力，要求青年教师过"五关"（师德关、学历关、教学关、科研关和职称关）。在老一辈经济学家陈征教授、李建平教授的培养和带领下，基地建成一支结构合理、教学科研经验丰富、老中青相结合的师资队伍。

2. 以专业综合改革为突破口，优化课程结构体系。依托国家级人才培养模式创新实验区（2009）和国家级特色专业点（2010）等本科教学工程，以研究型教育理念为统领，构建了符合现代经济学的发展方向和社会主义市场经济发展要求的核心课程体系，包括基础理论课程、应用经济课程和实证分析技能课程三个模块；开设10余门专业选修课和跨学科选修课，形成了具有"精""深""新""博"特点的课程结构和教学内容，实现学习过程的基础性、宽广性和新颖性。

3. 以精品课程为龙头，推进教育教学方式改革。以4门省级精品课程和2门校级双语教学精品课程为重点，探索开展研讨式、互动式、案例分析式等教学方法，形成"以学生为主体、教师为主导"的教学模式。顺应国际化人才培养和学术交流的发展趋势，积极稳妥地推进基地班双语教学。近三年基地学生对课程听课的终结性评价平均分均在 87 分以上，表明基地教师课堂教学质量总体达到优秀，且教学质量呈现稳定提升态势。

4. 以教学科研互动为途径，促进科研反哺教学。教学与科研犹如车之两轮，鸟之两翼，不可偏颇。我们在围绕教学内容开展科研，凝练特色方向，形成了"《资本论》和社会主义市场经济""经济综合竞争力"等富有特色的研究方向，组织编著了教育部规划教材《〈资本论〉选读》、全国高师通用教材《政治经济学》等优质教材，出版了《中国省域经济综合竞争力蓝皮书》等高水平研究成果，10 余项研究报告被厅级以上单位采纳；在教学实践中又将研究成果融入教学过程，丰富了教学内容，深受学生欢迎和好评。

5. 以实践教学为重点，提升学生科研创新能力。"理论是灰色的，实践之树常青"。实践教学是提高教学质量和增强学生实践能力的重要环节，我们将实践教学纳入基地人才培养计划，建立起包括模拟实验、科研论文训练、寒暑期社会调查和毕业论文设计"四位一体"的实践教学体系，依托实验教学平台，加强现代经济学研究方法的教学；实施基地学生科研立项制度，引导学生开展科学研究。组织开展多种社会实践，拓展学生综合素质。**二、成果创新点**

（一）牢固确立马克思主义经济学的指导地位。发挥学科特色和优势，以研促教，教研相长，将高水平的科研融入教学，取得了系列标志性成果，在国内学术界具有较高的知名度和美誉度，被誉为"坚持马克思主义的南方阵地"。以世界政治经济学学会为平台，加强与各国马克思主义经济学家的交流与联系，使基地成为国内外马克思主义经济学者开展学术交流的重要平台，进一步提升了国家经济学基地的知名度和影响力。

（二）构建起复合型的课程体系。以研究型教育理念为统领，构建了符合现代经济学的发展方向和社会主义市场经济发展要求的核心课程体系，包括基础理论课程、应用经济课程和实证分析技能课程三个模块；同时设立 10 余门跨学科的专业选修课，形成了具有"精""深""新""博"特点的课程体系，实现学习过程的基础性、宽广性和新颖性。

（三）开展案例教学法等研讨型教学。将案例教学法引入理论经济学基础课程的教学实践，改变以往只是举例说明经济学原理的教学方法，在剖析现实经济现象中阐释经济学原理。顺应国际化趋势，形成"优秀外文教材—名师主讲—互动式教学—英文考核”的双语教学体系，拓宽基地班学生的国际视野。

（四）形成具有“四位一体”实践教学体系。建立起包括模拟实验、科研（毕业）论文写作、创新创业训练和社会调查等“四位一体”研究型实践教学体系。近五年学院全额资助基地学生科研立项36项，这在全国13个经济学基地中尚属首创。

（五）形成具有基地特色的创新人才培养模式。基地按照准研究生的要求进行人才培养，探索形成“教学科研互动＋优化课堂教学＋强化实践环节＋自主素质拓展”的人才培养模式和运行体系，既要求学生掌握扎实的基础理论，又努力提升科研创新和实践能力。

三、成果推广及应用效果

2008年国家经济学基地实行研究型教学模式以来，取得了一系列标志性成果和显著社会效益，并受到同行和社会各界的广泛赞誉。

（一）专业建设获得同行专家较高评价。基地教师获批4项省级以上教学质量工程项目。其中，国家级2项（国家级人才培养模式创新实验区，2009；国家级特色专业点，2010）、省级2项（理论经济学省级教学团队，2008；省级专业综合改革试点，2012）。2012年在学校审核性专业评估中经济学专业（含基地）被同行专家评选为优秀专业。

（二）科研反哺教学成效显著。基地教师出版系列高质量教材。教育部规划教材的《资本论》选读被国内高校广泛采用，并多次印刷；全国高师系统的通用教材《政治经济学》具有很大的影响力和知名度；组织编写的《投资银行学》《经济科学研究方法论》《现代金融学概论》已由北京大学、经济科学出版社等出版；正在编著《当代中国经济》等新课程教材。

（三）基地人才培养质量高。基地学生科研能力较强，毕业生在CN刊物上人均发表论文超过1篇。近三年基地学生获得全国大学生课外科技作品竞赛国家级二等奖2项、三等奖3项，获得“用友杯”大学生创业设计暨沙盘模拟经营大赛省级以上奖励达4项以及其他各类省部级以上竞赛类奖励25项。基地班学生读研率较高，以2011届基地班30位同学为例，英语四级、六级和计算机水一级考试通过率均达到100%；一次性攻读研究生比例为56.7%（17人），其中考入外校的有5名；一次性就业率达93.4%。

（四）基地教学和人才培养的示范和辐射作用明显。基地班开展研究型教学，形成了富有特色的经验，例如，以小班教学为基础，开展讨论式、辩论式教学；设立基地科研项目，鼓励学生开展科研活动；发挥学科优势，编著高水平教材等，这些经验和做法在我校乃至同类院校中产生了较好的影响。基地学生科研训练带动了我院学生创业创新能力的整体提升。2012 年我院学生完成的课外科技作品《威尔驰科技有限责任公司》，获得"挑战杯"中国大学生创业计划竞赛金奖，填补了我校学生在中国大学生顶级科技赛事中的金奖空白。

（五）研究型教学促进学科建设跨越式发展。2009 年区域经济竞争力实验室被为省级实验教学示范中心；2010 年区域经济竞争力研究中心被增补为省级人文社科重点研究基地；2010 年获批应用经济学硕士点一级学科、统计学博士点和硕士点；2012 年理论经济学获批福建省特色重点学科和重点学科等。

经过多年的建设，国家经济学基础人才培养基地已成为我校经济学学科建设的生长点、教学改革的辐射源和创新人才培养的示范区，成为我校应用文科专业开展实验教学的排头兵，成为我省服务区域经济发展的高水平决策咨询服务机构以及国内外马克思主义经济学学术交流的重要平台。

"一体两创三应用"新能源工科实践教学体系的构建与实践

主要完成人：黄志高、林应斌、陈水源、梁光胜、康俊勇、卢宇、武仁兵、吴志明

主要完成单位：物理与能源学院

获奖时间：2017 年（第八届）

获奖等级：省特等奖

一、成果主要内容

（一）成果简介及主要解决的教学问题

本项目源于福建师范大学 2011 年招生的新能源科学与工程专业及相关的多项国家级和省级本科质量工程项目，通过与北京海瑞克科技发展有限公司、厦

门大学的深度合作，结合企业行业标准和学校学科优势，构建了新能源工科（光伏、储能方向）"学中做、做中学、做学合一"的人才培养模式，形成了新的实践教学体系，推进了新能源工科建设与发展。成果主要内容包括：

1. 构建了"双轮"驱动、协同引领的人才培养模式

通过协同创新和产教融合"双轮"驱动，有效探索新能源工科建设的新理念、新方法和新途径。

协同创新，福建师大借助"2011 协同创新中心"，与厦门大学通过校校协同把新技术、新方法和新理念融入人才培养模式改革、实践平台和队伍建设之中，实现高端引领。

产教融合，由教学名师黄志高教授领衔的团队具有丰富的教改经验，而海瑞克在新能源专业设备研发及推广等方面独树一帜，双方开展优势互补的校企战略合作，实现立地示范。

2. 创建了"一体两创三应用"工科实践教学体系

（1）"一体化"实践教学体系

以社会需求为导向，以实验实践能力培养标准为依据，构建了"课堂理论教学→实验创新研究→综合应用→中试工程化实训→企业实训"一体化实践教学体系，并将一体化理念融入太阳能光伏、锂电池和能源智能测控三个方向的实践教学之中。

（2）"两创"教育融入人才培养全过程

以协同中心为纽带，建设以学科交叉、产学融合和资源共享为支撑的"立体化"创新创业育人平台。以成果为导向，以项目、竞赛为载体，将"勇于创新、敢于创业"理念融入人才培养全过程，培养学生工匠精神，努力提升创新和创业能力。

（3）"三应用"推进实践教学、创新创业教育和社会公共服务

注重将科研成果融入课堂教学、实践平台建设之中，建设了系列有特色的教学资源；建成了集"教育、培训和研发"为一体的三个创新创业实践平台；将创新平台作为公共服务平台向社会开放，服务经济建设。实现了"科研成果应用于本科教学实践""实践平台应用于创新创业教育""平台技术应用于社会公共服务"。

（二）成果主要解决的教学问题

1. 新能源科学与工程是 2010 年教育部首批战略性新兴专业，百业待举，需要解决该专业实践教学体系及其配套的教学资源从无到有逐步完善的问题。

2. 针对新能源工科实践教学要素的认识不足，缺乏系统设计，需要解决实验教学"碎片化"问题。

3. 校企融合动力不足，导致优质资源难以双向流动，需要解决新能源工科专业校企融合度不高、服务社会能力不强的问题。

（1）校—校—企高度融合，共同制定人才培养方案与实践教学体系

福建师大与北京海瑞克于 2012 年签订了战略性合作协议；2014 年以厦门大学牵头、福建师大为第一协同单位的"半导体光电材料及其高效转换器件协同创新中心"获批福建省高校"2011 协同创新中心"，借此中心，双方签订包含推进新能源工科的发展的合作协议。利用厦门大学学科优势、福建师大的教学改革优势、北京海瑞克设备和技术推广优势，结合新能源经济和社会发展需求和行业发展趋势，共同制定人才培养方案及实验实践能力培养标准，设计实验实践教学模块，构建并探索"一体两创三应用"新能源工科实践教学体系。

（2）以"一体两创三应用"实践教学体系为指导建设实践教学平台

依托建成的国家级、省部级教学和科研创新平台，投入 3000 多万元建成了集"教育、培训和研发"功能为一体的校内太阳能光伏材料与光伏发电、锂离子电池、能源智能测控三个富有特色的工程化实践教学平台，分别开设了 15、20 和 85 个新能源基础、综合、创新创业实验和 3 类新能源工程综合实训项目，并开发了 200 多个研究课题。特别将科研成果融入新能源本科工科实践教学体系中，自主研发了"课程和基础实验→专业实验→综合实验→创新实验和创业实践→'亲企业'工程化实践"五层次的智能能源管理教学系统。

二、成果创新点

（一）探索一种双轮驱动、校－校－企"黄金结合"新兴工科建设范式

基于新能源新兴工科根植于前沿学科的特点，通过具有深厚学科底蕴的厦门大学与福建师大校－校协同创新，形成了校－校"黄金结合"。福建师大与北京海瑞克的战略合作，把福建师大的教改优势与北京海瑞克的推广优势有机结合，形成了一个优势互补的校－企"黄金结合"。

上述校 - 校 - 企"黄金结合"，突显了学科、教改和推广的三大优势，建立了新兴工科专业的"高端引领"、人才培养过程的"工匠塑造"、教改成果的"立地示范"协调共进的新模式，有效探索了新能源工科专业建设的理念、方法和途径，形成一种新兴工科建设的范式。

（二）"一体两创三应用"新能源工科实践教学体系的实践创新

"学中做、做中学"是工科教育的灵魂，"做"是提高工科学生创新与实践能力的前提。基于此，提出并实践一体化实践教学体系。在这个体系中，把"动手做"贯穿人才培养的全过程，尤其是体现"亲企业"的大综合工程实训。针对本科生，在"做"的基础上还要有扎实的专业知识，所以必须强调"学"的重要性。

"三应用"是科教融合、产教融合的精髓。但是做好"三应用"并不容易，关键是结合新能源新工科特点如何做好这"三应用"。我们的实践经验是：精心培养一批高水平、懂工科、乐奉献的教师和工程师，将科研成果转化为本科教学，建成了三个富有特色的融教育、培训、研发为一体的实践教学平台；以学生为本，树立人才培养是高校第一要务的理念，把服务学生的工作抓到实处。

综上所述，可总结为"做、学、特、实"。

（三）能源智能教学系统和虚拟仿真软件研制的自主性与创新性

自主性：能源智能教学系统和锂离子电池、太阳能光伏虚拟仿真软件都是教师和工程师在承担科研及工程开发项目取得的系列成果转化到教学内容的，属于自主研发，拥有自主知识产权（专利号：ZL201520668629.3）；创新性：结合实践教学实际，创新性地构建层次化、一体化的教学系统，提出并实现智能交互和智能评价的虚拟仿真新思路。

三、成果推广及应用效果

1. 人才培养成果丰硕

2010 年以来，新能源工科专业毕业生普遍得到企业欢迎，如全球锂电池第一大企业——宁德新能源科技有限公司对我校的创新实践教学给予了很高的评价。学生中有 231 人次获奖，其中国家级奖项 46 项，省级奖 60 项，其中获得全国"挑战杯"大学生创业计划竞赛金奖 2 项、银奖 1 项、铜奖 1 项；共发表论文 200 多篇，其中 144 篇被 SCI 收录；获得授权专利 26 项，软件著作权 13 项。

2. 实践教学体系改革成效显著

新能源科学与工程专业本科教育被教育部批准为中外及内地与港澳台地区合作办学项目，并获评省高校服务产业特色专业。还获得 1 个省创新创业改革试点专业、2 门省精品资源共享课、1 个省工程实践教学基地、2 项省教改项目。主编 4 本教材、参编 2 本教材，教改成果在中国教育报理论版等报纸杂志发表。

3. 改革成果的示范与辐射作用

（1）全国新能源科学与工程专业联盟副理事长黄志高教授及骨干成员在 2013－2017 年历届新能源科学与工程专业建设研讨会上做特邀报告，分享改革经验与成果，并为青年教师教学能力培训班做专题讲座。

（2）开展国内首次新能源专业发展调研，撰写了《全国新能源专业建设与行业人才需求调研报告》。

（3）先后有 30 多所省内外高校到我校参观学习，实践模式已被 25 所高校借鉴；已经为全国 77 所高校提供了咨询服务，为 43 所高校开了 200 多场专业讲座，有 1400 多套新能源设备在全国推广使用；于 2018 年主办了新工科背景下新能源工程实践教学培训及教学改革研讨会，分享"一体两创三应用"工程实践教学模式。

4. 服务地方经济和社会能力增强

（1）开放平台接受约 3500 人的进修、培训。

（2）黄志高受聘宁德市锂离子电池产业发展专家咨询组成员、一家电池企业专家工作站首席专家，为锂离子电池产业发展做贡献。

（3）承担福建省人力资源与社会保障厅《新能源产业专业技术人员高级研修项目》，并已被人力资源和社会保障部批准为高级研修项目。

（4）康俊勇团队服务社会成效显著，有两项专利转化到企业，与企业合作成果获得 2017 年厦门市科技进步一等奖。

5. 专家评价

南京大学郑有炓院士、西安交大丰镇平教授等鉴定组专家认为该成果为理科院校、地方性院校办好各具特色的新兴工科提供了一个很好的建设范式，对新能源科学与工程专业建设具有引领作用。2014 年教育部高教司理工处吴爱华处长、侯永峰副处长先后到实践教学平台指导，对实训平台给予充分肯定。吴处长说：你们的锂离子电池工程化实训平台，尽管比不上机电和建筑传统工科高大善的，但它小而精、有特色，对学生实践和创新能力培养非常有意义。

提炼教学主张 提升教学品质
——促进中小学名师专业成长的福建经验

主要完成人：余文森、王永、陈峰、洪明、郭春芳、成尚荣

主要完成单位：教育学院 教师教育学院

获奖时间：2017 年（第八届）

获奖等级：省特等奖

一、成果主要内容

（一）成果简介及主要解决的教学问题

2011 年我们受省教育厅委托，主持首届百名省级名师培养工作。这些名师培养人选在长期的教学实践中积累了丰富的教学经验，形成了自己的教学思考。怎样把这批具有名师潜质和基础的优秀教师培养成为真正的省级名师？我们的答案是：教学主张。教学主张是迄今为止我们找到的培养名师的一把金钥匙。

提炼教学主张，就是引领教师从教学经验走向教学理论，从教学思考走向教学思想，这是促进教师从优秀走向卓越，实现自我超越的专业生长点。提炼教学主张实际上就是"给自己树立一面旗帜""自己定义自己的教育"，这个过程是教学个性化、思想化、风格化的过程，同时也是教学理论和流派培育与创立的过程，是往教育家方向和境界发展的过程。

我们针对每个名师人选的专业优势、教学特长和个性特征，引导他们分别从"学科的视角""教育的视角""儿童的视角"等提炼出自己的教学主张，并围绕教学主张开展系统的研究。这个研究包括理论研究和实践研究，理论研究旨在让教学主张"立"起来，实践研究旨在让教学主张"落"下来。

我们通过引领和指导名师培养人选提炼教学主张并围绕教学主张开展系统的研究，使他们实现了专业发展的自我蜕变和自我超越，成为在全省有专业影

响力和感召力的真正名师。

许多优秀教师处于职业高原期，遭遇专业发展的瓶颈和难题：他们在长期的教学实践中积累了丰富的教学经验，形成了自己的教学思考，正是有了这些经验和思考，他们工作起来得心应手，成效显著；但是，经验的叠加与反复，思考的固化与封闭，使不少优秀教师反而"因为优秀，难以卓越"。一些优秀教师甚至陷入经验主义的泥潭，经验反倒形成了自己提升的"樊篱"。怎样引领优秀教师从教学经验走向教学理论，从教学思考走向教学思想，从而实现专业发展的自我突破和超越，这就是我们要解决的主要问题，而教学主张正是解决这一问题的一把"金钥匙"。

（二）成果解决教学问题的方法

1. "提炼"教学主张

（1）从学科的本质、特点和独特的育人价值中提炼教学主张（"学科视角"）；

（2）从教育教学规律和人才培养目标中提炼教学主张（"教育视角"）；

（3）从儿童身心发展的特点以及儿童文化精神中提炼教学主张（"儿童视角"）。

2. "研究"教学主张

（1）理论研究：包括对教学主张的概念和内涵进行界定、对教学主张的理论基础和依据进行说明、对教学主张的具体观点和内容进行阐述。理论研究的宗旨就是形成教学思想，思想有多远，课才会走多远。

（2）实践研究：包括教学主张的教材化研究、教学化研究、人格化研究，其本质在于把教学主张及其蕴含的思想、智慧有机地融入教材、教学和教师人格之中，使教学主张落地，使名师的课堂和人格打上主张的烙印。

3. "展示"教学主张

（1）作品展示：围绕教学主张撰写论著，形成若干篇有代表性的作品，写作过程是思维精细化的过程，是教学主张清晰化、结构化的过程。

（2）课例展示：围绕教学主张上公开课、示范课，把教学主张通过课堂教学展示出来，形成若干节典型的课例。

（3）报告展示：围绕教学主张开设专题报告和学术演讲，系统阐述自己的教学主张和教学思想，发挥引领和示范作用。

名师培养工程对这三个展示有"质"和"量"的具体要求。通过这三个过程（环节），促使培养人选形成主张、发展主张、完善主张。

二、成果创新点

（一）总结了基于教学主张的由内而外的名师专业发展路径

"鸡蛋，从外打破是食物，从内打破是生命。"以往的教师专业发展走的是"由外而内"的研修路径，就是让研修对象学习新的理念、理论、方法、技术和经验，从而提升和充实自己，这是充电式、积累式的发展模式；我们所走的是另一条路径，即"由内而外"的研修路径，就是让研修对象从反思自我开始，寻找、发现自己教学的亮点、特色、优势，进而提炼自己的教学主张，孵化自己的教学思想，形成自己的教学风格，实现专业发展的自我超越，这是反思性、突破性的发展模式。

（二）构建了理论研究和实践研究一体化的名师研究新模式

"教而不研则浅，研而不教则空。"教学研究是产生教学思想、造就教学名师的关键环节。名师教学主张的研究包括理论研究和实践研究两部分：理论研究是"顶天"的研究，具有学术性，它要求教师超越自己的学科、经验，对自己的教学主张进行系统的理论论证和阐述，形成自己的教学思想，撰写自己的教学论著（作品）；实践研究是"立地"的研究，具有行动性，它要求教师把教学主张有机融入并体现在教材研读、教学设计和课堂教学活动之中，形成基于教学主张的教学方式和风格。这两种研究的有机结构才能造就真正的教学名师。

三、成果应用及效果

1. 以教学主张为引领，成功培养了一批真正的省级名师

福建省百名名师培养工作，坚持从培养人选的教育教学和专业发展实际出发，注重在"教学主张"引导下的实践教学历练，在实践中学习，并在实践中丰富、完善和建构自己的教学主张和教育思想，切实提升教学水平。目前，已经培养了一批教学主张明确、教学风格鲜明、教学质量优异的中小学名师及其团队，取得了良好的成效。他们在所在学校和地区乃至全省都享有较高的知名度和影响力，成为中小学教师专业发展和学科教学改革的真正引领者。他们积

极开展教学研讨活动，在青年教师培养、送培（教）下乡和推进学科教学改革等方面，充分发挥了省名师的引领、示范和辐射作用。

2. 基于教学主张的名师培养工作，在全国产生广泛的影响

2014年1月26日，中国教育报以《教学主张：教师从优秀走向卓越的生长点》为题，整版报道了福建的名师培养工作；名师培养经验总结《论名师的教学主张及其研究——以福建省为例》在《教育研究》2015年第2期发表。北京师范大学教育管理学院张建博士在《教育研究》2015年第4期上撰文指出："福建省2011年实施以'教学主张'为引领的中小学名师培养工程……着力整合优秀教师、大学专家学者、著名特级教师等资源，以规避以往单一向度培养模式之缺陷，成为我国当下探索名师培养的一种典范。"

以小学名师培养工作为例，38名学员围绕教学主张开展系统研究，撰写论著，三年培养期内，共发表CN期刊论文129篇，其中核心期刊论文43篇，出版了15本个人专著。《人民教育》2015年第3期发表了福建小学名师教学主张专辑，除了3篇整体介绍我省名师培养工作的文章之外，还发表了19篇小学名师教学主张的论文；《新教师》杂志开设"名师工程"专栏，连续12期刊登名师培养工作经验和小学名师的教学论文。

3. 基于教学主张的名师培养模式在省内外推广

基于教学主张的名师培养模式取得了显著的成效，产生了广泛的影响。省内各地市的名师培养工作纷纷要求我们指导、参与，泉州、莆田教育局直接将市级名师培养工作委托我们实施。这一模式和经验也在省外产生了很大的影响，我们应邀到全国10多个省（市）介绍名师培养的经验，广东、山东、河南、浙江、青海、甘肃等省直接把名师送到我们这里来学习、研修。

学前教育专业职教师资培养创新与推广

主要完成人：吴荔红、连榕、丁海东、林菁、王晞、缪佩君、连莲、李涛、王海珊、陈珊、张玉敏

主要完成单位：教育学院　教师教育学院

获奖时间：2017 年（第八届）

获奖等级：省一等奖

一、成果主要内容

（一）成果简介及主要解决的教学问题

本成果为 2013 年 5 月教育部、财政部职业院校教师素质提高计划培养资源开发项目研究成果。本研究在调研和分析目前职业学校学前教育专业师资队伍的现状及其他院校专业培养的趋势与需求，参鉴国内外职教师资培养的先进思路与经验的基础上，以培养"双师型"教师为核心，开发了职教师资学前教育专业师资专业标准、培养标准及实施方案、培养质量评价方案、核心课程教学大纲、特色教材以及数字化课程资源，促进了职业学校学前教育专业师资队伍培养的科学化、规范化、专业化，完善了职教师资培养体系。

1. 《中等职业学校教师专业标准》（以下简称《专业标准》）

《专业标准》由前言、基本理念、基本内容、实施要求四个部分组成构成。基本内容由"维度""领域"和"基本要求"三个层次构成，即"四个维度、十六个领域、六十五项基本要求"。"四个维度"是"职业理念与师德""职业教育知识与能力""专业知识与能力"和"专业教学能力"；在各个维度下，确立了三至五个不等的领域；在每个领域之下，又提出了若干项基本要求。

《专业标准》首先突出了"师德"要求。从中职学校学前教育专业的"专业性"与"独特性"出发，并基于广泛的调研支持，提出中职学校学前教育专业教师的"职业理念"和"师德"必须具备比中职学校其他专业教师更高的要求。其次，体现了学前教育理论与实践兼备的"专业性"与"双师性"。《专业标准》对学前教育专业教师的"学前教育专业知识与能力"做了全面的规定。同时，在这一维度中，还力求体现中职教育对专业教师的"双师型"素养要求，即除了要求具备学前教育方面的学科专业知识外，还尤其强调具备实践技能与能力。再次，强调作为教师的"师范性"。《专业标准》对学前教育专业教师的"专业教学能力"做了规定，具体包括"课程教学知识""教学设计""教学实施""教学评价"等。最后，突显职业教育的"职业性"。《专业标准》规定学前教育专业教师应具备职业教育的基础知识、中职学生身心发展规律与学习特点的知识、思想品德教育和心理健康教育方面的知识以及对学生学习、就业进行有效指导的能力等。

2.《学前教育专业职教师资培养标准》

《学前教育专业职教师资培养标准》由人才规格、培养方案、培养条件和实施建议四大块面组成。本标准确立的人才规格为：本科学历的规格层次上培养人才。学生主要学习中等职业教育和学前教育专业的基本理论与知识，掌握中等职业教育以及学前教育专业教学的基本规律，得到中等职业教育和学前教育基本技能的训练和开发，具备良好的教师素养和一定的专业研究及实践能力。培养方案包含学制和学分要求、主干学科、课程结构、专业主干课程、教学安排、实践环节六个部分。其中课程结构包括公共课程、专业基础课程、专业方向课程、职教理论课程、实践培养方案包含学制和学分要求、主干学科、课程结构、专业主干课程、教学安排、实践环节六个部分。其中课程结构包括公共课程、专业基础课程、专业方向课程、职教理论课程、实践环节五模块，共160分学，有针对性地发展学生的职业理念与师德、职业教育知识与能力、教育专业知识与能力、专业教学知识与能力以及其他重要的素养与能力，与《中等职业学校学前教育专业教师标准》的"维度""领域"和"基本要求"相互对应。为了保证培养方案的实施，提出了相关的培养条件，为了避免实施中出现偏差，提出了实施建议。四个部分的内容环环相扣，紧密相连，相互支持，共同组成了完整的《中等职业学校学前教育专业教师标准》。

本标准的制定与实施，贯彻职业行动能力导向的教育教学理念，强调理论实践一体化培养思路，充分体现"职业性、专业性和师范性"的有机融合。贯彻和执行本培养标准，旨在提升高等学校本科学前教育专业职教师资培养质量，培养符合《中等职业学校学前教育专业教师标准》的高素质师资，提升高校本科学前教育专业的整体办学质量。

3.《学前教育专业职教师资培养质量评价方案》

《学前教育专业职教师资培养质量评价方案》由评价目标、评价依据、评价方案指标体系、指标体系说明、评价结论及其标准，以及评价实施建议等内容构成。在评价指标体系设计方面，按照"输入质量评价－过程质量评价－输出质量评价"的逻辑，由4个一级指标、12个二级指标和37个主要观测点构成。

一级指标包括培养规格、专业建设、质量管理和社会评价，其参考权重分别为0.2、0.3、0.4、0.1。具体评价指标的设置力图突出完整性和特殊性，注重信息收集和评价的可行性，同时尽可能量化指标，以便形成量化、可比较的评价结果。评价标准分为 A、C 两级，C 级标准为基本要求，A 级标准为优秀要求。基于各观测点的评价结果，给予优秀（A≥29，C≤2，D＝0）、良好（A＋B≥29，D≤3）、合格（D≤5）、不合格的评价结论。

4. 课程资源建设：《专业（主干）课程教学大纲》《专业课程教材》（5 本）《专业课程数字化资源》

《专业（主干）课程教学大纲》根据《学前教育专业职教师资培养标准》及其课程实施要求，确定 12 门课程教学大纲研发的任务。具体有职业教育类课程 2 门：教师成长与师德、中职生心理健康教育；专业基础课程 4 门：学前教育学、学前儿童发展心理学、幼儿园课程论、学前教育研究方法；专业方向必修课程 3 门：幼儿园保育理论与实践、学前儿童教育活动设计与实施、学前儿童游戏活动组织与指导；教育实践环节课程 3 门：中职学校教育实习大纲、幼儿园（早教机构）教育实习大纲、毕业论文（设计）规范与要求，等等。在内容思路和编写体例上，主要有：课程性质；课程学习目标；课程设计思路；课程基本内容和学时分配；教学要求与教学设计；课程的考核与评价；教学资源的要求；教材与参考书等内容。

《专业课程教材》主要有 5 本。其中专业基础课程 1 门：教师成长与师德；职教理论课程 1 门：中职生心理健康教育；专业方向必修课程 3 门：幼儿园保育理论与实践、学前儿童教育活动设计与实施、学前儿童游戏活动组织与指导。

《专业课程数字化资源》的内容，主要在远程教学系统全面呈现和整理指本项目研发的所有研究成果及相关专业教学资源，除了有本项目所研发的专业教师标准、培养标准、评价方案，以及各门课程大纲之外，主要有作为研发教材的 5 门课程的教学资源。这其中主要有课程简介、教学方法、教学目标、教学计划、课程特色、学习方法、教学意义、教学案例、教学课件、单元练习题、模拟试题库等内容素材，并有相关图表（如学习路线图），以及微课程、知识点教学视频、教学录像、动画教学等影像教学素材。

经过四年的研发，本项目编制出了《中等职业学校教师专业标准》《学前教育专业职教师资培养标准》《学前教育专业职教师资培养质量评价方案》《专业（主干）课程教学大纲》《专业课程教材》以及《专业课程数字化资源》，最终构建起学前教育专业职教师资培养与建设的相关标准体系和课程资源体系。

（二）成果主要解决的问题及解决问题的方法

1. 本成果主要解决的问题

（1）本成果研制的《中等职业学校学前教育专业教师标准》为职业学校学前教育专业聘用、考核、选拔以及培养教师提供有针对性的参照和依据。

（2）本成果制定的《学前教育专业职业教师培养标准》和《学前教育专业职教师资培养质量评价方案》为院校学前教育培养职教师资的课程建设、教学改革以及质量评价工作，直接提供权威性、学术性的专业化标准体系和有效参照。

（3）本成果研发的学前教育专业职教师资培养的一系列课程大纲文本、特色教材以及数字化资源库（网站地址：219.243.15.45：8080/web/login.jsp），直接充实和丰富了学前教育专业办学和人才培养的课程资源体系，并为职教学前专业师资的培养及其质量的提升，提供有针对性的并能体现职教师资培养特点和需求的课程体系和教学系统。

2. 本成果解决问题的方法

（1）文献研究：收集、整理、分析并比较研究国内外有关职教师资培养和学前教育专业办学的政策文件、研究文献与相关数据等，寻求职教学前教育专业师资培养和建设以及院校专业培养职教师资的现状、趋势与需求等。在相关专业标准、培养方案、评价方案，以及课程大纲、特色教材开发等方面的研制过程中，为寻求相关文献支持、政策依据、课程及教学方面的文本参照，文献研究方法也得到了充分应用。

（2）质性研究（包括访谈、实地考察等）：为了解院校学前教育专业培养和教学、职教学前教育专业师资建设、用人单位（保教机构）岗位职责和工作内容、专业课程教学实施方案、课程资源建设以及教材适用及研发等多方面的现状、问题与需求，面对行业专家、职教专家、院校学者及校长（园长）、专业负责人、教师、学生等多种调研对象群体，综合运用了问卷调查、访谈调查、现场考察、跟踪观察、通信调查等多种调查研究方法。

（3）实证研究（包括问卷测验、统计与分析等）：对于调查研究取得的问卷和访谈记录，需要进一步分析，运用到统计与测量的现代研究技术和方法。例如，为了解当前职教师资队伍的知识和能力状况，所发放并收回的问卷及其对象样本，需要进行数据处理、统计与分析。为了解当前国内专业课程实施方案和教学计划的差异，也对于其中相关数据进行相关分析。

二、成果创新点

（一）本成果提出了国家第一个《中等职业学校学前教育专业教师标准》《学前教育专业职业教师培养标准》《学前教育专业职教师资培养质量评价方案》《专业（主干）课程教学大纲》和《专业课程数字化资源》。

（二）本成果开创了以任务驱动和行动取向为主要特点的研制方式。特别是这些教材研发突出了职教学前师资培养的"双师型""实践性""行动性""情境性"的教学取向，形成了鲜明实用性和操作性的风格与特点。

（三）本成果实现了以培养"双师型"教师为核心，来确定职教师资学前教育专业本科专业培养标准、培养方案，开发核心课程及特色教材。相比之前的研究与实践，针对性更强，且更具具体性、操作性、实用性。特别是本成果始终贯穿了学前性、职教性和师范性的三性统一原则。

（四）本成果在综合研究大样本基础上，运用文献研究与基础数据分析、问卷调查与数据分析、实地走访与现场考察调研、岗位分析及职业典型工作调研等研究方法。调查采取委托调查、现场调查、网络调研三种方式。样本广泛，抽取黑龙江、宁夏、河北、四川、贵州、湖北、河南、广西、山东、江西、福建等 11 个省份进行研究，提高了研究的科学性。

三、成果推广及应用效果

（一）我国之前尚未制定学前教育专业职业教师标准。该成果将丰富、充实我国教师专业标准的相关研究。本成果以培养"双师型"教师为核心，来编订职教师资学前教育专业本科专业培养标准、培养方案，开发核心课程及特色教材。本成果将丰富我国教师教育的相关研究，尤其是职业教师师资培养方面的研究。

（二）在我校，目前学前教育事业的大发展必然需要大量专业化的幼儿教师，职业教育迅速发展，社会需求的加大，职教学前教育专业师资人才日趋紧俏。本成果为培养高质量"双师型"学前教育专业职教师资，做出了重要贡献并产生巨大的社会效益。这将会对我国学前教育的职教师资培养，乃至院校学前教育专业培养模式和实践教学以及职业教育教学的改革与创新，具有积极的推动作用和示范性影响。

大学生文学创作人才培养的实践与创新

主要完成人：林志强、李小荣、余岱宗、葛桂录、涂秀虹、吕若涵、李建华、何君

主要完成单位：文学院

获奖时间：2017 年（第八届）

获奖等级：省一等奖

一、成果主要内容

（一）成果简介

《沉默的歌唱》《时间的剪刀》《云起在他乡》《青春的纪程》《逐梦的流觞》《震颤的琴弦》（上下）《沙漏无言》《苔》《看见自己》《消失的目的地》《睡在一朵云上》《镜子的背面》……这些都是正式出版的学生作品集，都是文学院近年来文学创作人才培养的物化成果。

2009 年 9 月，文学院决定实施"书里书外：大学生文学创作人才培养的实践与创新"教改方案，以"学习·感悟·表达"三部曲为基本框架，从书里到书外，探寻文学创作人才培养的科学途径。

该方案实施 7 年多以来，学院投入大量的人力、物力和财力，主要完成以下以文学创作人才培养为主线的实践活动：

1. 举办文学创作大赛：每年举办一次文学创作大奖赛并出版优秀作品集，至今已出 6 套 7 本，即上述作品从《沉默的歌唱》到《震颤的琴弦》，共发表学生作品 485 篇。

2. 发起全省"散文行动"：根据省委宣传部领导的指示，2014 年率先在全

省高校发起"散文行动",掀起学生散文创作热潮,现已完成第一届散文创作大赛,正在启动第二届大赛,在全省高校产生重要影响。

3. 实施丛书出版计划:学院实施"闽水泱泱"出版计划,分别面向教师、校友和学生,集师生创作之大成。该计划拟出版作品 50 本,已经面世 30 本,前述从《苔》到《睡在一朵云上》四部作品就是在校学生所作,共发表各类作品 322 篇。

4. 启动作品入台工程:一是推动学生作品在台刊发,2015 年与台湾著名刊物共同策划"福建师大学生小说作品特辑",至今已连刊 14 期 90 篇;二是推动学生文集在台出版,2015 年选辑 47 篇学生优秀作品,以《镜子的背面》为名出版,全部用于与台湾青年的互动交流。

以上文学创作人才培养的实践活动,凸显了文学的专业特点,物化了作品的存在形式,推动了校园的文化建设,加强了闽台的青年交流,具有创新的意义,同时解决以下四个主要的教学问题:

一是文科学生实践缺乏的问题。文学创作的实践活动,使得学生既懂文学的原理,又能执笔进行创作,避免眼高手低和纸上谈兵。

二是高校学生视域偏狭的问题。文学创作需要外出采风,体验生活,使学生走出校园,拓宽视野,加深对社会的了解,加强与外界的交流。

三是高校学生思维简单的问题。青年学生思考问题往往浮于表面,文学创作可以让学生更深刻地反思自我、认识社会,通过外察内省提升思维的密度和深度。

四是高校学生表达粗疏的问题。形象的塑造、内心的刻画、景物的描写等都需要高超的语言技巧,文学创作可以使学生更加重视母语表达能力的培养,从而提高语言文字的理解和运用水平。

(二)成果解决教学问题的方法

本教改方案贯穿"学习、感悟、表达"三个步骤,从书里到书外,通过学习和感悟激发学生的内心体验和表达冲动。"学习感悟"是手段,"表达"是目标,入乎书,出乎书,最后写成书,出版书,使表达的成果物化成可供展示、评价、可以传承的精神食粮。这是一个总的思路。下面围绕这个思路,讲述我们解决教学问题的方法:

一是组建特殊教师团队，提升课堂教学的效果。所谓特殊教师团队，是指团队成员都是"创作＋学术"型的教师，既有创作实践，又有理论研究，如著名文艺理论家孙绍振、小说家陈希我、余岱宗等，他们为学生开设"文学理论""文学创作论"和小说、散文、诗歌"导读"类课程，把学生带进文学的殿堂，点燃创作的热情，培养创作敏感性和写作的生命体验。其中的"导读课"是文学院的特色课程，以可操作的理论方法对作品进行细读，让刚踏入大学的学生耳目一新，充分感受文学的魅力。

二是强化理论实践结合，深入生活积累真素材。课程学习兼顾写作训练，通过"写作周"等方式外出采风，体验生活，积累素材。2015年开始，文学院还在暑假期间组织优秀学生赴台举办"两岸榕缘·文学行脚"和"两岸榕缘·文创之旅"活动，与台北市立大学、辅仁大学、东华大学等台湾高校教师和青年学生进行深入交流，通过文学理论讲座、创作经验交流、实地采风和文创体验等方式，考察两岸风情，开阔审美视野，感悟文学情怀，取得了良好的效果。

三是举办面对作家活动，现场感受榜样的力量。学院常年举办"长安谈·作家进校园"专场，让学生与作家面对面，分享作家的创作成就。2014年开始，先后邀请林那北、林焱、陈希我、余岱宗、蔡崇达、韩少功、李洱、秋水、林宗龙、萧春雷、葛水平、文珍和夏商等作家和诗人，举办"围观小说""品读诗歌"等专场，年年搭建平台，既让青年学生与作家近距离对话，也让作家与学生一同分享创作的心路历程。"长安谈·作家进校园"现已成为校园文化品牌，同学们从中受益匪浅。

四是鼓励学生提笔创作，实现写作水平的提升。1. 从2009年开始每年举办文学创作大赛，以赛带练，以奖促优，并把优秀作品结集出版；2. 设立基金鼓励创作，如"林勤文学创作基金"和"郭福平诗歌创作基金"专门用于奖励在创作方面有突出表现的学生；3. 鼓励学生参加各类征文比赛和"散文行动"，提高学生创作的主动性和自信心；4. 在微信公众号和官方微博开设"韵律清芳""务心笔谈"等专栏，定期推送学生的优秀作品，并让同学进行点评，寻找亮点和盲区，共同提升创作水平。

二、成果创新点

该成果的创新点主要表现在两个方面：一是在制度的设计上，有"培养机制科学化"和"党政工团大协作"两点；二是在实施的效果上，有"物化作品成系列"和"闽台交流出成果"两点。下面分别简述：

（一）培养机制科学化

本成果既继承传统，沿袭学生刊物《闽江》的原创精神，又在新的历史条件下推陈出新，所制定的"学习·感悟·表达"三部曲符合学生成长成才的规律：通过系统的特色课程获得专业知识，感受文学的魅力，激发创作的热情；通过实践锻炼感悟生活的真谛，发掘精神的内涵；通过文学的表达形成各类的作品，展示学习的成果和思想的深度。

（二）党政工团大协作

本次教改方案打破纯粹教学系统的工作机制，而是教学工作与党政工团各司其职，通力合作。教学系统负责专业知识的传授和写作能力的培养，行政系统负责资源的配置和活动的安排，包括经费的筹措、人力的调整、作家进校园等活动的策划、作品的出版等。就是说，把学校和学院的力量进行合理的调配，使得教改活动环环相扣，合作出成效。

（三）物化成果成系列

把学生的优秀作品集正式出版，把文气书香物化为一本本厚重的书籍，多年坚持，推出系列：《闽江》坚持了近60年，系列结集为《沙漏无言》；2009年以来的文学创作大赛，则结集成《沉默的歌唱》《时间的剪刀》《云起在他乡》《青春的纪程》《逐梦的流觞》和《震颤的琴弦》等系列作品集；"散文行动"和作品入台，也都以系列的方式推展。这些系列还将持续进行之中，凝聚整合的力量，展示恒久的魅力。

（四）闽台交流出成果

闽台隔海相望，利用区位优势，加强闽台交流是必然的选择：一是通过赴台举办"两岸榕缘·文学行脚"等活动深入交流，体验对岸风情，激发创作冲动；二是推动学生作品入台刊发，在著名刊物《国文天地》连续推出"特辑"，展示创作成果；三是将学生作品结为《镜子的背面》在台出版。这些交流活动，促进了两岸青年的相互了解，也展示了大陆高校人才培养的效果，获得了积极评价。

三、成果推广及应用效果

文学院对学生创作的鼓励与坚守，推动了学院的文学育人功能和影响力不断扩大，出现了由学院向学校、向社会、向海峡对岸的多重辐射效应和良好的推广应用效果。

（一）人才培养出成效，长篇报道见报端

2016年10月27日《福建日报》以《书里书外——福建师范大学文学院创作人才培养工作纪实》为题、10月31日《中国教育报》以"让学生沉浸在文学创作中享受诗与远方"为题报道了本教改的主要做法和突出成果。此外，中国青年网、腾讯网等网络媒体也都报道了学生作品入台等信息。

（二）校园文化结硕果，教改工作获嘉奖

与本教改相关的成果，已获得第九届高校校园文化建设优秀成果一等奖、福建省高校校园文化建设优秀成果奖一等奖、国家级教学优秀成果二等奖、省级教学优秀成果特等奖，在省内外产生良好影响。

（三）优秀作品评价好，社会影响在扩大

学生作品题材多样，风格不同，数量丰富，质量也获得充分肯定。如《苔》和《看见自己》的编者评价说，"作者对自我的感受书写具有相当复杂的密度"，"年轻人对自我经历与现实生活形态的反思亦具备了一定的透彻性"；《福建文艺界》发表专栏评论，评价中肯而积极；物化成果通过赠送、交流等方式推向社会，深受好评。如2016年的"世界阅读日"在福州三坊七巷举办"作者寻找读者"赠书活动，十套"闽水泱泱"创作丛书备受欢迎。在福建省高校文学创作大赛、散文创作大赛等比赛中，文学院学生屡创佳绩，负责有关赛事活动的学院团委荣获"全国五四红旗团委"荣誉称号。

（四）闽台交流开渠道，文学青年露头角

学生作品入台，搭建了两岸青年交流的平台，在台湾产生了良好的影响。2016年台湾新增采认26所大陆高校及高等教育机构学历，福建师大即名列其中。很多同学因为作品得以刊登或获奖，提升了创作的自信心，有的已在创作上崭露头角。兹举一例：2016届毕业生张心怡的作品经常在大赛中获奖，或被收入作品集，或在刊物上刊载，极大地鼓舞了她的创作热情，文学创作成了她的"瘾"和生命中最有价值的事情。她说："看到自己的作品能被收入作品集出版或在台湾知名杂志上发表，让我更有创作的冲动，也更加坚定了我继续投身文学创作的决心。"由于创作成绩突出，张心怡已被免试保送至复旦大学创意写作专业，在著名作家王安忆等指导下继续攻读硕士学位。

（五）母语教育有启发，作文难题能开解

语文教学效率低，作文教学成难题，是多年母语教育之痛。本教改让学生爱上写作，提高母语表达水平，对语文学界的教改工作也有积极的导向作用。

构建中外融通的国际汉语教师培养体系，
造就适应国别化教学的优秀人才

主要完成人：林新年、陈晟、林云、肖祥忠、黄彬
主要完成单位：海外教育学院
获奖时间：2018 年（第九届）
获奖等级：省一等奖

一、成果主要内容

（一）成果简介

在"一带一路"倡议下，福建成为 21 世纪海上丝绸之路核心区，肩负深化与东盟等海上丝绸之路沿线国家合作的重任。福建师范大学与东南亚各国的教育、文化交流历史悠久。随着汉语国际教育事业逐步在全球推广，我校在 2004 年设立对外汉语本科专业（后更名为"汉语国际教育本科专业"）。2009 年获批汉语国际教育专业硕士学位点。"构建中外融通的国际汉语教师培养体系，造就适应国别化教学的优秀人才"教学成果源于海外教育学院汉语国际教育本科专业（以下简称"汉教"）人才培养模式的改革，也是十年来对构建优秀的国际汉语教师培养体系的探索。

"构建中外融通的国际汉语教师培养体系"就是通过中外学生结成语伴的融通、中外教学资源的融通、国内外实习并举的融通、汉教学生培养与外国本土化师资培训的融通、共性化课程与国别化课程的融通等"五个融通"，达到全面

培养汉语教师志愿者和外国本土化汉语师资的语言能力、文化知识和教学技能的目的，尤其是强化东南亚区域性特征的课程和实践，培养面向东南亚地区的"国别化教学的优秀人才"。

1. 我们以汉语国际教育专业为基础，通过"中外融通"和"国别化教学"的模式，培养了一大批国际汉语教师，特别是在杰出人才培养上获得了丰硕的成果。例如，2012 年，留学生米娜荣获第五届"汉语之星"称号，2017 年，汉教毕业生游寅耀荣任 2017 年度"孔子学院先进个人"，国务院副总理刘延东亲自为他们颁奖。

2. 通过"中外融通"与"国别化教学"培养的国际汉语教师不仅仅是教授汉语，更重要的是架起文化交流、融通共享的桥梁，我们在孔子学院建设上取得优异成绩，得到习近平总书记等党和国家领导的关怀和鼓励。我校培养的汉语教师志愿者在东南亚地区传播"命运共同体"的理念，为增进民心相通，塑造 21 世纪"中国形象"，做出了显著的贡献，在海内外赢得了良好的声誉。

（二）主要解决的教学问题

随着中国"一带一路"的实施，各国开设汉语课程的学校和学习汉语的人数以惊人的速度递增，2017 年仅在孔子学院注册的学员就达 210 万。"三教"（教师、教材、教法）问题日益突出，培养大量合格的国际汉语教师问题成为首要问题。本成果主要解决以下两个方面问题：

1. 如何培养满足不同国家要求的汉语教师志愿者？在理论上，汉教专业是培养适应现代国际社会需要、具备良好综合素质、全面发展的通用型汉语专门人才。在现实中，汉语教师志愿者面对的是不同的母语背景和民族文化的学生。我们需要培养出满足赴任国需求的汉语教师志愿者，能够圆满完成在当地汉语教学和文化传播的任务。

2. 如何培养外国本土化汉语师资，增强它们的造血能力？中国派遣汉语教师志愿者到世界各地任教，相对于世界范围对汉语师资的巨大需求，它只是一种"输血"。只有培养合格的外国本土化师资，建立"造血"机制，才能够使各国的汉语教学可持续发展。东南亚地区是我国的著名侨乡，历史的原因使当地华文教育中断数十年，相比世界其他地区，东南亚地区对汉语教师的需求更加迫切。福建师范大学为建设 21 世纪海上丝绸之路服务，在国际汉语教师培养上做出了自己独特的贡献，采用"中外融通"和"国别化教学"模式较好地完成"输血"和"造血"的工作。

（三）成果解决教学问题的方法

1. "中外融通"与"国别化教学"并举，推行适切性、特色化人才培养模式改革

"中外融通"是为了适应汉教学生与来华留学的外国本土化汉语教师的自身特点和成长成才需求。汉教学生缺乏在国外教学所需的相关知识和技能，外国本土汉语教师缺乏对汉语的知识和中华文化的深入理解。为此，我们在人才培养过程实施了"五个融通"，让汉教学生与来华汉语教师结成"语伴"，共同参与文体活动及文化实践，将课堂教学延伸到了课外，全面提高他们的外语能力、跨文化交际能力和语言感知与分析能力。借助"中国—东盟教育培训中心""来华留学示范基地"和国外的实践基地，让他们参与来华留学人员的教学管理和文化活动，在国内中小学和菲律宾中正学院见习、实习，以提高他们的教学能力、课堂管理能力、组织能力，为他们今后到东南亚地区从教打下一个良好的基础。

"国别化教学"首先为了精准培养汉语教师志愿者，根据我校的汉教学生作为汉语教师志愿者大多数被派往印尼、菲律宾等东南亚国家这一情况，我们精心设计了相应的培养方案和实践环节。例如，开设了印尼语、菲律宾的他加禄语、东南亚地区汉语教材的分析、中介语语料和案例教学、东南亚文化专题等国别化课程，进一步培养他们的教学能力和跨文化交际能力。"国别化教学"同时应用于培养优秀的东南亚本土化汉语师资。根据国别不同，开设汉语与相应国家语言的比较分析，文化差异与跨文化交际专题、语言要素教学和分课型教学、微格教学以及教学观摩，教材分析与案例研究、课堂组织及管理、教学测试与评估、汉办规划教材使用与本土化教材编写等。这些国别化课程能够有效地研究和分析不同国家教师在语言和文化教学中碰到的问题，为他们提供解决问题的思路和方法，得到参加培训的各国本土汉语教师的好评。

2. 教研相哺，提升面向东南亚地区国际汉语教师的素质与能力

优秀国际汉语教师的培养，需要理论与实践的结合，需要高水平创新平台和科研项目的支撑，才能达到科研反哺教学，实现高素质人才培养目标。

2009 年，省级项目《福建师范大学华文教育基地人才培养模式创新试验区》获得立项并实施建设，2012—2016 年，完成教育部规划基金课题《二十世纪以来东南亚地区华语教育的历史与现状研究》，2014 年承担了教育部重大课题《全球中介语语料库的建设与研究》的子课题《东南亚中介语语料库》的研发，我们让汉教学生和东南亚国家的本土化汉语教师参与上述创新试验区的建设、教育部课题研究、中介语语料库研发，开拓他们的学术视野，培养他们的观察、比较、分析能力；特别是他们参与了中介语语料收集、整理与初步标注工作后，反响很好，因为这些中介语语料真实反映了东南亚学生在汉语学习过程中常常出现的各种语言问题，这对于在东南亚地区从教的汉语教师志愿者和本土汉语教师来说，无疑是非常好的案例。

二、成果创新点

（一）创立富有东南亚区域特色的国际汉语教师培养模式

福建师大派出的汉语教师志愿者多数前往东南亚国家任教，来校培训的外国汉语教师也是以东南亚地区为主，因此，我们以开设东南亚元素特征突出的系列课程为主，以广泛开展以东南亚地区为背景的模拟教学、课堂管理和文化实践活动，参与以东南亚为主题的教育部课题研究和中介语语料库的研发，前往东南亚国家见习与实习为辅，充分发挥"中国—东盟教育培训中心"、"来华留学示范基地"和菲律宾、印尼孔子学院等中外实践基地的作用，创立富有东南亚区域特色的国际汉语教师培养模式。

（二）形成具有东南亚区域特色的课程体系

全国开设汉语国际教育专业的高校有 332 所，许多高校在专业培养方案上大同小异，同质化现象突出。同质化的培养只是让汉教学生具备基本的教师素养和通用型的教学技能，无法及时有效地解决赴任国的学生在汉语学习过程中产生的各式各样中介语问题、跨文化交际等问题。为此，我们开设了富有东南亚元素的系列课程，例如菲律宾的他加禄语、印尼语等小语种课程，解决汉语教师志愿者的媒介语问题；诸如汉语与东南亚国家的语言、文化对比课程，以东南亚学生为对象的微格教学与案例分析，东南亚中介语问题研究，东南亚本土教材编写等课程，这些区域化特征明显的系列课程往往是其他高校不具备的。

（三）形成适合应用型文科特点的"知行合一"实践教学特色

汉语国际教育专业是应用型文科，但是，无论是语言问题还是文化问题，课堂训练往往只是提供了基本的解决原则和方法。要成为一名优秀的国际汉语教师，都需要自身不断通过实践提高自己的专业水平和技能。我校基于汉语国际教育专业的实践性特征，汉教学生和外国本土化教师从入学开始就结成"语伴"，广泛开展各种模拟教学和文化实践活动，到国内外中小学进行见习和实习，参与课题研究、中介语语料收集、分类和标注等实践活动，形成凸显专业特点的"知行合一"实践教学特色。

三、成果推广及应用效果

（一）本成果获得国内外社会各界的高度认可

我校是全国最早派出汉语教师志愿者的高校，也是承担东南亚本土化师资项目最多的高校。在东南亚地区的教育合作交流取得了显著的成绩。在菲律宾、印尼建立的二所孔子学院连续获得"全球先进孔院"称号。2013年10月，习近平主席访问印尼，亲切勉励阿拉扎大学孔院的学生学好汉语，为中印尼友好事业贡献聪明才智。在2013年和2014年，我校还先后成为外交部、教育部的"中国—东盟教育培训中心"和"来华留学示范基地"，2014年，被中国高教协会外国留学生教育管理分会评为"来华留学生教育先进集体"，2017年11月孔子学院总部在我校召开了首届"汉语教师志愿者国际论坛"，来自美国、印尼、菲律宾、泰国等国家教育部门、高校和国内二十多所高校的70多名教育官员和专家出席了会议，"中外融通"与"国别化教学"培养模式得到与会各国官员和专家的一致赞扬。多年来，中国新闻网等国内外新闻媒体持续报道了我们在东南亚地区指导汉语教学、与当地政府教育部门、机构、学校开展广泛合作的消息。

（二）本成果培育了众多优秀的东南亚汉语国际教师

截至2017年年底，我校已向菲律宾、印度尼西亚、泰国、越南等12个国家派出汉语教师志愿者共计15批824人。2017年春季和2018年春季，孔子学院总部选择我校作为赴菲律宾汉语教师志愿者专项培训的高校，二次培训赴菲汉语教师志愿者共350名。十年来，我们为东南亚各国培养了600多名的本土化汉语教师，还承担了国侨办的华文教师证书培训任务。仅2013年以来，有10余位教师前往菲律宾、印尼、泰国、老挝的华校培训了200多名当地中小学汉语教师。这些本土汉语教师将先进的教学理念和教学方式带回自己的课堂，取得良好的教学效果，得到所在学校和学生的一致好评。

（三）本成果是培育国际汉语教师可借鉴和可复制的成果

在汉语教学志愿者和外国本土化汉语师资培养方面，"中外融通"和"国别化教学"是必经之路。"中外融通"能够使汉语教师志愿者和外国本土汉语教师具备较为系统的充足的语言和文化知识，具备相应的教学技能和跨文化交际技能；"国别化教学"使无形的理论落实到具体的问题中，达到事半功倍的效果。"国别化教学"也使课程设置更具有针对性，让汉语教师志愿者和外国本土汉语教师能够更快更熟练地解决在赴任国遇到的具体问题，避免陷入大而无当或似是而非的境地。我们实施"中外融通"和"国别化教学"人才培养模式使受训的东南亚国际汉语教师能够很快进入角色，顺利完成教学任务。该培养模式对汉教专业的建设和改革，对汉语教师志愿者和外国本土化汉语师资的培养有重要的现实意义和推广价值。

"3＋1"应用型卓越法治人才培养实践教学体系的创新与实践

主要完成人：杨垠红、林旭霞、李锋、朱良好、林少东、谢步高、刘方权、张琳

主要完成单位：法学院

获奖时间：2018 年（第九届）

获奖等级：省一等奖

一、成果主要内容

（一）成果简介

法学院从 2007 年"应用型法律人才培养模式创新实验区"教改项目开始探索应用型法律人才的创新实践教学体系。近些年我院进一步利用福建"七区"叠加优势，依托福建师范大学百年的文科底蕴，抓住全面推进依法治国、培养卓越法治人才的契机，率先行动。科学设计人才培养方案，重组法学院现有实

践教学资源，创新实践平台与模式，走出一条既符合人才培养规律又有自身特色的应用型卓越法治人才培养的新路，为社会输送高水平、强能力的应用型卓越法治人才。

本成果构建了"实践课程、实践活动、实践平台"三位一体的实践教学体系：遵循认知、模拟、实训、应用的法学实践教学规律，以案例分析课、法庭科学与物证技术实验课、模拟法庭课、法律诊所课等实践课程为基础，以法律援助、法律志愿者服务、模拟法庭辩论赛、见习实习等实践活动为应用，以法学综合实训平台、校内外法学教学实践基地、地方立法评估与咨询服务基地、地方治理与地方法治研究中心等平台为依托，实现知识教学和实践教学、对内学习与对外服务的有机衔接，形成法学实践教学"四年不断线"的全程育人体系，突出学生法律思维、实践技能、职业伦理的综合培养。经过十余年的实践检验，学生的创新意识和实践能力显著提升，法学实践教学取得了系列标志性成果和显著社会效益，并受到同行和社会各界的认可，培养出一批实践应用能力强、德法兼修、知行合一的卓越法治人才。

（二）主要解决的教学问题

1. 弥补传统实践教学的碎片化与案例的简易性，实现法学实践教学的体系化与现实性

传统实践教学，虽然也是多种形式，但没有统筹安排，呈现碎片化，未形成有机的体系。而且传统课堂教学以虚拟的简单案件为例，虽然见习或实习中，学生可接触到真实案件，但因时间相对有限，无法完整地跟踪一个案件承办的全过程。该成果构建了"三位一体"的有机实践体系，使各实践教学模块功能相辅相成与最优化。且在模拟法庭课程、法律诊所课程以及法律援助实践中，全部选取现实案例为教学素材，解决了传统课堂讲授时引用的案例过于简单化、理想化的问题，同时实务指导老师、教学与实践场所就在学生身边，便于学生参与从接案到结案的全流程，全方位提升学生的综合运用能力。

2. 克服学生对科学证据评估基本能力的欠缺，文理结合增强法科学生的证据审查分析能力

相较于传统法学教学对证据的抽象讲解，实验课程（主要包括基础理化、物证摄影、文书检验、痕迹检验等）以司法实践过程中的事实认定为教学对象，

弥补了传统法学教学中的重法律适用而轻事实认定的缺憾。同时每学期开展全校范围内自由择课的个性化培养周，学生可以根据爱好选择与实验课程相关的物理、化学等课程。通过文理结合、知识与实验配合的方式培养并强化了学生对科学证据生成、应用的认识，为培养应用型卓越法治人才打下了扎实的科学证据辨识基础。

3. 矫正教学中的重司法、轻立法倾向，将教师立法咨询服务与指导学生实践活动相结合

从事立法实务的专业人员较司法少，与高校之间的交流亦少，加之立法学的较强专业性，教师难以开展具有较强实践回应能力的立法学教学，立法学在传统法学教育中一直没有得到应有的重视。随着十八届四中全会对立法实践的重视和对立法民主性、科学性的强调，立法实践部门纷纷构建自己的立法智库。我院回应了现实需求，设立地方立法评估与咨询服务基地、地方治理与地方法治研究中心，实现了法学教育、法学研究与立法实践的无缝对接。我院教师在承担地方立法咨询与服务的常态化任务中，积极传授立法学知识，带领学生初步接触立法评估咨询过程，开展相关实践课题研究，使实践教学中立法、司法内容并举。

（三）成果解决教学问题的方法

一是建立分层递进的一体化实践教学过程，实现学生实践能力培养的全程覆盖

该成果设计了"实践课程（案例分析课程、实验课程、实训课程）到实务应用（法律援助、法律志愿者服务、模拟法庭辩论赛、见习实习）"分层递进的一体化实践教学过程。内容丰富的多元化实践教学课程与活动，为学生提供了无缝对接的分层递进的实践能力培养体系。此外，我校还设立了个性化培养周，每学期以全校的平台资源与师资力量开设了文理兼具的创新创业实践课程，学生可以根据自己的兴趣跨学院跨专业跨年级选课。在校学习的不同阶段，均有可供选择的实践教学课程或活动，实现了学生法学实践能力培养的"四年不断线"的全覆盖。

二是构建三模块、差异化的法律诊所实践教学创新模式，让学生主动参与实务

法律诊所（初高阶）重点围绕"基本技能培训""模拟案件处理""法律实务实践"三个模块展开实践课程教授。学生根据自己的兴趣分成"民商事组""刑事组""行政法组""国际法组""非诉讼法务组"等专业小组，进入诊所（校内实践基地），基地教师根据自己的专业特长担任各专业小组的指导教师，进行差异化诊所教学：学生以指导教师助手的身份参与指导老师的办案工作甚至作为诉讼代理人参与庭审活动，以巩固和内化所学的法律专业知识，学会运用法律语言、法律思维分析真实案件，切身感受庭审过程，展现法庭辩论技能。

三是搭建校府、校地、校院、校所、校企平台，实现教学师资的多元化、资源共享化和实践教学的便利化

打破高校与社会之间的制度壁垒，加强校府、校院、校地、校所、校企合作，与福建省人民政府、地方各级政府部门、省市区人民法院、省市区人民检察院、全球性全国性律师事务所、台湾农民创业园等涉台企业共建基地，进一步拓展高校与法治工作部门合作的新模式、新路径，引入立法者、执法者、法官、检察官、律师、企业人员等实务部门力量参与卓越法治人才培养，实现教师资源的多元化，实现培养目标共同制定、课程体系共同设计、优质教材共同开发、教学团队共同组织、毕业论文共同指导、实践基地共同建设，真正实现卓越法治人才培养中同步实践教学。同时凭借央地共建的法学综合实训平台（物证技术实验室、模拟法庭实验室、法律援助中心、案例诊断室、法学网络平台），学生不出校园就可接触到真实案件材料，进行物证实验、开展涉外涉台地区法学实践活动，通过远程庭审互动，在校内就能享受校外导师的现场指导。平台的建设为实践教学提供了常态化场所与便利化保障。

四是以赛促学，以赛促思，以赛促用，通过各种专业赛事提升学生实践应用能力

我院主办福建省高校模拟法庭辩论赛。该赛事是由我院自2003年起连续举办十届的"榕城高校模拟法庭辩论赛"发展而来的全省法学院校高水平专业性赛事。它是我省法学专业唯一的省级学科竞赛，全省设置了法学本科的院系全部参与了该赛事。该赛事在省内各高校享有很高的知名度、参与度和认可度，且正向全国性学科竞赛项目进军。该赛事为法学专业学生提供良好的交流展示平台，促进国内高校法学专业教学实践交流，提升学生思考与应用专业知识的

能力。此外，学生还积极参加各种专业比赛，如海峡大学生辩论赛、全国法律文书竞赛等。

二、成果创新点

（一）依托多种实践平台，实现实践课程、实践活动的有机联动，发挥各实践教学模块的最大功能

依托丰富的实践平台，将实践课程与实践活动优化组合，形成一体化实践教学。实验课程帮助学生掌握对各种证据的发现、显现、分析、提取、检验与鉴定的基本方法，为实践办案中证据的辨识奠定基础。借此学生能更好地开展"模拟法庭、法律诊所"等实践课程。模拟法庭课程旨在从诉讼的中心环节（庭审）上培养学生的实践技能；法律诊所课程不局限于法庭审理，而是以全案处理（从接案到结案）的综合能力为培养重点，以诉讼为基础，兼顾法律顾问、法律谈判、法律见证等非诉讼业务。接着学生便可从"法律援助、法律志愿者服务、模拟法庭辩论赛"不同角度锻炼实践应用能力。法律援助与法律志愿者服务（公益实践教学）着力培养学生的社会责任担当。模拟法庭辩论赛强化了学生对抗、应变能力，是动手、动脑与动嘴的综合考察。由此实现了各实践模块的优化组合、功能互补和协调培养，从能力、技术、伦理、责任等层面提升学生的法律职业素养与能力。

（二）利用校所共建机制，设立校内实践基地，实现校内外教学资源的优化共享、教学与服务的统一

我院通过与知名律所共建的方式，把律师的办公场所引入校园，在校内设立法学教学实践基地，聘请律所知名律师作为我院的兼职（副）教授，我院双师资格的教师在该律所做兼职律师，他们共同在这一基地中承担模拟法庭、法律诊所、法律援助、法律志愿者服务、模拟法庭辩论赛等特色鲜明的法学实践教学课程与实践活动，让律师进校园、进课堂，共同授课、共编教材、共导论文。校内实践基地利用了律师事务所的真实案例和律师的资源，学生可在律师指导下参与真实案例的学习和演练，作为诉讼代理人参加庭审活动，便利了师生的实践教学和活动；同时律师事务所也利用了学校的场所为社会提供服务，这亦是高校服务社会的一种体现。该基地借此被评为省教科文卫体系统五一先锋号。

（三）开拓实践应用范围，通过教师立法评估与咨询服务，丰富学生法学实践教学与活动的内容

法学实践教学的场所主要集中于行政机关、司法机关、律师事务所等执行法律、适用法律的部门和法律服务机构，关注法律的运用而不涉及法律规范实施效果与法律制定的过程。我院教师凭借地方立法评估与咨询服务基地，广泛参与各种形式的地方立法评估与咨询实践，引导学生了解立法咨询服务，感受法律的评估与清理活动，并将立法咨询服务项目转化为学生挑战杯课题或其他实践课题，让学生为现实所需、为立法所想而调研探讨问题。同时在教学中有意识地讲授立法技术、立法规范等立法学知识，填补传统法学教育中立法学知识讲授的不足，为学生将来服务于地方立法奠定基础。这一做法拓展了我院师生服务社会的领域，丰富了法学实践教学的内容，实现了法学实践教学的延展。

三、成果推广及应用效果

本成果在逐渐完善中践行了十余年，取得了一系列标志性成果和显著的示范效应，培养了一批应用型卓越法治人才。

（一）学生专业综合技能明显提高

司法考试通过率逐年递增。我院学生的司法考试通过率一直遥遥领先全国通过率并逐年提升，2012 年后保持在 40% 左右，2017 年高达 51%，居福建省各高校之首。学生在专业竞赛中屡获佳绩。我院辩论队选手多次代表学校在海峡大学生辩论赛中获得团队奖项，个人获"最佳辩手"等称号；我院学生在全国法律文书竞赛中获二等奖，在华语辩论锦标赛福建赛区、掉阖杯全国辩论挑战赛福建赛区中多次获亚季军。

（二）学生学术创新能力显著提升

学生积极承担创新创业实践项目。近五年，我院法学本科生共承担国家级、省级与校级大学生创新创业训练计划项目 76 项，参与量在校文科专业中位居前列。学生学术研究创新能力不断增强。法学本科生已在公开刊物发表学术论文合计 241 篇，且逐年递增。近五年学生参与"挑战杯"全国大学生课外学术科技作品竞赛的作品数居全校文科学院前列，6 项作品获省级与国家级奖励。

（三）学院人才培养社会反映良好

就业单位对我院毕业生的评价满意度达 90% 以上。学生中涌现出"全国模

范检察官""全国优秀共产党员""全国十佳法官"一大批政法系统的全国先进典型。学生的志愿服务得到高度评价。我院学生每年进入社区、学校等开展各类法律志愿服务活动场次30场以上，315消费者权益保护日和124宪法日的大型普法咨询与援助活动成为品牌项目，每年惠及500名以上社区民众；学生通过法律咨询与援助帮助破获一起传销案，帮助100多位受骗同学免受损失。法学院连续四年获省大学生"三下乡"暑期社会实践先进营队；多个团支部获校"十佳团日活动"称号；多位同学获校"十佳志愿者""自强之星"等称号。

（四）教师实践教学水平不断提高

我院教师在《中国教育报》《中国成人教育》《福建师大学报》等发表系列教改论文。完成或立项了多项教学改革课题。主编或参编了大量教材，其中《债权法》获福建省本科优秀特色教材奖。多位教师获得律师执业证、司法鉴定人执业证，到法院、检察院挂职，受聘担任省人大、省政府立法咨询专家、福建省政府法律顾问、福建省法院、检察院专家咨询委员、福建省妇联咨询专家等，为实践教学夯实基础。

（五）媒体的宣传和兄弟院校的取经

《中国教育报》、《人民法院报》、《福建日报》、福建新闻频道等媒体报道了我院培养卓越法治人才的新举措。西南政法大学、江西师范大学、福州大学等兄弟院校前来我院交流与取经。我院教师积极参加教育部高校法学类专业教指委、中国法学会法学教育研究会或全国高校法学院院长联席会等主办的教学会议，展示我院的教改成效，获得肯定。

幼儿园户外游戏活动的课程构建与实践探索

主要完成人：丁海东、林菁、李春芳、游兆菁、何玉珊、曾淑娥

主要完成单位：教育学院　教师教育学院

获奖时间：2018年（第九届）

获奖等级：省特等奖

一、成果主要内容

（一）成果简介

落实以游戏为基本活动和确保有充分户外活动的保教诉求，户外游戏及其课程价值备受关注，然而当前幼儿园相关实践在很大程度上处于感性摸索的零散状态，便亟须科学而系统的课程构建和实践探索。为此，展开如下研究：

1. 基于幼儿园游戏的一般课程原理与实践，系统构建户外游戏的课程理论体系，全面探讨其源起与历史、理论流派、发展价值、课程定位、功能特点等基本问题。

2. 首倡并贯彻户外游戏"自然即课程""运动即人格""解放即指导"等六大核心理念，探索践行包括环境创设、计划组织、观察指导、发展评价等课程实施各环节的策略与方法，构建一个全程式的课程实践体系。

3. 开发编制户外游戏活动方案，以新体例兼顾幼儿自主与课程预设，以网络化体系，兼顾层次性适宜和全面性经验；并设计和研发户外玩具材料系列（四个类别）以适用于游戏方案实施。该项目历时七年，效果突出。在国内2000余所幼儿园推广实施，惠及在园70万幼儿学习和发展；成果被选作院校专业教材；获教育部教学仪器研究成果鉴定 A 类；在全国学术会议和国培授课中被广泛宣传和认可；中国教育电视台、中国教育报、中国教育装备网等媒体予以关注。作为研究延伸，获国家社科基金和教育部重点课题立项。

（二）解决的主要问题、解决问题的过程与方法

1. 解决的问题与方法

（1）解决摸索式实践的盲目性问题，厘定方向性的课程核心理念户外游戏活动的实际开展不同程度地存在随意性大和盲目摸索的状况。为此，倡导并贯彻"自然即课程、运动即人格、渗透即完整、差异即公平、自主即层次、解放即指导"六大核心理念，可多维度地为实践提供方向性引领。

（2）解决零散式实践的碎片化问题，构建全程式的课程实施体系户外游戏一度被视为室内教学的一种延伸或补充，而停留于碎片化的零散式实践状态。为此，构建全程式的课程实施体系，践行在目标制定、环境创设、组织指导、观察评价等各个环节的策略与方法。

（3）解决游戏自主与方案预设的矛盾问题，开创新体例的具体活动方案游

戏活动一旦编制成待实施的活动方案，势必面临游戏自主与成人预设的矛盾。推行并采用"自主探索"记录的案例式体例，取代传统的预设教案模式，既可尊重幼儿自主，亦可将游戏纳入课程计划中。

（4）解决层次性和全面性兼顾问题，构建纵横交织的网络式方案体系游戏方案实施面临着层次适宜性与经验全面性的兼顾问题。为此，践行小中大三个年龄段和五大类户外游戏的双维路径，以架构纵横交织的网络化方案体系。

（5）解决材料配置与游戏实施的脱节问题，有针对性地研发一系列玩具材料寻求与游戏实施的适宜性匹配，是幼儿园配置户外玩具材料的难题，并反映出玩具制造商与课程研发者的脱节。为此而研发出一整套适宜的户外玩具材料体系（4类别，848件）以配合课程的实施推进。

2. 解决问题的过程

（1）设计论证（2011.3 - 2011.9）：聚焦现实确立从理论到行动的课程研究体系；

（2）模式初建（2011.9 - 2013.12）：构建游戏和户外游戏课程原理及实践模式；

（3）实践检验（2013.12 - 2018.3）：实施和验证游戏课程体系及其方案与材料；

（4）经验提炼（2015.2 - 2016.5）：归纳与凝练户外游戏课程原理与实践模式；

（5）推广应用（2015.3 - 2018.3）：在国内幼教实践领域大范围实施和推广。

二、成果创新点

（一）理念创新：倡导并构建起户外游戏课程的核心理念体系

户外游戏一度被狭隘地认为主要是身体运动，是集体教学的延伸或补充，而陷入形式训练的误区。缺乏明晰理念的支撑，课程便极易陷入某种片面或摇摆。本研究确立并领先性地倡导自然即课程、运动即人格、解放即指导等6个核心理念，多维度厘定户外游戏的课程意蕴、特性及其实践的策略立场。实践表明，该理念体系对于户外游戏实施具有深刻而积极的引领作用。

（二）实践创新：构建"全程式·新方案·网络化"户外游戏课程的新模式

贯穿课程实践各环节之操作原理与策略的全程式实践，以新体例开发的案例式方案资源，对应不同年龄层次且覆盖不同经验类别的网络化体系，以及所研发玩具材料系列，全面构建起一个根植于实践且可操作的户外游戏课程新模式，在不同侧面突破了传统实践的弊端。

1. 户外游戏新方案以片段式"自主探索"记录取代教案"活动过程"预设，实现着以游戏学习的"发现"来替代"教的执行"的创新。

2. 以运动、建构、表演、美工、探究五大类别覆盖户外游戏经验的体系化探索，突破了碎片化实践的传统局限。

3. 立足于课程而研发适宜的户外玩具材料系列，作为一种探索而不同于那种为附和现成玩具而设计课程的思路。

三、成果推广及应用效果

（一）促进了我校学前教育专业课程建设及人才培养

该成果作为专题教学和研修内容，列入学前教育专业在校本科生和研究生培养以及所承担幼师国培计划及各类培训项目的课程体系中。实践表明该成果的教学效果显著，促进了专业建设和人才培养质量的提升。相关成果被国内院校选作专业教材即证实其在院校专业建设中的作用。

（二）凸显了我校职教专业师资培训的实践取向

我校是全国职教师资培养基地，承担着相关培训及课程开发的任务。该成果的可操作性，符合职教师资培养的实践取向。在历届学前专业培训班中深得认可。该成果作为《学前教育专业职教师资培养创新与推广》的构成，获得福建省职教类教学成果一等奖（2017）。

（三）推进了我校学前教育专业的科研水平

该研究由我校学前教育专业与幼儿园合作而开展，增进了该专业教科研扎根幼教实践的服务意识和学术取向。正是在此项目中，累积了前期基础，增强了问题意识，该团队成功申报并获批国家社科基金"十二五"规划教育学一般课题《幼儿园游戏教学与问题诊断研究》（BHA140082）、全国教育科学"十三五"规划教育部重点课题《构建以幼儿为主体的故事剧表演特色课程的实践研究》（DHA170398）。

（四）提升了我校附属幼儿园保教工作的质量与内涵

该成果在我校附属实验幼儿园4年多的实践检验，表明其理念的科学性，及其课程实践模式的可操作性。该套课程实施，充实和丰富了幼儿快乐学习与活动的经验，促进了幼儿身心健康与发展，并推进了幼儿教师的专业学习与提升。

（五）扩大了我校学前教育专业的社会影响力

在国内2000余所幼儿园实施，惠及在园幼儿约70万人次。其中，福建省内有100余所幼儿园及在园4万多幼儿受益。大范围实践推广，验证着本套户外游戏课程的普适性。受邀在全国学术会议、国培计划及各级培训中，主讲相关专题数百场次。被中国教育电视台、中国教育报、中国教育装备网等媒体关注和宣传。该项目提升了我校学前教育专业在国内幼教领域的声誉。

福建师范大学历届国家级、省级教学成果奖项目一览表

序号	届别	年份	获奖等级	成果名称	主要完成人	主要完成单位
1	第一届	1989	国家二等奖	深入中学指导教改，促进高师教学法课的改革——中学物理教学法课面向中学开展五年跟踪实验成果	白炳汉、王纬陈、章镇	物理与能源学院
2	第一届	1989	国家二等奖	充分发挥电教作用，促进教学质量提高	宋解、程思岳、陈亦余	现代教育技术中心
3	第一届	1989	省一等奖	坚持改革，努力提高基础课《高等代数》的教学质量	陈昭木、黄洛生、郑金荣	数学与信息学院
4	第一届	1989	省一等奖	交际法英语教学实践与研究	宋顺龄	外国语学院
5	第一届	1989	省二等奖	建立以能力训练为中心的基础写作教学体系	林可夫等	文学院
6	第一届	1989	省二等奖	实行中期选拔制提高人才培养质量	陈一琴、郑锹、黄杰	福建师范大学

续表

序号	届别	年份	获奖等级	成果名称	主要完成人	主要完成单位
7	第一届	1989	省二等奖	高师音乐（手风琴）教学的综合改革	李未明	音乐学院
8	第一届	1989	省二等奖	《中国自然地理》教学思想的变革	赵昭昞	地理科学学院
9	第一届	1989	省二等奖	提高生物化学教学质量初探	张其昌	生命科学学院
10	第一届	1989	省二等奖	启发式教学与能力的培养	李祖光	地理科学学院
11	第一届	1989	省二等奖	人体生理学的实验教学改革	张世静等	生命科学学院
12	第一届	1989	省二等奖	新形势下学前教育专业的改革和建设	丁慧韵、张璟光、林少玉	教育学院
13	第二届	1993	国家二等奖	高师音乐教学的综合改革	刘家基、王耀华、陈文培、郑锦扬	音乐学院
14	第二届	1993	国家二等奖	高师地理教育学的建设	袁书琪、郑耀星、刘恭祥	地理科学学院
15	第二届	1993	省一等奖	培养德才兼备的高质量研究生	陈征、骆焉名、陈惠如、严正、郭铁民	经济学院
16	第二届	1993	省一等奖	创建具有高师特色的写作学系列课程	林可夫、孙绍振、叶素青、颜纯钧、潘新和	文学院
17	第二届	1993	省二等奖	物理化学课程建设	黄俊、张永祥、池西书、柯德秀、魏健美	化学与化工学院
18	第二届	1993	省二等奖	卫星电视教学成果《外国文学》欧美文学部分	李万钧	文学院
19	第二届	1993	省二等奖	英语视听说教学	吴翠玉、黄光林、潘培忠、陈巧莺	外国语学院
20	第二届	1993	省二等奖	积极开展第二课堂活动，努力提高师范生素质	郑锹、黄梦熊、郑鹰、李玉年、黄杰	教务处

续表

序号	届别	年份	获奖等级	成果名称	主要完成人	主要完成单位
21	第三届	1997	国家二等奖	深化改革，创建土壤地理学系统化教学体系	朱鹤健、郭成达、陈珍皋、陈健飞、陈松林	地理科学学院
22	第三届	1997	国家二等奖	主动适应市场经济发展需要、深化政治经济学学科改革	陈征、李建平、郭铁民、黄家骅、吴有根	经济学院
23	第三届	1997	省二等奖	实行教学、实践、科研相结合深化高师公共教育课程教改	余文森、王永	教育学院（教师教育学院）
24	第三届	1997	省二等奖	高师体育课程教学"主副项制"模式的研究	林淑芳、吴燕丹、郭可端、江邦景、郑永华	体育科学学院
25	第三届	1997	省二等奖	高师计算机基础教育教学体系的开拓与建设	吴子文、郭躬德、郑鹰、黄旭明、姚志强	数学与信息学院
26	第三届	1997	省二等奖	"中国古典文学"课程改革探索	陈庆元、郭丹、陈定玉、何云麟	文学院
27	第三届	1997	省二等奖	《中学物理教学法》课程的改革与建设	章镇、陈峰、张志忠、王纬陈、朱瑞荣	物理与能源学院
28	第四届	2001	国家二等奖	高师公共体育课程"主副项制"模式的研究与实践	林淑芳、吴燕丹、郭可端、江邦景、郑永华	体育科学学院
29	第四届	2001	国家二等奖	"民族音乐学及其教育"硕士研究生主干专业课程的教材建设	王耀华、郑锦扬、陈新凤、马达、刘富琳	音乐学院
30	第四届	2001	国家二等奖	国家文科基地中文专业人才培养模式探索	郭丹、倪宗武、齐裕焜、汪文顶、黄以诚	文学院
31	第四届	2001	省一等奖	高师地理专业地理教育学课程建设及其主干课程改革	袁书琪	地理科学学院
32	第四届	2001	省二等奖	全国普通高校体育教育专业教学内容与课程体系改革研究	黄汉升、季克异、梅雪雄、陈俊钦、许红峰、洪泰田、林取用、余圭康、陶玉萍	体育科学学院
33	第四届	2001	省二等奖	面向21世纪高师物理实验"阶段化、单元化、现代化"新教学模式的实践与研究	黄志高、赖恒、李晖、张志忠、李永森、徐永、赖发春、林发银、瞿燕、雷晋萍	物理与能源学院

续表

序号	届别	年份	获奖等级	成果名称	主要完成人	主要完成单位
34	第四届	2001	省二等奖	高师公共教育学科整体性教改探索	余文森、叶一舵、邱永渠、王东宇、连莲	教育学院
35	第四届	2001	省二等奖	开展计算机辅助教学的研究 深化高师物理教学法课程的改革	陈峰、丁革民、程思岳、林为炎、张先增	物理与能源学院
36	第四届	2001	省二等奖	适应高技术发展需要的新课程设置及学分制改革	庄兴无、姚志强、吴文芳	数学与信息学院
37	第四届	2001	省二等奖	古代文学系列课程与系列教材建设	陈庆元、陈定玉	文学院
38	第五届	2005	国家一等奖	我国普通高校体育教育专业人才培养的改革、创新与实践	黄汉升、杨贵仁、季克异、许红峰、梅雪雄	体育科学学院、教育部体育卫生与艺术教育司
39	第五届	2005	省一等奖	大学物理实验教学改革与实践	黄志高、赖恒、赖发春、卢宇、林发银	物理与能源学院
40	第五届	2005	省一等奖	坚持马克思主义方向，推进政治经济学学科建设和研究生培养	李建平、李建建、陈征、郭铁民	经济学院
41	第五届	2005	省一等奖	面向基础教育新课程的高师公共教育学科教学改革与教材建设	余文森、叶一舵、连榕、谌启标、黄爱玲	教育学院
42	第五届	2005	省一等奖	高师音乐教育本科专业部分主干课程教材建设	王耀华、叶松荣、张锦华、马达、孙丽伟	音乐学院
43	第五届	2005	省一等奖	集中优势教学资源 提升人才培养质量——文学院教授团队本科教学管理模式探索	谭学纯、陈庆元	文学院

续表

序号	届别	年份	获奖等级	成果名称	主要完成人	主要完成单位
44	第五届	2005	省一等奖	面对基础教育课程改革的要求，深化中学物理教学论系列课程的改革	陈峰、郑渊方、张先增、黄树清、廖伯琴	物理与能源学院
45	第五届	2005	省二等奖	福建省高等教育第一部地方史教材——《福建史纲》（教材）	汪征鲁、林金水、谢必镇、林国平、唐文基	社会历史学院
46	第五届	2005	省二等奖	电子信息类学生综合素质和创新教育教学实践	蔡声镇、吴允平、蔡坚勇、吴怡、苏伟达	物理与能源学院
47	第五届	2005	省二等奖	加强素质教育，培养实践动手能力	邱永渠、兰玉清、徐华芬、范启华、余培雄	网络与继续教育学院、职业技术教育学院
48	第五届	2005	省二等奖	《教育测量与评价》（教材）	黄光扬、刘尧、龙文祥、董圣鸿、刘晓瑜	教育学院
49	第五届	2005	省二等奖	本硕衔接的旅游规划类课程建设	郑耀星、谢红彬、林绍华、储德平、甘萌雨	旅游学院
50	第五届	2005	省二等奖	新世纪高师院校政治经济学教学内容和方法的改革	张华荣、张国、杨强、林玉妹、黄茂兴	经济学院
51	第五届	2005	省二等奖	旅游管理专业加强理工科素质培养的方案	袁书琪、魏守珍、彭俊芳、黄民生、戴文远	旅游学院
52	第五届	2005	省二等奖	《中国古代史》课程建设创新试验	胡沧泽、戴显群、徐心希、徐六符、罗庆泗	社会历史学院
53	第六届	2009	国家二等奖	中国传统音乐理论方向博士、硕士研究生专业课程教材建设（教材）	王耀华，李玫，郑俊晖，王州、陈新凤，蓝雪霏，刘富琳，修海林，王子初，方宝璋，谷杰，周耘，孙晓辉，廖红宇	音乐学院

续表

序号	届别	年份	获奖等级	成果名称	主要完成人	主要完成单位
54	第六届	2009	国家二等奖	实施"1+4"模式教改,提升师范生语文阅读教学能力	汪文顶,赖瑞云,孙绍振,林富明,潘新和,冯直康,谭学纯,陈庆元,郑家建	文学院
55	第六届	2009	国家二等奖	以队伍、课程和创新平台建设为核心,全面提升大学物理实验教学质量	黄志高、赖恒、赖发春、卢宇、郑志强、郑卫峰、瞿燕、黄树清、陈水源、贾翠红、李山东、林应斌	物理与能源学院
56	第六届	2009	省一等奖	汉语史系列课程的传承与创新	马重奇、林志强、徐启庭、王进安、陈鸿等	文学院
57	第六届	2009	省一等奖	我校教师教育课程体系构建、教材建设与教学改革的探索	余文森、连榕、洪明、谌启标、王东宇	教育学院
58	第六届	2009	省二等奖	生物学实验教学体系的改革与实验中心建设的实践	陈寅山、唐良华、张彦定、黄义德、吴若菁、刘剑秋、杨民和、黄浩、俞如旺	生命科学学院
59	第六届	2009	省二等奖	跨文化交际研究	林大津、谢朝群、尤泽顺	外国语学院
60	第六届	2009	省二等奖	以化学为基础的多学科实验教学平台建设与实践	林深、颜桂炀、王世铭、余萍、陈建新	化学与化工学院
61	第六届	2009	省二等奖	中国古代文学史课程改革探索	郭丹、陈节、程思岳、范新民	文学院
62	第六届	2009	省二等奖	"三进互动"应用型法律人才培养模式的实践、改革与创新	林旭霞、杜力夫、李炳安、张文锋、李溢明	法学院
63	第七届	2014	国家二等奖	体育教育(国家人才培养基地)本科专业人才培养模式的改革与创新	张涵劲、梅雪雄、陈海春、陈铁成、许红峰	体育科学学院
64	第七届	2014	国家二等奖	夯实四大基础,突出三种能力,全面提升中文人才培养质量	郑家建、林志强、赖瑞云、李小荣、余岱宗、葛桂录	文学院

续表

序号	届别	年份	获奖等级	成果名称	主要完成人	主要完成单位
65	第七届	2014	国家二等奖	福建省中小学"指导——自主学习"教改实验	余文森、王永、陈国平、刘冬岩、纪秀卿、黄国才	教师教育学院
66	第七届	2014	省一等奖	留学生汉语综合能力培养和提高的"三位一体"模式	林新年、陈晟、蔡明宏、蔡建丰、黄彬、张莹莹、林琳琳	海外教育学院
67	第七届	2014	省一等奖	基于自主、合作、探究学习的教师教育课程课堂教学改革	余文森、连榕、洪明	教育学院
68	第七届	2014	省一等奖	探索研究型教学模式　培养经济学创新人才——基于国家经济学基地的实践	李建建、黎元生、蔡秀玲、陈晓枫、王盛	经济学院
69	第七届	2014	省一等奖	以实践与创新能力为核心的计算机科学与技术专业人才培养改革	郭躬德、严宣辉、陈黎飞、杨守辉	数学与信息学院
70	第七届	2014	省一等奖	数学与应用数学师范类专业分层次人才培养模式的实践与探索	李永青、周哲彦、苏维钢	数学与信息学院
71	第七届	2014	省一等奖	地方高校地理学研究生培养质量保障体系建设探索	陈松林、谢锦升、林芳、李守中、陈兴伟、伍世代、朱宇、杨玉盛	地理科学学院
72	第七届	2014	省一等奖	福州地区大学新校区教学资源（文献信息）共享平台建设	王健、萧德洪、汤德平、方宝川、林熙阳、林丹红、梁勤、江一平、陈鼎宁、汪敬钦、黄建铭、蔡鸿新、刘丽君、郭毅	福州大学、福建师范大学、福建农林大学、福建中医药大学、福建医科大学、福建工程学院、闽江学院、福建江夏学院
73	第七届	2014	省二等奖	地方师范院校化学专业人才培养的研究与实践	林深、杨发福、郑柳萍、陈建新、肖秀峰、胡志刚、许利闽、王世铭	化学与化工学院

续表

序号	届别	年份	获奖等级	成果名称	主要完成人	主要完成单位
74	第七届	2014	省二等奖	"交际研究型"英语专业学科体系建设研究	林大津、毛浩然、虞秋玲、廖秋玲、林　斌	外国语学院
75	第七届	2014	省二等奖	重技能　强特色　推进中学物理教育协同创新	郑志强、黄树清、林　钦、郑渊方、赖　恒	物理与能源学院
76	第七届	2014	省二等奖	构建"全过程-分阶段"科研训练体系，提升地理学理科基地人才科研创新能力	曾从盛、王晓文、杨玉盛、李守中、陈松林、陈友飞、陈兴伟、戴文远、林广发、王　彬、吴　勇、曾宏达	地理科学学院
77	第七届	2014	省二等奖	"做中学，产学合作和国际化"工程教育改革战略下的CDIO软件人才培养模式	郑小建、姚志强、吴　献、王建文、丁雪梅	软件学院
78	第七届	2014	省二等奖	大学二级学院本科教学管理制度的改革与探新	连　榕、余文森、洪　明	教育学院
79	第七届	2014	省二等奖	"教产研一体化"模式与"三教"体系协同提升生物工程人才培养质量	陈必链、李　敏、杨民和、王明兹、黄建忠、黄鹭强	生命科学学院
80	第七届	2014	省二等奖	让学生在历史情境中感悟历史	叶　青、林国平、郑士璟	社会历史学院
81	第七届	2014	省二等奖	闽台高校联合培养旅游专业人才模式研究	郑耀星、储德平、游　上、林绍华、姜　倩、赵　航	旅游学院
82	第七届	2014	省二等奖	以构建"五个一"为目标的国家级生物学实验教学示范中心的建设与实践	张彦定、唐良华、黄义德、黄　浩、俞如旺、陈寅山、陈必链、黄硕芩	生命科学学院
83	第七届	2014	省二等奖	光电信息类专业实践教学体系的建设和人才培养	邱怡申、吴　怡、王　敏、蔡坚勇、李　晖	光电与信息工程学院

续表

序号	届别	年份	获奖等级	成果名称	主要完成人	主要完成单位
84	第七届	2014	省二等奖	大学物理实验精品课程系列教材	赖　恒、郑卫峰、陈水源、赖发春、黄志高、冯卓宏	物理与能源学院
85	第七届	2014	省二等奖	服装设计图人体动态造型模板	郭庆红	美术学院
86	第七届	2014	省二等奖	高校思想政治理论课实践教学有效性探索	俞歌春、李湘敏、陈　志、俞　志、邓翠华	马克思主义学院
87	第七届	2014	省二等奖	基于现代远程教育的中小学教师混合型继续教育的研究与实践	程思岳、范新民、陈建平、陈明铿、侯旭辉、郑　萍、陈良沂、卓　静	网络与继续教育学院、职业技术教育学院
88	第八届	2017	省特等奖	"一体两创三应用"新能源工科实践教学体系的构建与实践	黄志高、林应斌、陈水源、梁光胜、康俊勇、卢　宇、武仁兵、吴志明	物理与能源学院
89	第八届	2017	省特等奖	提炼教学主张　提升教学品质——促进中小学名师专业成长的福建经验	余文森、王　永、陈峰、洪明、郭春芳、成尚荣	教育学院（教师教育学院）
90	第八届	2017	省一等奖	"三位一体、分层递进"：马克思主义经济学创新人才培养体系构建与实践	李建建、黎元生、陈晓枫、黄茂兴、陈洪昭、叶琪、郑蔚	马克思主义学院
91	第八届	2017	省一等奖	学前教育专业职教师资培养创新与推广	吴荔红、连　榕、丁海东、林　菁、王　晞、缪佩君、连　莲、李　涛、王海珊、陈　珊、张玉敏	教育学院（教师教育学院）
92	第八届	2017	省一等奖	"五微五阵地"：大学生思想政治教育的创新与探索	陈志勇、许建萍、李方祥、杨林香、林深、陈一收	福建师范大学校团委

续表

序号	届别	年份	获奖等级	成果名称	主要完成人	主要完成单位
93	第八届	2017	省一等奖	大学生文学创作人才培养的实践与创新	林志强、李小荣、余岱宗、葛桂录、涂秀虹、吕若涵、李建华、何君	文学院
94	第八届	2017	省二等奖	构建"五位一体"实践教学体系，提升经管类学生创新创业能力	黎元生、俞姗、王盛、黄茂兴、张国、章竞、秦晓东、林寿富	经济学院
95	第八届	2017	省二等奖	地理教育硕士生任教能力全过程培养体系的创新构建	刘恭祥、袁书琪、陈松林、陈友飞、林芳、范跃新、李文、陈文魁	地理科学学院
96	第八届	2017	省二等奖	名师实验班——卓越教师人才培养改革的创新实践探索	余文森、宋原、郭辉、叶玉仙、丁革民、黄向真、蔡旭群、管伟巍	教育学院
97	第八届	2017	省二等奖	巴金研究专题：新传媒时代专业选修课的课程建设与教学改革	辜也平	文学院
98	第八届	2017	省二等奖	立足学科特点　着力路径创新——校地协同促进中学物理教师专业发展新模式探索	陈祖标、陈建新、王素云、姚荣祖、施世杰、邵邦武	物理与能源学院
99	第九届	2018	省特等奖	大格局思想政治理论课协同创新的探索与实践	潘玉腾、杨林香、杨建义、戴少娟、陈筱宇、陈一收、杨小霞、李方祥	马克思主义学院
100	第九届	2018	省特等奖	体育学研究生"五位一体"人才培养模式的改革与实践	方千华、王家宏、陈佩杰、张涵劲、陈海春、范毅方、吴燕丹、魏德样	体育科学学院
101	第九届	2018	省特等奖	CTCP一体化的师范生素养与训练体系构建	余文森、宋原、丁革民、李祎、俞如旺、冯直康、林赟、叶玉仙	教育学院（教师教育学院）

序号	届别	年份	获奖等级	成果名称	主要完成人	主要完成单位
102	第九届	2018	省特等奖	幼儿园户外游戏活动的课程构建与实践探索	丁海东、林　菁、李春芳、游兆菁、何玉珊、曾淑娥	教育学院（教师教育学院）
103	第九届	2018	省一等奖	构建中外融通的国际汉语教师培养体系，造就适应国别化教学的优秀人才	林新年、陈　晟、林　云、肖祥忠、黄　彬	海外教育学院
104	第九届	2018	省一等奖	"3+1"应用型卓越法治人才培养实践教学体系的创新与实践	杨根红、林旭霞、李　锋、朱益好、林少东、谢步高、刘方权、张　琳	法学院
105	第九届	2018	省一等奖	福建省高校在线开放课程建设与应用推进机制的研究与实践	福建省高校在线教育联盟	福建师范大学
106	第九届	2018	省二等奖	地方高校优势学科培养拔尖创新人才的探索与实践——基于生态与地理学科的深度融合	杨玉盛、王晓文、李守中、戴文远、尹云锋、祁新华、王维奇、钟小剑	地理科学学院
107	第九届	2018	省二等奖	创新能力导向的研究生案例教学改革	洪　明、黄爱玲、邱心玫	教育学院（教师教育学院）
108	第九届	2018	省二等奖	"三台融合"——高校通识美育教学体系的构建与实践	陈志勇、许建萍、王　州、罗礼平、林峰森	福建师范大学
109	第九届	2018	省二等奖	校企联合培养翻译硕士的模式构建	岳　峰、林世宋、林大津、王绍祥、俞建辉、谢亮亮	外国语学院
110	第九届	2018	省二等奖	网络工程专业职教师资人才培养模式改革和资源开发推广	郭躬德、严宣辉、黄旭明、叶阿勇、陈志德	数学与信息学院